职前英语教师专业发展研究

——教育研习视角

罗毅 / 著

中国·武汉

内容提要

本书是一部探讨我国职前英语教师教育模式的学术专著。它以浙江海洋学院近五年（2010—2014）所实施的"英语教学理论与实践"课程改革实践为依据，从"教育研习"的视角来探讨我国职前英语教师专业发展问题。

本书对教育研习的概念、内涵、本质和特征进行了检视，对教育研习的理论基础和方法进行了探讨，倡导基于需求分析、教学观察、专家引领、教育实践、顶岗支教、服务性学习、教学技能竞赛、专项课题研究等的教育研习方法，构建职前英语教师专业发展的有效机制。

图书在版编目(CIP)数据

职前英语教师专业发展研究：教育研习视角/罗毅著.—武汉：华中科技大学出版社,2015.7（2023.7重印）
（高校外语教育与研究文库）
ISBN 978-7-5680-1114-3

Ⅰ.①职… Ⅱ.①罗… Ⅲ.①英语-语言教学-师资培训-研究 Ⅳ.①H319

中国版本图书馆 CIP 数据核字(2015)第 179491 号

职前英语教师专业发展研究——教育研习视角 罗 毅 著
Zhiqian Yingyu Jiaoshi Zhuanye Fazhan Yanjiu——Jiaoyu Yanxi Shijiao

策划编辑：刘 平	
责任编辑：刘 平	
封面设计：范翠璇	
责任校对：李 琴	
责任监印：朱 玢	
出版发行：华中科技大学出版社(中国·武汉)	电话：(027)81321913
武汉市东湖新技术开发区华工科技园	邮编：430223
录　　排：华中科技大学惠友文印中心	
印　　刷：广东虎彩云印刷有限公司	
开　　本：787mm×1092mm　1/16	
印　　张：11.5　插页：1	
字　　数：232 千字	
版　　次：2023 年 7 月第 1 版第 3 次印刷	
定　　价：36.00 元	

本书若有印装质量问题，请向出版社营销中心调换
全国免费服务热线：400-6679-118　竭诚为您服务
版权所有　侵权必究

本书系浙江省"十二五"重点建设教师培养基地项目"实践取向卓越初中教师培养研究与实践"研究成果之一和浙江海洋学院2013年课堂教学改革项目"'问题课题化'取向的'英语教学理论与实践'课堂教学研究"成果之一。

前言

随着《国家中长期教育改革和发展规划纲要》(2010—2020年)和《教育部关于实施卓越教师培养计划的意见》(2014年)的出台,国家对教师教育质量提出了更高要求。职前英语教师的培养问题也自然成为教育界所关注的重点课题。鉴于此,笔者认为有必要将我校近五年所实施的基于教育研习的职前英语教师专业发展的实验研究进行整理和完善,并以专著的形式出版,一方面是对我们多年的教学实践与研究作一总结,另一方面希望能对职前英语教师教育起到相互借鉴作用。

本书以教育研习为视角,构建和完善现有的英语师范教育课程模式,旨在提高英语师范生的教师职业意识、教学实践和教学研究能力。

本书提出了教育研习的理论架构和具体方法,希望能改变目前我国师范院校以学科知识和技能为目标,忽视师范生专业探索性实践能力和反思能力的发展的状况,对改变我国目前师范教育"重视理论,轻视实践,忽视研习"之状态,对探索我国职前英语教师的有效教育途径,提高他们的反思实践和研究能力,形成"研究型教师"的潜质等起到一定的借鉴作用。

本书共分七章,由浙江海洋学院罗毅撰著。第一章为绪论,介绍了研究的背景、意义、设计、方法和概念的界定;第二章为研究现状,评述了国内外对教育研习、教师专业发展、英语教师专业发展、职前英语教师专业发展的研究情况;第三章为理论研究,阐述了教育研习的概念、性质与特征,明确了教育研习的对象与方法,阐释了研究的理论基础,分析了英语教师专业发展要素;第四章为研习导向的职前英语教师专业发展途径,在需求分析的基础上,从教学观察、专家引领、见习与实习、顶岗支教、服务性学习、教学技能竞赛和课题研究等方面建构了凸显教育研习的职前英语教师培养模式,并注重教学过程的生态化和多模态化;第五章为基于新途径的教学实践,分别从研究的视角呈现了英语学科知识教学和实践教学知识教学实施的情况,以及教学研究和评价研究的具体实践;第六章为新模式实施过程中的问题与对策,对英语师范生教育过程中的相关问题进行了思考并提出了解决办法;第七章为新模式的成效及推广,介绍了推行该模式所产生的社会效益和意义。

本书的对象为从事职前英语教师教育的高校教师以及希望了解英语教师成长过程的中小学英语教师和在校英语师范生。

罗　毅

2015 年 6 月

目录

第一章 绪论 …………………………………………………………… (1)
    第一节 研究背景 …………………………………………………… (1)
    第二节 研究意义 …………………………………………………… (2)
    第三节 研究设计 …………………………………………………… (3)
    第四节 概念界定 …………………………………………………… (4)
    第五节 研究方法 …………………………………………………… (5)

第二章 研究现状 ………………………………………………………… (6)
    第一节 教育研习研究 ……………………………………………… (6)
    第二节 教师专业发展研究 ………………………………………… (7)
    第三节 英语教师专业发展研究 …………………………………… (13)
    第四节 职前英语教师专业发展研究 ……………………………… (25)

第三章 理论研究 ……………………………………………………… (27)
    第一节 教育研习的概念、性质与特征 …………………………… (27)
    第二节 教育研习的对象与方法 …………………………………… (29)
    第三节 研究的理论基础 …………………………………………… (30)
    第四节 英语教师专业发展要素分析 ……………………………… (33)

第四章 研习导向的职前英语教师专业发展途径 …………………… (43)
    第一节 需求分析 …………………………………………………… (43)
    第二节 教学观察 …………………………………………………… (50)
    第三节 专家引领与名师示范 ……………………………………… (54)
    第四节 教育实践 …………………………………………………… (54)
    第五节 顶岗支教 …………………………………………………… (55)
    第六节 服务性学习 ………………………………………………… (56)
    第七节 教学技能竞赛 ……………………………………………… (57)
    第八节 课题研究 …………………………………………………… (58)

第九节　教育生态化 …………………………………………… (58)
　　第十节　教育多模态化 ………………………………………… (59)
第五章　基于新途径的教学实践 …………………………………… (61)
　　第一节　研究导向的英语学科知识教学 ……………………… (61)
　　第二节　研究导向的实践教学知识教学 ……………………… (101)
　　第三节　教学研究 ……………………………………………… (114)
　　第四节　评价研究 ……………………………………………… (118)
　　第五节　多模态化与职前英语教师专业发展 ………………… (135)
第六章　新模式实施过程中的问题与对策 ………………………… (140)
　　第一节　新模式实施过程中的相关问题的思考 ……………… (140)
　　第二节　新模式实施过程中认识方面的问题 ………………… (142)
　　第三节　如何激发学生的教学研究动机 ……………………… (145)
　　第四节　如何在新模式中训练学生的英语学科能力 ………… (146)
　　第五节　如何在新模式中训练学生的教学实践能力 ………… (149)
第七章　新模式的成效及推广意义 ………………………………… (162)
　　第一节　实施新模式的成效 …………………………………… (162)
　　第二节　新模式的推广意义 …………………………………… (164)
参考文献 ……………………………………………………………… (167)
后记 …………………………………………………………………… (177)

第一章

绪　论

新课程背景下，教师专业发展被赋予了新的内涵，"研究型教师"、"学者型教师"和"卓越教师"成为教师专业发展所追求的目标。这就要求职前教师的培养必须与这一目标相一致。诚然，职前英语教师与在职英语教师的专业发展既有联系又有区别。作为语言学科教师，职前英语教师与在职英语教师具有共性，主要体现在学科教学能力和教育观的一致性，即有扎实的英语学科能力以及对语言观、教学观、外语教师观的一致认同感。作为职前与在职教师，他们的专业发展又有明显的差异性，即在职英语教师的专业发展主要基于对自己实际教学的直接反思，而职前英语教师的实践教学的缺乏导致了与在职教师不完全相同的专业发展途径。也就是说，职前英语教师的专业发展途径具有间接性和多维性的特点。另外，职前英语教师的职业发展意识也成为其专业发展的重要内容。由此，研究如何构建职前英语教师专业发展的有效机制，对提高职前英语教师专业发展能力、培养符合新课程理念的英语教师具有重要意义。

第一节　研究背景

本研究背景主要基于国内外基础外语教育改革。20世纪90年代以来，不论是发达的欧美国家，还是发展中的亚洲国家，包括中国，都立足于"具有国际视野的人才"培养，进行了力度较大的基础外语教育改革，并取得了一定的成效。此次课程改革将外语教师的专业发展作为一个重要目标，强调教师是提高教学质量的关键。这次课程改革引发了人们对教师职业的重新审视，凸显了教师观、语言教学观和教师职业观的发展变化。本研究背景正是基于教师职业发展的三个具体维度：

第一，教师观发展的变化。新时期，人们不再满足于教师扮演纯粹知识传授者的角色，传统意义上的"教书匠"角色正受到前所未有的挑战，而"研究型教师"、"学者型教师"和"卓越教师"已成为新时期教师的职业诉求。这种职业诉求的提出是基于对教师职业性质的再认识，即教师从事的工作本身就是研究性的，同时，"教师即研究者"之观点也得到了广泛认可。在职教师由"教书匠"向"研究型教师"、"学者型教师"和"卓越教师"的转型往往是通过继续教育的形式来实现的。然而，职前教师不应该期待成为从业教师后再进行转型培训，而应该在就读院校的教师教育课程中接受训练(或称学校体验),形成"研究型教师"、"学者型教师"和"卓越教师"的潜质,为日后及早成为"研究型教师"、"学者型教师"乃至"卓越教师"做好准备。

第二,语言教学观发展的变化。英语语言教学由行为主义观向建构主义观转变。"以教师为中心"的、强调语言学习是"示范(刺激)—模仿(反应)—重复(强化)"的行为主义教学观向"以学生为中心"的、倡导语言学习是"与环境互动、学生主体主动建构知识以及教师帮助学生建构知识的过程"的建构主义教学观过渡。建构主义教学观"凸显了学生主体性、问题教学、情景教学、合作教学和综合评价"(刘邵宾,2004)。显然,习惯于"灌输"式教学的"教书匠"不能适应建构主义教学观对教学的要求,这就要求教师更多地研究学生、研究教材和研究教学,成为"研究型教师"。职前英语教师必须消除中学时代行为主义教学观的影响,以现代教学理论为指导,树立正确的语言教学观。

第三,教师职业观的发展变化。传统的教师"蜡烛观"在一定程度上受到挑战,在倡导人本主义、关注民生的今天,教师的合法权益逐渐受到重视。作为一个社会人,教师的成长是一个不断发展和完善的过程。作为一种职业,教师的职业具有终身教育性。或者说,终身学习是教师职业发展的基本特征和要求。职前英语教师应该树立终身教育观,形成终身职业发展意识,并为终身专业发展奠定基础。

本研究是为了适应上述教师观、语言教学观和教师职业观的发展变化而提出的。同时,作者假设,以教育研习为切入点,并将其贯穿于职前英语教师教育过程的始终,能够使他们更好地掌握英语学科知识和能力,提高他们的教学实践能力,培养他们的教育科研能力,并使我国的职前英语教师教育与时代要求同步,为学生今后缩短教师的入职周期,尽早进入成熟期和卓越期奠定基础,最终实现培养具有"研究型教师"、"学者型教师"潜质和"卓越教师"潜能的教师之目标。

第二节 研究意义

教师是提高教学质量的关键。教师职业能力的发展水平直接影响着教育教学水平。职前英语教师(英语师范生)虽然属于潜在的英语教师,但其培养目标应该与普通在职英语教师是一致的,即符合《普通高中英语课程标准》提出的"具有创新精神的研究型教师"之要求(教育部,2003:27)。这里,职前教师的"研究型教师"目标是指向未来的,而这种研究型教师的潜在素质又是通过教育研习这一途径得以实现的。

本研究旨在以教育研习为视角,构建和完善现有的英语师范教育课程模式,提高英语师范生的教师职业意识、教学实践和教学研究能力,使其具有"研究型教师"潜能,进而全面促进职前英语教师培养质量的提升。

长久以来,我国师范院校的教师教育课程模式都以学科知识和技能为目标,忽视师范生的专业探索性实践能力和反思能力的发展(韩刚,2008:viii)。可以说,我国大多数中小学教师尚未实现真正转型,还停留在灌输型的"教书匠"角色上。要改变这一状况,必须从师范教育着手,改革目前我国不适应"研究型教师"培养的课程模式。

教师学习是技能学习、认知过程、个人建构和反思实践(Richards & Farrell,2005),教师发展的过程是教师在教学实践中不断学习、反思、探索和实践的过程(吴一安,2005)。换言之,正是教师在教学实践、交流与反思中所保持的个人知识的持续发展,支配着教师的课堂教学决策和学生的有效学习(韩刚,2008:189)。可见,教师学习不是对书本知识概念的简单识记,而是通过探索性实践和积极反思所形成的知识内化和建构。因此,教育研习成为促进教师(包括职前教师)专业发展的一个重要机制。通过教育研习,师范生能够预测、反思和解决教学问题,了解教学、理解教师职业、增强教师职业意识。教育研习能力是决定教师个体能否从"教书匠"转向"研究型教师"的关键因素,也是师范生必须掌握的一种高层次能力。

近年来,"见习、实习、研习"一体化实践教学模式得到了许多师范院校的认可。然而,"见习、实习、研习"实践教学模式还在探索和完善之中,还存在不足,人们通常将"见习、实习、研习"视为并列关系或先后关系,对其内涵、特征探讨甚少。

由于英语师范生未来的职业特点,其研习模式也必然表现出与其他学科师范生不完全相同的特征。基于教育研习视角,我们将对英语师范生专业发展路径重新进行审视,完善其机制,提高他们的专业发展意识,提升他们的教学实践能力和教育科研能力,培养"研究型教师"。也唯有如此,我们才能改变我国目前师范教育"重视理论,轻视实践,忽视研习"之状态,为培养符合新时代、新课程要求的英语教师奠定理论、实践和科研基础,为实现《国家中长期教育改革发展规划纲要》(2010—2020年)宏伟目标做出贡献。

以教育研习为导向的英语教育课程模式能够激发学生的专业发展愿望,提高他们的职业发展意识,使他们正确理解语言观、教学观、学习观和外语教师观,最终提升他们的教学实践能力和教育科研能力。此外,这与新近颁发的《教育部关于实施卓越教师培养计划的意见》精神不谋而合,对培养"卓越教师"具有积极的促进作用。

第三节 研究设计

本研究力图以建构主义理论为支撑,在审视和梳理现有文献的基础上对"教育研习"进行合理定位,对教育研习的内涵进行研究,揭示其探究性、关键性、统领性、连贯性和系统性特征,进而对教育研习的方法进行整合,构建和完善有效的教育研习机制,促进英语职前教师专业的发展。

本研究根据英语学科的教学特点,以教育研习为主线,构建和创新职前英语教师专业的发展机制。具体回答如下问题:

(1)怎样科学地界定"研习"的概念、特征?
(2)怎样确定"研习"的对象和常用方法?
(3)教育研习与优秀英语教师的素质之间关系如何?
(4)如何强化与英语师范专业发展密切相关的学科知识?
(5)如何有效地计划、实施和评价教育研习活动?
(6)如何设计职前英语教师专业发展的基本架构?

具体实施步骤如下:

(1)确定学生研习小组,明确研习任务,进行"研习"培训,观看英语优质课录像。
(2)研习小组基于自动录播系统进行试讲、观察和反思教学问题。
(3)研习小组深入研习基地参与教研活动,进行课堂观察,调查和收集信息,参与"说课"、"评课"活动。
(4)整理、分析相关信息,提炼成有价值的教育研究问题;指导学生开展相关的课题研究;反思教学问题,撰写论文。
(5)研习小组以"服务性学习"的形式到各类相关研习基地开展调研。
(6)阶段性总结、归纳、整合"服务性学习"中收集的问题,并以教育研究课题的形式制定解决方案(下称"方案");撰写论文。
(7)研习小组以实习为契机实施和检验"方案",与省内优秀英语教师座谈。
(8)研习小组总结实习问题,开展校内教学技能竞赛,参加省师范生教学技能竞赛。
(9)整合、分析前段时期收集的教研问题并上升到理论高度,形成专业发展机制。
(10)研习小组第二轮研习。深入研习基地调研,检验该专业发展机制的效度。
(11)修改、完善职前英语教师专业发展机制,总结、评价成果。

第四节 概念界定

教育研习作为一种崭新的课程形态已被一些师范院校纳入教学计划,如华东师范大学和浙江师范大学。目前,学界普遍将研习视为实践教学的一个阶段,即实习之后的一个阶段,并将其解释为对实习中的问题进行研究,或将其定义为"研究性实习"(韩刚,2008)。例如,《浙江师范大学教育实习规程》将教育研习解释为:"实习生要充分利用教育实习的有利条件,调查研究中小学教育发展现状、教育改革和基础教育特征,素质教育的开展、落实以及对策等问题,撰写教育课堂实录、教育日志、教育教学案例、教育教学反思以及调查论文或专题报告,为探讨基础教育教学规律提供资料和依据"(浙江省高校师资培训中心,2010:29)。叶纪林(2007)认为,教育研习是指师范生完成中小学教育实习后,针对教育实习中的不足和缺陷进行补缺、补差,不断完善自身的知识结构、能力结构、技能结构,提高心理素质;对教育实习中遇到的问题做进一步的探讨和研究,提高对职业道德的理性认识,进一步体验现代教育观念在教育、教学过程中的特殊地位和作用。外国学者 Wyatt(2011)以"Teachers researching their practice"为题,对教师研究(teacher research)进行了阐释,并将其定义为"教师对其职业语境所实施的系统而严密的探究"。我们认为 Wyatt 的 Teachers researching their practice 的提法虽然针对在职教师,但也反映了教育研习的实质。英语的 practice 可以理解为实习、实践和练习。如果我们仅仅将研习局限在"研究性实习"上,就窄化了其内涵,从而导致研习的作用得不到应有的发挥。因为实习只是师范生教育实践的一个阶段,不是整个教育过程。据此,我们应该将教育研习理解为"职前教师/师范生在其培养过程中对他人或自己的教学实践行动所进行的研究",如果要与"见习"、"实习"的说法保持一致,不妨将研习解释为"研究性实践练习"(research-oriented teaching practice)。教育实践练习贯穿于包括见习和实习阶段在内的师范生的整个受教育过程之中。这样,研习的内涵就得到充分的体现。可见,对研习概念的科学界定,可以消除模糊认识,有利于研习活动的有效开展和研习功能的充分发挥。

第五节 研究方法

本研究基于教师学习的建构主义观,强调教师的专业发展是建立在对教学问题的不断反思、调整基础上的,而教育研习正是形成正确的专业发展意识、教学观和学习观、外语教师观,反思教学问题,造就优秀外语教师的有效手段。

本研究于 2010 年首先在我校英语师范专业 2010 级 2 个班级和 2011 级 2 个班级实施,至今已经进行了五轮/年的实验。该实验以小组为活动形式,定期、有计划地在就读院校实施基于自动录播系统的教学反思以及到研习基地(中小学校、教育机构、培训机构等)以调查和服务的方式收集教育问题。通过教学观察发现教育、教学问题,作为行动研究的主题;通过观摩课、示范课了解成功课堂教学的基本规范和教学理念。研习包括预测和解决实践教学中遇到的问题,对实践教学中的教学问题反思并提出对策,再将其应用到服务性学习之中,使研习活动制度化、常规化。该项目依托我校大学生科研项目等形式,鼓励师范生以团队方式围绕教育教学问题开展课题研习,激发师范生研究教育、教学问题的兴趣,在课题研习中提升教育、教学、科研能力。研习活动采取"走出去、请进来"的方式,定期或不定期地邀请专家和教有成效的校友回母校做教育相关的主题讲座,以便引起学生共鸣,激发师范生的从教热情和职业意识。

第二章

研究现状

第一节 教育研习研究

在国外,虽然教育研习这一术语较为罕见,但与之相联系的一些术语我们并不陌生,如需求分析、服务性学习、行动研究、反思实践、教师研究,等等。这些术语与教育研习联系密切,涉及教育研习的内容和方法。国外相关研究多以院系培训为主,且主要针对在职教育,如 Mckay(2007)指出,教师反思实践是教师职业发展的一个必然条件,与行动研究有着必然联系。反思性教师具有自身职业发展的主动性,有发现并解决教学问题的愿望。Hadley(2007)以案例形式探讨了行动研究"发现问题—聚焦问题—探究问题—采取措施—反思"的基本形式。Wyatt(2011)以教师研习(Teachers researching their practice)为题,提出了教师研究(teacher research)的术语,并将其定义为"教师对其职业语境所实施的系统而严密的探究"。Johnson(2007)认为,作为反思实践者,教师对一系列影响教学的因素进行思考,获得认识,形成主张,并把自己的理念实施在教学中。教师对教学的认知以及在教学前、中、后所进行的理性思维无不体现在教学的每一环节中。Richards 和 Farrell(2005)较为系统地论述了英语教师的专业发展问题,并将教师学习视为技能学习、认知过程、个人建构和反思实践。学者们指出,实习生(student-teacher)从自己的实践研究中受益匪浅,因为他们将其智慧、学术知识以及个人经验聚焦在实施基于课堂的研究上(Steinberg & Kincheloe,1998)。

可见,外国学者将实践性教学研究视为英语教师专业发展过程中不可或缺的手段。虽然上述研究采用不同术语,且主要针对在职英语教师,但都涉及职前英语教师的专业发展要素。

在国内,最早实施教育研习的高校当属上海师范大学。该校从 2000 年起就开始对师范生进行"研习"实践,且对教育研习的理论依据和目的、任务和内容、活动途径和方法、效果和反思进行了较为系统的阐述和描述(叶纪林,2007)。之后,影响最大的是华东师范大学于 2007 年推出的"三习"教学实践模式,该模式较为系统、全面地整合了"见习"、"实习"、"研习"之间的关系,为师范生构建了一体化的实践教学体系,并将"研习"首次单独列入教学计划,对提升师范生培养质量提供了新的视角。此外,浙江师范大学将"教育见习、教学工作实习、教育研习"作为该校教育实习的任务。当下,学界逐渐认识到教育研习的价值,并将其视为"一种新的教师职前教育课程形态"(谢国忠,2007),而"教学是研究的过程,教师是研究者,只有作为研究者的教师才能做到职业发展"(吕乐,戴炜华,2007)。然而,研究中,笔者从期刊网上搜索,截止到2015年5月,有关教师"教育研习"的论文仅有10篇,而专门研究英语教师(师范生)教育研习的文章仅有3篇。这表明,学界对"教育研习"的研究还处在初级阶段,尤其缺乏对英语师范生教育研习的研究。在深度和广度上,现有的研究往往将"研习"视为与"见习"和"实习"并列的一个后续的独立阶段或步骤,其内容也仅仅局限在实习之后对教学问题的反思上(如韩刚,2008)。也就是说,目前我国师范生的"研习"活动普遍是在实习后对实习中出现的问题进行总结和反思,较少涉及实习过程中如何解决问题,更少涉及见习过程中的研究活动,没有涉及对见习之前的问题预测,而且,缺乏对"研习"内涵的深层次认知和研究,忽视将"研习"作为一种贯穿于师范生教育实践课程始终并统领整个实践课程的课程形态来考量与实践。在这种情况下,研习的功能和效果极大地受到限制。

第二节 教师专业发展研究

"教师专业化"研究20世纪60年代始于美国,70—80年代盛行于欧洲,90年代在我国得以传播并逐步得到重视。而今,"教师专业化"多以"教师专业发展"所取代,并成为当下教师教育领域最为关注的话题之一。笔者查询中国期刊全文数据库(CNKI),发现有关"教师专业发展"的题名15 000余条,并大有增加之势。在这些研究中,教师专业发展的内涵、阶段性和理论基础成为研究的重点。因为正确界定教师专业发展的内涵是有效实施教师专业发展研究的前提,而教师专业发展的阶段性对教师群体具有普适性。因此,明晰教师专业发展的内涵和阶段性对确定促进教师专业发展的有效路径具有重要意义。然而,目前人们对教师专业发展的理论研究还比较薄弱,缺乏实证性研究的支撑。下面笔者将对教师专业发展的内涵、阶段性、理论基础和途径进行阐述。

一、教师专业发展内涵研究

研究者处于不同时代和不同的视角,对教师专业发展的内涵有不同的认识,但总体而言,对教师专业发展的认识可以归为静态观和动态观两类。早期对教师专业发展的研究属于静态观,即将理想中的教师质量规格落实在教师应具有的知识、技能和素养上。静态观将教师专业发展视为一种"学科知识+教学知识"的结果,认为不论什么人,只要具备相关的学科知识、技能和一定的教学法知识就可以担当教师角色。可见,静态观将教师专业发展视为一蹴而就、一劳永逸的。传统的"水桶观"、"蜡烛观"、"园丁观"就属于此类。随着建构主义和人本主义观被引入到教师教育领域,传统的"蜡烛观"、"水桶观"、"园丁观"受到挑战。教师首先被视为社会人,教师不只是知识的输出者,也是知识的输入者;教师要关注学生差异和学生个性发展,教师自己也应得到人文关怀和发展。因此,教师的专业不应该是静态的结果,而是动态的发展过程。

在英国,教师专业发展的领域主要划分为三大部分:①教师的知识;②教师的技能和能力;③教师的价值信念与承诺。这三个领域的能力对于教师的专业发展缺一不可,并相辅相成。知识领域的内容包括:课程、教育制度与专业责任、教师个人的原则和观点。技能和能力的内容包括:教学、课题组织与管理、评价学生、反思与交流。价值信念与承诺领域的要求为:按照规则履行职责;对自己各方面的学习、发展抱有责任感;对参加学校、社区事务怀有积极信念(唐安国等,2005)。Lange(1990:245)指出,"教师专业发展是一个涉及知识、经验和态度的持续发展的过程"。台湾学者吴焕洪在"2004 年海峡两岸小学、初中教育学术研讨会"上指出,教师专业发展的内涵应该包括教师的基本能力、专门学科能力、教师的专业能力、教师的专业精神和研究能力。刘万海(2003)将教师专业发展的内涵界定为,以教师的专业自觉意识为动力,以教师教育为主要辅助途径,教师的专业素质和信念系统不断完善、提升的动态发展过程。可见,教师专业发展的内涵是"教师不断成长、不断接受新知识、提高专业素质,在这个过程中,教师通过不断地学习、反思和探究来拓展其专业内涵、提高专业水平,从而达至专业成熟的境界。教师专业发展强调教师的终身学习和终身成长,是职前培养、新任教师培养和在职培训,直到结束教职为止的整个过程。教师专业发展不仅包括教师个体生涯中知识、技能的获得和情感的发展,还涉及与学校、社会等广阔情境的道德与政治因素"(卢乃桂,钟亚妮,2006)。姜勇(2005)从"实体思维"和"实践思维"的视角论述了国外教师专业发展的新取向。他指出,教师发展观的转型体现在:教师发展目标上从客观能力到实践智慧;教师发展内容上从纯粹理性到情感之维;教师发展之源上从外部力量到个人生活;教师发展场所上从忽视到关注教师的工作现场。这种转向实际上也体现了教师专业发展应由静态向动态的转变。可见,从静态到动态的教师观变化体现了人们对教师专业发展认识的不断深入与提高,也体现了对教师专业发展研究的发展。

对外语教师专业发展内涵而言,我国学者进行了专门研究。戴炜栋、王雪梅(2011)认为,外语教师专业发展应是教师的一种自主、自觉行为,即教师在知识建构和反思学习的基础上,不断提升自身的教学能力、科研能力和师德修养的过程。在这一过程中,知识建构与反思学习是前提,终身学习理念与学术研究的团体氛围是促进教师专业发展的有效保障。付安权(2008)将我国英语学科教师专业发展内涵归为学科基础、知识基础、专业标准和专业组织四个方面。

二、教师专业发展的阶段性理论

中外学者在实证研究的基础上发现教师的专业发展状况与其工作年限(教

龄)有一定关系,呈现出明显的阶段性特征。对教师专业发展的阶段性做出系统研究的外国学者有福勒、凯兹、费斯勒、休伯曼等,我国学者罗琴和廖诗艳(2005)、王铁军和方键华(2005)、卢真金(2007)、李晶(2007)也对教师专业发展的阶段进行过较为详细的阐释(见表 2-1)。

表 2-1 教师专业发展的阶段

姓名	阶 段				
福勒	任职前关注阶段	早期生存关注阶段	教学前景关注阶段	关注学生阶段	
凯兹	生存阶段	巩固阶段	更新阶段	成熟阶段	
费斯勒	职前教育阶段	入门阶段	能力建立阶段	热心和成长阶段	生涯挫折阶段
	稳定和停滞阶段	更新生涯阶段	退出生涯阶段		
休伯曼	入职期(第1~3年)	稳定期(第4~6年)	实验和重估期(第7~25年)	平定和保守期(第26~33年)	退出职教期(第34~40年)
罗琴廖诗艳	适应期	发展期	成熟期	持续发展期	
王铁军方键华	入职适应期(3~10年)	成熟胜任期(25~35岁)	高原平台期(36~45岁)	成功创造期(40~55岁)	退职回归期(56~退休)
卢真金	适应与过渡时期	分化与定型时期	突破与退守时期	成熟与维持时期	创造与智慧时期
李晶	准备期	适应期	发展期	创造期	

以上对教师专业发展阶段的划分都是从纵向考虑,多是静态的差别研究,较少涉及初任教职的新手如何成长为专家型教师的过程。其实,教师的专业发展过程并非完全与上述阶段相吻合。正如杜新秀(2009)所言,随着社会的急剧发展对教育和学校造成的冲击,发展的各阶段并不会完全按顺序进行。有些学校的教师年龄结构和层次结构已经出现断层,新教师在还没有渡过探索阶段时就已迈入了保守阶段,他们一方面尽力去适应新环境,模仿同龄人的教学和管理;另一方面因无章可循,压力过大而固守自己的教学观念和教学方式,害怕新的变化。更加严峻的是,有些学校没有为教师创设良好的学习环境和管理环境,使教师过早进入职业倦怠期。教师专业发展受个人、环境和组织等多种因素制约,只有教师主动自觉地自我反思,系统地规划自我发展过程,才能实现专业发展。

可见,教师专业发展过程的阶段性虽然反映了教师专业成长的普遍性特征,但其受到多种因素的制约,尤其受到教师自己专业发展愿景的制约,这也就是很多教师终身不能成为"专家型教师"的原因。其次,教龄与教师的专业发展阶段也不是固定不变的。

三、教师专业发展的理论研究

自教师专业发展的术语产生以来,教师专业发展的研究范式和内容发生的重要转变。在研究范式上体现了由"科学取向"向"生活取向"的转变;在研究内容上,体现了由"预设性"向"创设性"的转变。教师专业发展研究凸显了由"静态性"向"动态性"发展的总趋势。

(一)研究范式

20世纪70年代以来,教师专业发展的研究范式发生了重要转变,由关注普适性的教育规律转向寻求情境化的教育意义。这种教师教育研究的"生活体验研究"观对传统的教师教育培训提出了挑战,揭示了"科学取向"未能全面揭示教师专业成长本质的弊端。"生活体验研究"视教师教育研究为"关注教师的生活体验",视教师专业成长为"关切教师的自主发展",视教师培训方式为"关心主体精神与个体生活实践",视教师培训策略为"以能力为本位"(蔡宝来,王慧霞,2009)。

"科学取向"研究范式是演绎式的,强调教师在相似教育情境中应该如何做,忽视教师对具体情境的自我感知、对教育问题的独到认知、对教育冲突的理智处理。传统的"科学取向"研究范式注重教育普遍规律的"移植"和"借用",认为教师只要掌握了教育规律和原则就能有效地实施教育教学。在职前教师培训方面,"科学取向"研究范式属于一种"适合全体教师的统一模式",关注的是教师"应该知道什么",而不是"想知道什么"。它试图在教师发展的情形之外来获取、复制和传播"优秀实践"的组成部件,以此更新教育过程。这只是迎合短期的需要,对具有反省能力的专业人士的发展无益,不利于教师在变动不居的情境中采取有效的行动(蔡宝来,王慧霞,2009)。

综上所述,教师教育研究过程中的由"科学取向"向"生活取向"的转向,体现了教师教育由强调全体教师的"整体性"和"划一性"向强调个体教师的"差异性"和"独创性"研究转变。而"生活体验研究"过程本身是描述、解释、自我反思或批判分析,它关注教师的生活体验、自主发展、主体精神和能力本位(蔡宝来,王慧霞,2009),反映了教师专业发展的"反思性"本质属性。此外,有学者区分的"学术导向"与"批判理论"的概念,基本上与"科学取向"和"生活取向"的内容一致。"学术导向"包括量的研究和质的研究,主要目的是"求真",了解和理解事情是什么;而"批判理论"及其行动研究则属于"实践导向",主要目的是"求善"、"求美",探讨并推进"应该是什么"(陈向明,2008)。

近年来,教师研究呈现出一系列新的发展趋向。郑金洲、刘耀明(2005)将其概况为:由外推到内发、由粗放到精细、由个体到群体、由零散到整体、由滞后到先导、由突击到常态。

(二)研究内容

新中国成立后很长时间,我国跟随苏联的教育思想,效仿其教育模式,教育研究范式基于"科学取向"。这种研究范式从静态的视角看待教师专业发展,其研究内容集中在教师,主要是优秀教师应具备的素质方面。这种范式认为,具备相应的学科知识和一定的教育学、心理学知识就可以从事教学,甚至可以成为优秀教师。由此,"学科知识+教育学知识"在相当长的时间内成为许多师范院校区别于普通院校的标志性课程。直到现在,一些师范院校仍然没有走出这种藩篱。

20世纪90年代,尤其是进入新世纪以来,教师教育研究范式发生了巨大变化,教师专业发展成为教育领域研究的焦点。教师知识不再局限于"学科知识+教育学知识"的静态规格,而是一种具有动态的、发展的、个性化的、专业反思的和持续终身的素质。此外,教师的教学研究能力也成为教师专业发展的重要内容。

近年来,外国学者对教师专业发展内容进行了较为深入的研究。M. Fulan从教师的工作实质出发,阐释了现代教师应承担的相关七项任务:教师将做出道德目标的承诺——使学生的一生发生变化;教师必须大量地增加自身教育学方面的知识,教师必须继续加强包括道德目标以及更微妙复杂的教学知识在内的个人的知识;教师必须认识到学校范围内的道德目标与比较大的教育政策问题和社会发展之间是有联系的;教师的工作必须高度互动和协作;教师将在新的结构条件下工作(包括教师小组、共同计划、学习网络等);教师必须逐步形成不断探索的学习习惯和技能,经常寻求新的思想;教师在变革过程中必须深入到同行中,深入到变革过程复杂多变的各种事务中(转引自杨庆余,2005)。

我国学者姜伟(2005)提出了"从实体思维到实践思维"的教师专业发展新取向,强调教师专业发展不应该只关注教的知识、教的技能与策略,而应该关注教师在教育实践中反复实践与思考,以不断积累智慧。杨庆余(2005)从教师角色转变视角提出教师新的专业要求,即今天的教师已经不仅仅是一个知识的传授者,而且是一个道德的引导者、思想的启迪者、心灵世界的开拓者以及情感、意志信念的塑造者。这就意味着对教师来说,不仅需要知道传授什么知识,而且需要知道怎样传授知识,需要知道针对不同的学生能够采用不同的教学行为策略。陈家斌(2004)对教师研究的基本特征进行了探索,认为:①教师研究的性质是教师主体介入的活动。教师个人的情感、态度、理念、价值观等都会融入到研究的过程中,并影响研究的进程和结果。②教师研究的目的是促进教师的专业发展,提高教育教学质量。影响教学质量的关键因素是教师的素质,因此教师研究的首要目的是促进教师自身的专业发展,进而促进学生身心全面发展。③教师研究的对象主要是教师自身的教育行为。教师研究应当指向自身的教育行为,指向与自己教育行为密切相关的实际问题,不断对自己的专业现状、教学行为进行反思,审视自己的思想理念,剖析自己的行为方式,突破已有的思维模式,获得解决教育实际问题的创新能力。④教师研究的主要方式是在实践中反思。教师研究具有"基于实践、通过实践、为了实践"的基本特点,其根本任务是解决实际问题,促进教学,因此需要教师不断地反思自己的教学行为。⑤教师研究的成果呈现方式是多种多样的。

除研究论文和研究报告作为教师研究成果的主要形式之外,教师的研究成果呈现方式也应具多元化,应赋予其他成果呈现方式应有的地位。

四、教师专业发展途径

教师专业发展途径涉及教师成长的方式方法,一般用影响名师成长的因素来阐释。童富勇、程其云(2010)通过对浙江221位名师的调查,将中小学名师专业成长的影响因素归为教师的专业发展愿景、自我效能感、实践磨砺、研究反思、专业引领、关键事件、同伴互助和文化因素八项。①教师的专业发展愿景。教师的专业发展愿景是影响教师专业发展进程及水平的内在核心因素,能唤醒教师的专业发展意识,激励并维持教师实现专业发展的目标。②自我效能感。自我效能感是指教师在教学活动中对其能有效地完成教学工作、实现教学目标的一种知觉和信念。名师之所以成为名师,就在于其有较强的自我效能感。具有较强自我效能感的教师,信心大增,往往能在较短的时间里达到其他人需要很长时间才能达到的高度。自我效能感强的教师能够保持较高的知识水平,有明确的期望和强烈的责任心,相信自己有能力给学生以积极影响,满怀信心地帮助每个学生得到良好发展。③实践磨砺。教师成长和发展的关键在于实践性知识的不断丰富以及实践智慧的不断提升。实践性知识的获得和实践智慧的提升离不开教学实践的磨炼。④研究反思。美国心理学家Posner将教师的成长公式化为:成功=经验+反思。这说明教师的研究反思有助于更新教育观念,积累实践性知识,获得更高的成就和专业价值体验,从而提高教师的教育教学能力,使教师的教育教学工作由"经验型"转向"研究型",使教师从"教书匠"向"专家型"转变。⑤专业引领。专业引领是指专业研究人员对一线教师进行理论指导下的实践研究。专业引领在教师成长过程中起的是催化剂的作用,能够促进教师更快地成长,是教师专业成长向纵深持续发展的关键。⑥关键事件。英国学者沃克(Walker)认为"关键事件"是指教师个人生活中的重要事件,教师要围绕该事件做出关键性决策。关键事件对教师的成长具有重要作用。一方面,它给教师创造了一些选择和改变的机会,其中集中体现了教师对自我已有的内在专业结构的合理性、适应性的评价和最终决策,也可能包含教师对长期积累所形成的教育教学经验的体悟。另一方面,它又引发了教师的自我澄清过程、个人思维的清晰化过程,促进了包括教师个人教育观念在内的教师专业结构的解构和重构。⑦同伴互助。同伴互助是指在强调教师自我反思的同时开放自己、加强教师之间在课程实施过程中的专业切磋、协调与合作,形成"研究共同体",共同分享经验,互相学习,彼此支持,共同成长。同伴互助成为教师专业发展的助推器,加快了专业成长的步伐,同时,在教师集体互助的氛围中形成了一种非常有凝聚力的教师合作文化。⑧文化因素。尊师重教、耕读传家是浙江最为鲜明的文化传统。浙江教育家的个性特征表现为对异质文化少有排异性,富有兼容性和创新性。务实勤奋、稳扎稳打是浙江名师的最大共同点。浙江前六批特级教师中,70%以上第一学历是专科乃至高中毕业,但他们不断进修自学,现在已达到本科乃至研究生程度。不能说这与"敢于创新、锐意进取、不盲从权威、不墨守成规"的区域文化无关(转引自童富勇,程其云,2010)。

童富勇、程其云虽然只对浙江中小学名师专业成长的影响因素进行了分析,但也体现了我国中小学名师专业成长的基本途径,对我国中小学教师专业成长具有借鉴作用。

第三节 英语教师专业发展研究

作为学科教师的英语教师,其专业成长与一般意义教师相比不完全相同,必将反映其学科差异性。下面我们将对英语教师素质进行较为详细的剖析,以便更加清楚地阐释英语教师专业发展的内涵。

一、英语教师专业素质

影响英语教师的因素很多,有内部因素,也有外部因素。在很多情况下,教师内在的个人品质是其工作富有成效的决定性因素。一般而言,英语教师应具有如下个人品质。

(一)高尚的职业道德

不管是作为一般意义的教师,还是作为英语教师,无论多么强调教师的职业道德都不过分。这也是《中小学教师职业道德规范》多次修改的原因。所谓教师职业道德,就是约定俗成和明文规定的,国家教育从业人员在其教书育人活动中和社会生活中遵循的行为规范和道德准则(姚亚东,2006)。教师的职业道德历来作为教师的首要素质。这一点韩愈《师说》已经说得非常清楚,"师者,所谓传道、授业、解惑者也"。为此,"德"也就理所当然地成为培养教师的摇篮——师范院校的首要目标。纵观我国师范大学的校训,我们可以从中领悟到师德对教师(包括未来教师)的重要意义。如,北京师范大学:"学为人师,行为世范";华中师范大学:"求实创新,立德树人";华东师范大学:"求实创新,为人师表";华南师范大学:"艰苦奋斗,严谨治学,求实创新,为人师表";广西师范大学:"学高为师,身正为范";重庆师范大学:"厚德,笃学,励志,创新";四川师范大学:"重德,博学,务实,尚美";东北师范大学:"勤奋创新,为人师表";等等。可见,教无德不立,德无教不续,这也是上述师范院校都将"德"视为"师魂"的重要原因。那么,我国教师的师德状况究竟如何呢?冯莉(2006)在全国31个省、市、自治区的师德调查表明,在责任感上,中学教师显著高于高校教师,而高校教师显著高于小学教师。调查还表明,教师的职业道德素质更多地与教学任务和工作压力等外部因素有关,而并非针对其直接的服务对象,也不是完全建立在自觉的基础上,职业道德并没有完全内化为他们的情感、意志等。我国不同教育阶段的教师是根据自己的教学任务和工作压力等外部因素来调整对待工作的态度的,外部原因是造就教师职业道德素质的原因,教师并没有真正在思想上提高自己的职业道德修养。李敏(2007)的中学教师师德调查表明,中学教师的工作状况比较积极,但工作状况存在价值取向上的差别;女教师比男教师更倾向于自愿选择和安于从事教育职业;教师基本做到关心和理解学生,但仍有少部分学生感受不到教师的关心和理解;教师的角色意识强烈,但教师角色搭配的合理性需要提升;教师注重自己的道德学习,但需要进一步加强道德反思。调查显示,有近半数的教师将教师职业定位为一种谋生的手段。因此,使教师职业道德建设摆脱客观因素的束缚,切实落实到思想上的真正提升才是提高教师职业道德素质的根本。

根据教育部 2008 年重新修订的《中小学教师职业道德规范》,我们认为称职教师的高尚职业道德体现在"热爱教育"、"关爱学生"、"为人师表"三个方面。

1. 热爱教育

热爱教育是对教师职业的最根本要求。教师能否出色地履行自己的职责和义务,首先取决于他对教育事业的态度和情感。很难想象一个对教育工作不热爱、毫无兴趣的教师,会努力做好教育教学工作。尤其在教育处在变革中的今天,热爱教育事业和乐为教育事业做贡献的职业道德品质就显得更为重要。

国际 21 世纪教育委员会的报告《教育——财富蕴藏其中》指出:"人们要求教师既要有技能,又要有职业精神和献身精神。"教师的职业精神和献身精神是做好教育工作的前提。只有当教师把职业当成事业时,他才能超越职业所限,超越个人得失困扰,让平淡焕发出新的光彩。教师的敬业爱岗精神表现为对教育事业的执著,并具有强烈的责任感和事业心。

随着科教兴国、尊教重教风气的形成,教师的地位在提高,教师的责任感在增强。广大教师献身人民教育事业,默默耕耘,无私奉献,为我国教育的改革和发展做出了很大贡献,涌现出一大批爱岗敬业、师德高尚的教师楷模,他们用崇高的责任感、坚强的毅力、博大的爱心甚至珍贵的生命支撑起中国基础教育的大厦。2008 年 5 月 12 日汶川大地震时,就涌现出了许多弘扬师德的光辉典范。许多教师把生的机会留给学生,把死的危险留给自己。他们用年轻的生命捍卫着教师职业的崇高与神圣。然而,在市场经济条件下,人才流动已经市场化,教师也获得了重新选择职业及单位的自由和机会。同时,受市场经济负面影响的冲击,有的教师工作积极性不高,职业意识、敬业精神不强,在利益驱动下,有的教师对教学不负责任,谋"第二职业",搞"有偿家教";也有教师缺乏应有的职业道德,在发生危急情况时不顾学生的安危,把自己的生命置于学生生命之上,等等。这些问题都不利于教育的发展和素质教育的实施。

目前,教师在师德和价值取向上表现出明显的差异性和层次性。一是"重义轻利"型:对待教育事业全身投入,潜心教书育人,爱岗敬业,无私奉献;二是"义利兼顾"型:既有较强的事业心,能教书育人,又比较重视个人利益;三是"重利轻义"

型:关注自身利益,强调自我价值,甚至用等价交换原则对待教育事业。当然,在价值观念多元化的今天,不能忽视教师的正当利益需求和教师之间的差异性,因为教师也是人,教师也有物质的、精神的需求。但是,教师职业的特殊性,决定了对教师道德的特殊要求。对于过分强调个人利益、追求自我价值的教师要积极引导,使之树立正确的价值观,提高自身的道德判断和行为选择能力。这是师德建设的重点和难点。要求教师起码做到义利兼顾,循序渐进,进而达到无私奉献的思想境界(姚亚东,2006)。

热爱教育事业,是教育成功的基础。广大教师只有把全身心的力量投入到教育事业中去,才能赢得学生的爱,才能获得事业成功的乐趣。

2. 关爱学生

关爱学生是社会赋予教师的职责。教师承担国家、社会的委托,按照社会的要求教育培养学生,使学生成为社会所需要的人。学生是一个国家、民族的未来。教师关爱学生代表了国家、社会对下一代的爱,是教师必须履行的职责。这种爱不同于其他任何感情的爱,是一种博大、无私、高尚的爱,是代表了国家、社会对下一代寄予无限希望的爱,是对国家、民族未来充满自豪的爱。

关爱学生包含极为丰富和深刻的内容,如尊重学生人格、关心爱护全体学生、平等公正对待学生、信任学生、对学生寄予期望、严慈相济、做学生良师益友、保护学生安全、关心学生健康、维护学生权益等。教师对学生的关爱是通向学生信任教师的桥梁,是教书与育人的基础。早在两千年前,我国古代最伟大的教育家孔子的师德内涵就体现出"关爱学生,有教无类"的思想。儒家主张"仁者爱人"。在孔子看来,作为教师,"爱人"的具体表现就是关心、爱护学生,热爱教育事业。孔子把对学生的热爱、对教育事业的忠诚看做是教好学生、搞好教学的前提。孔子认为热爱学生,集中而又最本质的表现就是要在对学生传授知识的过程中做到"无私无隐",即在传道授业方面,孔子总是把自己的知识、品德平等地、毫无保留地传授给学生。孔子一视同仁、平等相待、爱生如子的崇高品质,不但激励了他的学生们勤奋自勉,也赢得了学生的无限景仰。孔子认为热爱学生还要做到"有教无类"。"有教无类"是孔子关于教育对象的主张,也是对教师提出的一项道德要求。孔子主张,只要学生诚心求教、潜心学习,无论是贫富、贵贱、智愚、亲疏、远近、老少等都可以成为受教育的对象。教师都应一视同仁,热心教诲。这是他"仁者爱人"、"泛爱众"(《论语·述而》)的伦理思想在教师职业道德中的具体体现和贯彻,也充分表现了孔子在教育上的人道主义(张运霞,2006)。

关爱学生是教师的天职,是培养学生健康情感的需求。教师是否关爱学生,直接关系到学生对他人、对集体、对社会的情感。教师关爱学生能够激发学生对教师的爱心,并通过情感方面积极的"正迁移"作用,发展学生对同学、家人、班级、学校、社会和人类的爱心。相反,如果教师对学生采取歧视、挖苦、冷漠的态度,学生感受不到温暖、爱护和关心,容易产生被冷遇、孤立、嘲笑的感觉,并通过情感的

"负迁移"作用,对同学、家人、班级、学校、社会和人类产生仇视的态度。关爱学生是教育规律的要求。《礼记·学记》中有"亲其师"、"信其道",揭示了"亲与信"之间的关系,这是对教育规律精辟的概括。

3. 为人师表

教师只有为人师表,才能培养学生高尚的道德品质和良好的行为习惯。教师在日常的教育教学活动中,在与学生的交往中所表现出来的言行举止,对学生的影响是任何一种教育都无法替代的。乌申斯基说过,"教师个人的范例,对于年轻人的心灵,是任何东西都无法代替的最有作用的阳光。"因此,教师对学生进行教育不仅依靠言教,而且要充分利用身教。教育无小事,教师无小节。称职的教师必须严于律己,言行一致。

同时,为人师表也是教师树立威信的基础。教育过程是特殊的人与人交往的过程,是师生之间的思想、意志、情感、知识等进行复杂而奇妙的相互影响和作用的过程。教师是以富有个性的具体的人出现在学生面前的,其威信不是通过摆着威严的架子训斥学生或靠教师的特殊地位居高临下地指挥、控制学生而确立的。克鲁斯卡娅说:"学生接受他们爱戴的教师所说的话,同接受他们看不起的、与他们格格不入的人所说的话,情况不完全一样,从后者口中说出的最崇高的思想,也会成为可憎的思想。"可见,教师威信的确立,需要其在日常教育、教学活动中,处处用高尚的思想和道德严格要求自己,使自己的一言一行成为学生的表率(周卫勇,2002)。

我国一些著名教育家在谈到师德时指出,教师就是要敬业爱生。顾明远教授认为,教师的职责就是教书育人,就是要敬业爱生。叶澜教授认为,良好的师德风范必须心中有学生。著名教育家吕型伟认为,关于师德最朴实的认识就是"要对学生充满爱心"。北京小学校长吴国通认为,教师职业道德的核心就是爱岗敬业、尊重学生(《中国教育报》2008年9月10日)。

此外,一些学者根据新时期所面临的挑战,提出了新的师德内容。张九洲(2006)认为新时期教师职业道德包括:①平等竞争,互助合作;②提高效率,注重效益;③乐于奉献,利义统一;④敢于批判,勇于创新。赵建军等(2007)认为新时期的教师职业道德要求应该包括:①强化责任和敬业精神;②树立现代教育观念;③强调热爱学生,恪守有教无类;④强调创新精神和尊重学生;⑤强调终身学习、与时俱进;⑥树立合作意识,强调团结协作。他们从新的视角探讨了新时期教师职业道德的内容,对新时期教师职业道德教育具有积极的借鉴作用。令人欣慰的是,这些观点在2008年教育部新修订的《中小学教师职业道德规范》中不同程度地得到了体现。

(二)合理的知识结构

我们认为称职的英语教师应具有扎实的英语专业知识、基础理论知识、英语教学知识、跨文化知识和丰富的实践性知识。

1. 英语专业知识

英语专业知识的重要性一直受到人们的重视,也一向被理所当然地视为教师必备的专业内涵,它包括:扎实的英语语言基础知识,熟练地掌握与英语有关的听、说、读、写、译等基本技能;文学、语音学、语法、语用学等方面的知识。需要强调的是,对英语教师而言,他们的英语口语能力、语法能力和语篇能力尤为重要。此外,还包括对学科发展最新成就和趋势的基本价值判断。总之,英语教师应理解教学的知识体系,掌握与英语学科内容有关的背景和学科的最新发展。

当然,我们也必须看到,教师的本体性知识(学科知识)与学生的学习效果之间并非是线形关系,二者不是一一对应的。具有丰富的学科知识仅是成为好教师的必要条件,而不是充分条件,即丰富的英语学科知识并不必然等于教学成功,但要取得教学成功英语教师必须具有丰富的学科知识。

2. 基础理论知识

英语教师只具备英语学科知识是远远不够的,还必须储备坚实的基础理论知识,即哲学、语言学、教育学、心理学、社会学、人类学、生态学等理论知识。这些知识是构成教师教学知识的基础。关于基础理论知识我们将在第三章专门进行详细阐述。

3. 英语教学知识

具体而言,英语教师须掌握的英语教学知识(条件性知识)主要有:

课程论知识——关于学科知识如何组织才能适合学生学习规律,且便于实施与测量的理论体系和方法;

一般教学论和英语学科教学论知识——关于教学原则,教学策略、方法和技巧,教学组织与管理的有效方法等;

班级管理的知识——如,一个好的班集体的主要特征、班级教学与管理的有效方法等;

学生学习与发展的知识——关于不同年龄阶段学生的发展特征、学生学习的规律和有效方法、学法指导等方面的知识;

教育科研的知识——关于科研人员的基本素质要求、科研应有的精神、科研方法和一般程序、科研结果解释和成果推广等方面的知识。

4. 跨文化知识

教师要想有效地进行英语教学,必须具有广博的跨文化知识。英语民族与汉语民族有着不同的文化背景,受各自不同文化传统、社会背景、宗教信仰、思维方式及风俗习惯的影响,会形成各自不同的、习惯的、特定的知识结构和价值观念。教师具有丰富的跨文化知识,有助于拓展学生的精神视野,激发他们的求知欲,同时有利于促进学生在英语学习中的知识正迁移。

5. 实践性知识

英语教师的实践性知识是指教师在变幻的教育教学情景中，由经验提供的应对教育教学现场的直接知识。这种知识属于一种临床性知识，其中既有直接获得的个人经验的积累，又有通过观察获得的他人经验的借鉴。实践性知识受教师个人经历、实践活动等的影响，其表达往往包含着丰富的细节，并以个体化的语言存在。教师的案例分析、行为访谈以及教学经验介绍等是教师获得实践性知识的有效途径。

以上分别叙述了英语教师应具有的五方面的知识，接下来阐述五者之间的关系。广博的跨文化知识是英语教师进行有效教学的基础，本体性知识是教师教学活动的实体部分。在教育活动中，教师为了有效传递本体性知识，需要结合学生的特征对其做出符合基础理论原则的解释，以便学生很好地理解和掌握。因此，基础理论知识通过条件性知识对本体性知识的传递起理论性的支撑作用，同时也构成了教师教育科研的基础。另一方面，教育教学情境的丰富性和具体性使得教师的条件性知识难以解决所有具体教育教学情境中的问题，而教师的实践性知识恰好能弥补条件性知识的这一缺陷。可见，条件性知识规定着解决教育教学问题的基本原则，而实践性知识则提供处理教育教学问题具体方法和方式。

（三）全面发展的能力结构

英语教师必须具有的能力包括两个大类：教学能力和通用性能力（主要是非教学方面的）。[①]

1. 教学能力

（1）教学设计能力。

教学设计能力就是教师在课前对教学中各要素进行最优化组合设计的能力。教学设计能力是诸多技能的组合，其基本内容有分析教学理念、教材内容与地位、学生特点与组织教学内容的技能，制定恰当教学目标的技能，选择教学模式与教学方法的技能，预测课堂情形变化的技能等。

（2）教学语言表达能力。

教学语言是教师对学生实施教育教学的最重要手段。英语教师的语言表达能力有正式语言表达能力和非正式语言表达能力之分。正式语言表达能力即符号化的语言表达能力，包括口语和书面语表达能力。前者表现为英语课堂用语的流利性和准确性，同时还要根据学生实际表现出一定的灵活性和启发性等，后者表现为批改作业和课堂板书。教师的非正式语言即体态语言，包括面部表情和身体动作、声音暗示、服装和其他装饰品等。非正式语言在教育教学中的作用不容忽视，是正式语言的补充。英语教师要尽量使用英语组织教学，明智地利用母语。

[①] 该部分内容主要根据周卫勇《走向发展性课程评价——谈新课程的评价改革》改编，北京大学出版社，2002年。

(3)课堂组织与管理能力。

课堂组织与管理能力也是教师教学能力的重要方面,指教师对课堂教学中各种要素进行控制,使教学得以顺利进行的能力。这种能力主要表现为课堂教学的有序实施技能、课堂学习气氛的营造技能、调动学生积极参与的技能和课堂教学节奏的控制技能等。

教师的控制因素主要是对学生进步的敏感性和对教学效果的反思。新课程背景下,教学是教师促进学生完成知识建构的过程,教师的角色也发生了变化,学生的学习形式又增添了利用多媒体的自主学习和合作学习,因此教学过程的复杂性和教师角色的变化,都对教师的课堂组织和管理能力提出了新的要求。如教师在集体中要对每个个体进行监控,有时要借助于多媒体和相关技术;又如在任务型教学活动中,教师的监控应从课堂控制转到情景监控,从对集体的监控转到对个人、小组和同伴关系的监控。

(4)使用现代教育技术的能力。

英语教师必须转变观念,强化科技意识,增强对科学技术发展的敏感性和适应性,学会用计算机技术、多媒体技术以及其他的先进技术来辅助教学,并利用先进技术不断改进教学手段和方法,提高教学效果。

使用现代教育技术的能力还包括教师获取、积累信息的能力。随着信息技术特别是网络的发展,在英语教学领域,计算机网络和多媒体技术已逐渐成为教育和科研不可替代的基本平台和教学手段,成为跨越校园、利用全球资源的渠道和方式。教师应充分利用这些方式获取信息,同时,还要指导学生通过各种途径获得信息,拓展学生获得知识的渠道。

(5)教学测量与评价的能力。

有效教学过程的重要内容就是教学反馈,开展教学反馈的前提是进行教学测量与评价。就教师的教学活动而言,教学质量的检测与评定,既是对教师教学成果与效果的反馈,也是总结经验、改进教学的重要依据;就学生的学习活动而言,教学质量测评是激发学生学习热情和强化教学效果的手段。因此,检测与评定教学质量是教师的一项经常性工作,英语教师必须具备对教学效果进行测评的能力,包括作业布置、批改、评讲的技能,试卷编制与分析的技能,综合评判的技能等。

2. 通用能力

这里所谓的通用能力指除教学能力以外的教师应有的其他能力,是能应用在不同情境下的一般性能力,也被称为"基本能力"。在现代社会,教师通用能力至少表现在以下四个方面。

(1)有效协调人际关系与沟通表达的能力。

在现代社会,教师的工作有着广泛的社会联系,教师除了与学生相关联外,还与学校内的领导与同事、校外的学生家长及其他社会成员相联系;而且,教育教学活动在本质上是人与人的相互作用。因此,教师必须善于有效地协调人际关系和与他人沟通。其间,要求教师具有与领导、同事、家长、学生等人的合作能力。

(2)教育科研能力。

教育科研和专业发展能力是现代教师不可或缺的能力。教师具有一定的教育科研能力是时代对全体教师提出的新要求。

(3)创新思维与实践的能力。

近年来,我国已经将培养学生的创新思维和实践能力提高到一个前所未有的高度,这种能力正逐渐成为素质教育的灵魂和核心。要培养学生的创新思维和实践能力,教师应首先具有创新意识、创新精神、创新能力和实践能力。

(4)专业发展能力。

教师的专业发展能力是教师需要终身学习和反思的教学实践性能力。现代教育非常重视教师的专业发展。英语教师要有意识地不断更新自己的知识体系和能力结构,不断地学习各种新的教育理论,保证自己职业能力的适应性。终身职业发展既是社会发展对人的要求,也是教育变革对教师职业角色提出的要求。专业发展能力包括专业发展的观念、自我评价能力、专业发展的设计和规划能力、在职学习的能力、教学反思能力和实施行动研究的能力等。反思能力是教师专业发展中最重要的能力(周卫勇,2002)。

二、英语教师的专业发展途径

英国学者 Richards 和 Farrell(2005)在其《语言教师专业发展:教师学习策略》一书中,对外语教师的专业发展途径进行了较为全面、深刻的阐释,体现了外语教师专业发展的新趋势,具有代表性,也为外语教育工作者所认可。他们从十一个方面阐述了外语教师的专业发展,即教师工作坊、自我监控、教师支持小组、教学日志记载、同伴观察、教学档案、关键事件分析、案例分析、同伴辅导、团队教学和行动研究。[①]

(一)教师工作坊

教师工作坊(workshop)是为提供获得专门知识和技能的机会而精深设计的短期学习活动。在教师工作坊里,期望参与者学会一些他们以后能在课堂上用得上的东西,并获得与主题有关的手把手的经验,如课堂观察或从事行动研究的实施步骤。教师工作坊也能为参与者提供检视其教与学的信念或观点的机会,并通过这一过程反思其教学实践。教师工作坊能够解决有关学校水平的整体提升和个体发展两方面的问题,其领导者是公认的专家,且对教师工作坊的主题有相关的经验。教师工作坊现在已是教师专业发展活动的最普通、最有用的形式之一。

---

① 该部分内容根据 Jack Richards & Thomas Farrell 合著的 *Professional Development for Language Teachers:Strategies for Teacher Learning*(London:Cambridge University Press,2005)编译。

教师工作坊是教师发展活动最有力、最有效的形式之一。教师工作坊能够给语言教师提供专家讲座，提供实际课堂应用的知识和工作动力，发展同事情谊（collegiality），支持创新，而且教师工作坊具有短期性和可行性特点。

（二）自我监控

教师教育中的一个出发点就是领悟教师现有知识、技能和态度，并懂得将这种信息作为自我评价的基础来使用。在学校中，经常由管理人员或督导人员依据课堂观察、学生反馈、面谈和其他信息来源做出的业绩评价是从外部人员的角度对目前教师业绩水平做出的评价。然而，教师本人也能经常根据他们所收集的有关自己的教学的信息做出这样的评价。自我监控或自我观察针对此目的，并且涉及为了反思和评价教学而对教师的教学信息进行归档或记录的活动。

自我监控或自我观察是指一种观察、评价和自我行为管理的系统途径，其目的是更好地理解和支配行为。常见的三种语言课程的自我监控途径是课堂报告、课堂录音和课堂录像。和其他反思途径一样，自我监控基于的观点是，为更好地理解自己的教学强项和弱点，必须客观、系统地收集教学行为和实践的有关信息，并将这些信息用于决定是否应该进行某些变化。

自我监控具有某些益处。它使教师将为不同目的而采用的教学方式记录下来，也对教师的教学提供了客观解释。尽管教师通常认为他们很好地理解了应该怎样教学，他们属于哪类教师，但是当他们回顾课程录像或文稿记录时，他们常常对主观感觉和"客观"现实之间的差距感到惊讶，有时甚至是震惊。例如，教师可能没有认识到他们的讲解不总是清楚明了的，有时会讲解过度，有时讲得太快，上课时很多学生注意力不集中，或许教师往往把重点放在课程上，而没给学生足够的参与机会。教师或许还不清楚，他们往往跟一些学生谈话比另一些要多，或者他们有一些言语怪癖，如过于频繁地使用"是"、"啊哈"或"对"。

（三）教师支持小组

教师支持小组可以定义为两个或更多的教师在小组工作通常比独自工作更有效的情况下合作，以实现其个体或共同目标。典型的支持小组包括一组为讨论目标、事宜、问题和经验而会面的教师。小组提供安全的地方供教师参加诸如在课程和教材开发方面进行合作之类的活动，以及计划和实施诸如同伴辅导、团队教学、行动研究和课堂观察之类的活动。同时，在支持小组中，教师逐渐熟悉同行并开始作为一个职业团体，而不是作为相互隔离的工作个体运行。教师支持小组可以对教学进行回顾与反思以及进行教材开发等活动。

（四）教学日志记载

教学日志是一项通常以笔记、著作或电子稿件的形式对观察、反思和其他教学思想所进行的书面记录，可作为讨论、反思或评价的原始资料。日志可以用作记录突发事件、问题以及上课期间所产生的洞见；它也可以是教师在以后复习或再次使用的一节课的记载;或者它可以是一个能够与他人分享的信息来源。

教学日志使教师能够记录课堂事件。如果没有这样的记录,教师常常不能大量地回忆起上课期间发生的事,也不能将成功的教学经验(有时是不成功的教训)用作进一步学习的源泉。对教学事件进行写作的过程往往会引发有关那些事件的新洞见。

(五)同伴观察

同伴观察是指教师或其他观察人员为了理解教学或课堂交流的某些方面而密切注视、监听一堂语言课或语言课的部分环节。

在教学领域,观察给新教师们提供了很好的机会来看看有经验的教师在上课时做了些什么以及他们如何去做。有经验的教师也同样能从同伴观察中获得益处。通过观察,教师可以发现其他教师如何处理自己每天在上课时碰到的问题。教师可能发现同事有更好的而自己却从未尝试过的教学策略。观察别人的课堂也能够引起对自身教学的反思。对于被观察的教师来说,观察人员对这堂课有一个"客观"的看法,并能收集到一些被观察教师可能无法获取的信息。这对双方的社会交往也是很有帮助的。听课能让平时交往很好的教师走得更近,让他们有机会分享彼此的观点和知识,并共同讨论存在的问题和关心的话题。观察能让教师了解其他教师如何教学,这是在学校内部建立同事情谊的方法,也是收集教学和课堂进程信息的方法。它为教师提供了获得反馈信息的机会,更是培养教师对教学的自我意识的方法。

(六)教学档案

教学档案收集了一些关于教师工作方方面面信息的材料和其他内容。档案叙述并证实了教师的工作情况,有助于专业发展,并为反思和评价提供了基础。像本书中所阐述的其他步骤一样,它是教师发展的另一种形式,围绕自我评价和教师指导型学习而建立。

职业档案是不断发展的,收集了一些精心选择或精心安排的职业观念、目标和经验,贯穿了反思和自我评价。它叙述了你是谁,做什么,为什么这么做,你去过哪里,你在哪里,想去哪里以及你计划怎样到那里。

档案由一系列不同形式的文件和事实组成,这些文件基于一定的原则而选出,并组织起来讲述所发生的事情。收集的内容随需要而更新修订并附有收集原则的解释。档案既可以作为自我评价的基础,又能成为教师评估的一部分。

档案有很多用途。第一,它表明教师如何处理自己的工作,并证实教师的思维、创造性、机智和有效性。因此,作为教师工作情况的依据,档案可以呈交给督导人员和管理人员。第二,档案也可以作为评价和反思的源泉。编撰档案这一过程促使教师对工作的不同方面进行综合自我评价。通过重温档案(必要时,向同事或督导人员咨询),教师能够对未来发展或发展目标、优先考虑的事情做出抉择。第三,档案能促进与其他教师的合作。例如,它能作为同伴辅导的一部分;同行们可以对档案做出评价,并对教师的工作给予反馈。一个极为有用的档案应该是合作教学的一部分,在合作中双方教师共同创立档案,以作为他们课堂教学的补充。

(七)关键事件分析

关键事件(也称突发事件)是指教学过程中发生的意想不到的、不曾预料到的事件,它可以触发当事教师对教与学某些方面的洞识。教学中的关键事件分析包括对教学事件进行文献记载和分析,以从中吸取教训,改进教学实践。

探索关键事件可以有很多好处:它能够作为一种反思性调查的形式;它能够帮助识别和解决问题;它还能够给教师提供高度敏感的专业意识。共同讨论关键事件报告可以共享专业知识,形成同事情谊,并有助于形成可能影响教学问题解决的方法。写关键事件可以成为诸如日志写作、课堂报告、支持小组和同伴辅导之类活动中的焦点。

分析关键事件可以在许多方面促进专业发展,即它能够进一步地提高自我意识水平,鼓励教师提出有关教学的重要问题,有助于创造行动研究的机会,有助于建立一个评论从业者的共同体以及为教师提供资源等。

(八)案例分析

在教师教育过程中,案例研究是指收集关于教师在一段时间内教学情况的信息,并利用所收集到的信息来更好地了解教学情况,从而获取一些法则。在语言教学和其他领域中,案例研究是基于对教师教学实践的研究以解决该教师在教学中碰到的问题。1986年,Canegie Task Force 在教学论文中写到,案例研究法应在教师教育中得到更广泛的应用,"教学'案例'展现了一系列的教学问题,应该成为教学指导的重点"。

分析记述教师如何处理课堂上所发生问题的案例,可以帮助教师形成有益的洞见和原则,让教师能够口述并分享他们在教学过程中解决问题的一些策略。案例报告同样对其他教师,尤其对经验欠缺的教师来说是一笔宝贵的资源。那些将重点放在某一具体问题或事宜上的案例集(如教育新生、应对不愿学习的学生、教授报刊词汇)对新教师来说是很有价值的培训教材。

(九)同伴辅导

Robbins(1991:1)给同伴辅导做了如下定义:两位或两位以上的职业上的同事共同合作,反思当前的教学实践,增加、增强并掌握新的技能,分享观点,相互辅导,研究课堂教学,或解决教学中出现的问题的相互信赖的过程。

在同伴辅导过程之中,教师和同事一起安排一系列机会,相互配合来研究教学。在研究教学或课堂某一方面的时候,一方充当辅导者或"批判性的朋友"(另一方则应表现出信任和信心,而且能积极肯定地提供一些建设性的反馈信息)的角色。在这一过程中或该过程结束后,辅导教师向被辅导教师提供一些反馈信息或建议。

同伴辅导是一个发展的过程,并且是一个能促进专业发展有效的方法。它为教师双方审视教学问题并找出解决问题的可行办法提供了机会。例如,同伴辅导能让有经验的教师有机会共同合作,理解并实施新课程。它能帮助对某一院系组织尚为陌生的教师,因为它能给新教师创造一个积极的环境,在这样的环境里,新教师能尝试新的教学材料和教学途径;它也能帮助培养同事间的和睦关系。

同伴辅导对辅导教师、被辅导教师和学校三方都有益处。辅导教师能从帮助同事的过程中获得满足感,同时也能在辅导过程中,使自身的教学更具活力,而且被同事要求做辅导同样也是职业认可的标志。被辅导教师也能从同伴辅导关系中受益,他们从自己信任的同事身上学到了知识,在自身的教学上还得到了有建设性而无威胁性的反馈信息,而且还拓展了自己的教学技能。同伴辅导还减少了教师们的孤立感。学校也因教师的技能提高和同事情谊的巩固加强而受益。

(十)团队教学

团队教学(有时也称为小组教学)是指两位或两位以上的教师共同承担教学任务的过程,他们共同计划、共同授课、共同解决课堂后续问题,如评估与测试工作,这就形成了一个团队计划、团队教学以及团队后续工作的循环。即使经验水平不同的教师共同承担某一班级的教学工作而存在着辅导关系,教师也能够平等地参与合作。

在团队教学中,总的来说,两位教师对教学过程的不同环节承担着相同的责任。他们一起制订计划、做出决策、开展教学,通过团队教学的结果促进合作学习。虽然实施团队教学的准备工作比较困难,但是定期地参与团队教学能带来如下好处:①能加强同事情谊;②能担任不同角色;③能拓展发展机会;④学生也能多方受益。

团队教学若要取得成功,教师必须对团队成员有很强的信心。Richards 等曾对六十位有过团队教学经历的语言教师做过调查,结果发现他们最担心的就是"信任和相互尊重",而且只有双方彼此信任和尊重时,团队教学才能发挥最大的潜力。

(十一)行动研究

行动研究是指由教师操作,旨在缕析实际教学中的问题、解决教学实际困难的课堂研究。"行动研究"这个术语涉及该活动的两个方面:"行动研究"中的"研究"这个词是指一种系统的教学途径,旨在展开调查和收集信息,以便阐明问题和改进课堂教学;"行动"这个词是指为解决课堂问题而采取的实际行动。行动研究发生在教师自己的课堂上,并围绕发现问题、收集有关问题的信息、制定和尝试解决问题的策略、观察解决效果等一系列环节,构成一套循环式的活动。然而,由于它是由观察、分析、行动和回顾构成的一个循环,从本质上来说,行动研究是在一段时间后才可实施的活动,因此需要大量的时间投入。正因如此,行动研究被认为是往往需要通过合作才能产生效果的活动。然而,行动研究的益处不仅仅局限于教学实践上的进步。通过计划和实施行动研究这个过程,教师能够更加深入地理解教与学中的问题,并获得有用的课堂调查技能。

行动研究有其明显的特征:①其基本目标是促进学校和课堂中的教与学,并在正常的课堂教学过程中进行;②它通常是小规模的,旨在帮助解决问题,而不仅仅是为研究而研究;③它是由教师个人或与其他教师合作来实施的。

可见,行动研究的内容是教学中的实际问题,它所关注的是对解决问题所采取的方案,即行动。通过将变化和改进的责任从外部(学校董事会、校长、督导人员、研究人员)转移到教师本人,行动研究实现对教师的角色重新定义。正如Sagor(1992:5)所言,"通过转变教师角色,我们能够深入地改变学校的教与学的过程"(转引自Richards & Farrel,2005)。

第四节 职前英语教师专业发展研究

职前英语教师和在职英语教师处于相同的职业领域,但其教师专业发展途径不尽相同。虽然在学科素质要求(英语知识、技能、文化等)、教师知识要求(教育学、心理学、课程与教学论知识等)、职业目标追求(师德、个体风格、研究型教师、终身学习等)、教师知识学习(在互动中形成和建构等)方面两者具有一致性,但在教师知识的获得途径上存在明显的差异性,即在职英语教师主要通过反思自己的教学实践来促进其专业发展,而职前英语教师的专业发展途径则具有间接性。职前英语教师不像在职英语教师那样有稳定的实践对象(学生)、固定的教学场所(课堂)和常规性的教学活动,加之学校为他们安排的教学实践有限,因此,基于就读院校的教育理论学习和观察、反思他人的教学(文本的、录像的)成为职前英语教师专业发展的重要渠道。另外,职前英语教师的职业目标追求不是即时成为"研究型教师",而是具备"研究型教师"的潜能。

韩刚(2008:v-vii)从课程与人的视角专门研究了职前英语教师的成长问题。他指出,教师的学习是一种持续性的终身学习,而他们在师范院校所接受的教师教育课程,则仅仅是这一学习的开始,是为他们能够更有效地进行这种实践性的终身学习做好准备。他们的学习应该是自主性的学习,而推动这种学习的主要动力并非仅仅源于外界压力(社会、校长、价值、学生),更源于他们内心对教师这一职业的认同和希望得到发展的愿望,以及期待不断提高自己的决心。缺乏这种认同、欲望和决心,教师便难以得到有效、持续的发展。因此,教师不断提高教学水平的关键,在于他们能否对自己的教学不断进行审视和反思,有时甚至需要对自己习以为常的教学敢于质疑,向自己提出挑战。鉴于此,他系统研究了课程与外语教学、课程与外语教学图式、课程与外语教学技能、课程与反思性实践的关系，并提出"外语教师是超越课程的人"之理念。我们认为，韩刚的研究揭示了职前英语教师专业发展的实质，虽然他没有专门探讨教育研习问题，但其研究内容体现了研究对职前英语教师专业发展的重要性。实质上，质疑自己的教学和反思实践本身就是一种研究。

众所周知，英语教学应该具有真实性、交际性。而真实性和交际性本身就是社会性的反映，是多模态的。因此，职前英语教师在多模态的环境里接受教师教育，就是在适应社会，准备未来。

第三章

理 论 研 究

第一节 教育研习的概念、性质与特征

如前所述,目前我国教学界将教育研习视为与见习、实习并列的一个师范生教育的一个阶段,并将其定义为"研究性实习"。笔者认为,对教育研习的这种界定缺乏对教育研习实质的全面认知,窄化了教育研习的内涵,不利于教育研习功能发挥。此外,目前的文献对教育研习的性质和特征研究罕见。为此,笔者认为,有必要对教育研习重新进行审视,对其概念、性质和特征进行探讨和分析,从而正确把握其实质,以提高教育研习活动的有效性。

一、教育研习的概念

教育研习的内涵至少应该包括三个要素。一是时间,即教育研习贯穿于师范生的整个受教育阶段,包括教育的见习和实习阶段;二是研究,即把教学问题转化为课题加以研究;三是对象,即研究的问题应该是师范生自己和他人的教学问题。这样,研习的内涵就得到充分的体现。

鉴于此,我们可以将教育研习定义为"职前教师/师范生在其整个培养过程中对他人或自己的教学实践行动所进行的研究"。如果要与见习、实习的说法保持一致,不妨将教育研习解释为"研究性教学实践练习"。这样,就不会将教育研习囿于实习之后的一个阶段,并有利于研习活动的有效开展和研习功能的充分发挥。

二、教育研习的性质

教育研习是职前教师在其整个培养过程中对他人或自己的教学实践行动所进行的研究,这种研究不是自然科学中常用的演绎和推理性研究,而是对过去经验的反思性研究。教育研习是一个"实践—反思—再实践—再反思"的不断循环的认识提高过程。认识教育研习的反思实践性和反复性,能够使师范生认识到,教育研习不是一蹴而就的,需要长期付出努力,从而使他们树立反思实践意识,对提高教育研习效果具有积极意义。

三、教育研习的特征

不像教育见习和实习,教育研习不是一个具体的阶段,它贯穿于整个师范生受教育的阶段。而且教育研习不是被动地让学生观察和实践,而是主动对教学问题进行深入思考。基于此,教育研习具有研究性、关键性、统领性、连贯性和系统性特征。

(一)研究性

研究性是教育研习最本质的特征。研究性体现在对教育问题进行观察、收集、审视和筛选的基础上,使之成为研究课题,并在理论指导下提出解决问题方案并用实践加以检验,达到解决问题之目的。在职前英语教师培养过程中,教学反思和行动研究是研究性的具体体现。

(二)关键性

关键性强调教育研习在培养师范生具有研究型教师潜能的过程中起关键作用,也就是说,如果教育研习活动落实得好,师范生就可以掌握教育科研的基本方法、步骤和要求,从而树立研究意识,提高研究能力;如果落实不好,培养出来的师范生就不具备研究型教师潜能,难以超越"教书匠"的藩篱。

(三)统领性

统领性是指在师范生受教育过程中要以教育研习为导向,指导师范生的学习、见习和实习。也就是说,在教育课程的学习和实践中,要始终坚持以教育研习为主线,并以研究的视野来开展教育实践活动,从而培养师范生的研究意识和发现问题、解决问题的能力。坚持教育研习的统领性有利于将教育理论与具体课堂教学实践相联系,从而让学生理解具体实践的理论依据,减少实践的盲目性,最终达到优化课堂结构、提高教学有效性的效果。

(四)连贯性

连贯性是指教育研习存在于师范生受教育的整个过程的始终,不是某一个阶段。当前学界仍然将教育研习视为与教育见习、实习相互割裂的一个阶段,强调教育研习是对实习过程中遇到的问题进行研究。很显然,这就窄化了教育研习的范畴,不利于其功能的有效发挥。因为,教育实践也不仅仅在实习阶段进行,基于院校的教育实践训练是师范生提高实践能力的主要途径。可以说,只要进行教育实践活动,就应该有教育研习的参与,两者相辅相成,相互促进。

(五)系统性

系统性是指教育研习的内容要充实,面要广,通过对研究问题的梳理,使之较为全面、系统,这样有利于学生从中选择课题进行研究。因此,研究范围应该包括学生的教育信念、职业意识、专业发展意识、教学策略与方法、中小学教学理念、教育政策、中小学教育教学状况,以及具体的语言知识、语言技能、情感态度、文化意识、学习策略的教学问题,等等。强调教育研习的系统性有利于师范生完善其知识体系,全面了解和把握现代课堂教学常见问题和有效的解决方案,对促进他们专业发展具有重要意义。

可见,清楚地认识教育研习的概念、性质和特征有利于把握教育研习的实质,有利于教育研习活动的计划、组织和实施,并在人员培训过程中预见可能出现的问题,是有效开展教育研习活动、提高教育研习效果的前提和保障。

第二节 教育研习的对象与方法

与在职教师的教育研究不完全一样,职前教师的教育研习的对象与方法有其自己的特点。

一、教育研习的对象

职前英语教师在教师知识的获得途径上与在职英语教师存在明显的差异性,即在职英语教师主要通过对自己在教学过程中遇到的问题进行反思、探讨,并根据教育理论提出解决问题的办法,达到提高教学效果和促进教师专业发展之目的。而职前英语教师的专业发展途径则具有间接性。不像在职英语教师那样,职前英语教师没有稳定的实践对象、固定的教学场所和常规性的教学活动,加之他们的教学实践课程有限,因此,除了在就读院校的教育理论学习和观察自己的教学之外,反思和探讨他人的教学(包括教学案例)成为职前英语教师教育研习的主要对象。另外,职前英语教师的职业目标追求不是即时成为"研究型教师",而是指向未来的"研究型教师",即养成"研究型"的潜在素质。

二、教育研习的方法

教育研习的方法主要包括需要分析、教学观察、专家引领、教育实践、顶岗支教、服务性学习、教学技能竞赛、专项课题研究、生态环境视域下的职前英语教师专业发展策略以及多模态视域下职前英语教师专业发展研究。

需求分析是指对师范生、中小学生、家长、中小学教师进行调查,收集与教育有关的问题,作为研习对象。

教学观察是教育研习的常用方法,从类型上讲,教学观察包括文本观察、录像观察和课堂观察;从观察的主体看,有自我观察、同伴观察和教师观察;从观察的方法看,有笔记(量表)、录音、录像;从观察的步骤上看,有观察者培训、观看、评课、反思、学习。

专家引领是指大学课程与教学论教师或中小学名师进行的专题讲座,旨在激发英语师范生的教师信念和专业发展意识,从而提高他们的职业认同感,树立教师即"研究者"的理念。

教育实践主要指师范生的见习和实习活动。

顶岗支教是指中小学教师缺编或进修空岗情况下,师范生顶班上课的情况,一般为3~6个月时间。

服务性学习是指师范生到中小学校参与英语教学与课堂管理,旨在了解中小学校教育教学现状,检验和修正自己的教学理念,从而发现自己的理论问题,更好地改进基于院校的理论学习课程和效果。

教学技能竞赛是指校级和省级师范生教学技能竞赛。教学技能竞赛可以检验学生的教学技能掌握情况。更重要的是,通过准备各级教学技能竞赛,可以提高学生对实践知识的重视程度,训练教学技能,提高自信心,最终提高教育实践能力。

专项课题研究是指院校社团组织下达的专项课题研究项目。师范生参与课题研究是熟悉教育研究内容、方法和步骤,提高研究能力的重要途径。

另外,现代职前英语教师专业发展倡导生态化和多模态化。

所谓教育生态化就是把生态学原理和方法运用到教育研究中。早期的探索始于20世纪30年代,此后,许多学者对人类生存的宏观环境和教育之间的交互关系进行了卓有成效的探讨。从生态学视角探讨职前英语教师专业发展的社会环境,强调宏观和微观环境的重要性,对促进教师专业发展有一定的启发意义。

所谓职前英语教师专业发展的多模态化,是指教师知识的形成不是在单一的模态中进行的,而是在多种媒体共同协调下的互动交际活动中建构的,即教师知识的建构具有多模态性。多模态教学比单模态效果更好。正如张德禄、王璐(2010)所言,"一种模态不足以表达清楚交际者的意义,从而利用另一者进行强化、补充、调节、协同,达到更加充分或者尽量充分表达意义,让听话者理解话语的目的"。关于教育研习的方法以及实证研究,将在第四章详述。

第三节 研究的理论基础

教师专业发展实质上是指教师知识的学习。传统的教师知识学习往往与教师素质相联系,而教师素质往往包括学科知识和教育性知识。然而,现代课程与教学论认为,教师知识学习不是一蹴而就的或一劳永逸的。将教师知识视为能够满足学生"一杯水"的概念已经落伍,取而代之的是将教师知识视为"源头活水"的终身教育理念。因此,教育研习视域下的职前英语教师专业发展研究正是以现代教师学习观为理论基础,具体包括教师学习发展观、教师学习建构观、教师学习研究观、教师学习认知观和教师学习反思实践观。

一、教师学习发展观

教师学习发展观对传统的"老三门"的学院式师范生教育提出了挑战。学习教育学、心理学和教学法"老三门"课程被视为是将师范生培养成为合格教师的重要甚至是唯一途径。它将教师的培养视为一蹴而就,认为只要学生在具备学科知识的情况下学习了这三门课程,了解了相关的教育基本原理或原则,就可以终身受用教师的知识。显然,这种观点和做法不能适应现代社会的教师职业素质的要求。现在是知识爆炸的时代,知识更新速度惊人,加之学生接受知识的渠道更加丰富,如果教师不更新自己的知识,还满足于"老三门",显然不能适应时代对教育的要求。另外,学界对教师培养的认识也在不断深化和完善,从教师培训(teacher training)到教师教育(teacher education),再到教师发展(teacher development)的提法,就足以说明教师知识学习需要持久性,终身学习理念得到广泛认可,并成为教师专业发展的重要组成部分,甚至被视为中小学教师职业规范的重要内容。另一方面,教师应该具有专业发展能力。教师的专业发展能力是教师需要终身学习和反思的教学实践性能力。现代教育非常重视教师的专业发展。英语教师要有意识地不断更新自己的知识体系和能力结构,不断地学习各种新的教育理论,保证自己职业能力的适应性。终身职业发展既是社会发展对人的要求,也是教育变革对教师职业角色提出的新要求。专业发展能力包括:专业发展的观念、自我评价能力、专业发展的设计和规划能力、在职学习的能力、教学反思能力和实施行动研究的能力等,而反思能力是教师专业发展中最重要的能力。

二、教师学习建构观

这种教育哲学基于知识是学习者主动建构的,而不是被动接受的这一信念。学习被视为是一个重组和重构的过程,通过这一过程知识才得以内化。在教师教育中,教师学习强调教师个人对学习及课堂理解的贡献,并通过日志记载和自我监控这样的活动发展自我意识(Richards & Farrell,2005)。

三、教师学习研究观

现代教育摒弃了传统教育中"教师是纯粹知识传授者的观念",赋予教师多元化的角色,其中研究者成为现代教师主要角色,它是教师专业发展的原动力。正如吕乐、戴炜华(2007)所言,"教学是研究的过程,教师是研究者,只有作为研究者的教师才能做到职业发展"。教师专业发展的一个标志就是,教师不再被视为外在的、研究者研究的对象,而是一个参与甚至主动行动的研究者,当他们发现问题时、遇到困惑时、缺乏策略时,不再仅仅依靠外在的研究者,而是自己去探索问题,去解决困惑,去构建那些策略性知识(杨庆余,2005)。

四、教师学习认知观

该教学途径将教学视为一种复杂的认知活动并着重于教师信念、思维的性质以及这些因素如何影响教师的教与学。它强调"教师是主动的,有思想的,通过复杂的、以实践为中心的、个性化的知识、思想和信念的语境意识网络对教学进行选择的决策者"(Borg,2003:81)。在教师教育中,鼓励教师探索自己的信念和思维过程,并检验这些是如何影响其课堂实践的。其过程涉及自我监控、日志记载和关键事件分析(Richards & Farrell,2005)。

教师学习认知观与语言学习认知能力观是一致的,"认知能力观的出现与以下因素有很大关系。首先,20世纪下半叶语言学研究中功能主义兴起,交叉学科纷纷出现,它们的研究拓宽了语言研究者的视野,提供了研究语言的新角度。尤其是认知语用学将认知领域纳入到语言研究范围,为语言学和认知科学的结合做出了成功的尝试,从而为语言认知能力观的产生提供了理论准备。其次,20世纪50—60年代心理和认知方面的研究重新受到重视,苏联心理学家维果斯基和瑞士心理学家皮亚杰对认知的研究引起了人们极大的兴趣。在智能来源问题上,皮亚杰主张建构论,认为认知结构是通过主客体之间的相互作用而后天建构的,智能、知识只能来自后天的活动、操作和实践。语言认知能力观是在建构论的基础上形成的。最后,出现在20世纪70年代的第二代认知科学创立了一种全新的理论——体验哲学,强调心智的体验性,否定了第一代认知科学所主张的心智的非体验性观点。在体验哲学的影响下,语言认知能力观是在对世界进行体验、感知和概念化的过程中形成的"(候丽红,2004)。

五、教师学习反思实践观

反思被视为一个对经验的批判性检验的过程,一个能更好地理解自己教学实践和常规的过程。在教师教育中,它引出反思教学的概念:它是一种基于批判性反思目的,通过诸如自我监控、观察和案例研究这样的程序并伴有收集自己教学信息的教学(Richards & Farrell,2005)。Schön区别了"在行动中反思"(reflection-in-action)与"对行动进行反思"(reflection-on-action)的不同。他认为个人知识主要是缄默的,并隐含在行为之中;人们并非在任何情况下都先思后行,而是边行边思和自发做出行动决定,即所谓"行动中理论"。正是这样的理论,而非外界强加的知识或理论,决定着每个专业人员自己的独特工作方式(Schön,1983:49)。反思实践者的任务是通过对行动进行反思,把这种缄默的、隐含的知识明晰化,并经常提出问题,且将新理论与个人过去的经验和别人的反思相联系。这是教师朝着行动研究者迈进的主要推力之一。

反思自己的学习行为是教师学习的重要组成部分。吴卫东(2005:56)认为,教师的学习应该是元认知层面的学习活动,任何教师自身运用的学习形式,在把握学习内容的同时,需要对学习过程进行教学论的反思。这是教师学习区别于一般学习者学习最重要的特殊性。可见,教师学习反思实践是其专业发展不可或缺的重要途径。

第四节 英语教师专业发展要素分析

关于英语教师专业发展的要素，目前学界并未形成统一的认识。英语教师具备了相应的英语学科知识和技能，懂得了语言学理论、教育学、心理学和教学原则，并不能保证他们就能成为合格教师。因为教师是研究者，他们需要将上述理论和知识有效地运用到实际教学之中，并在不断反思中形成自己独特的问题解决策略。因此，优秀英语教师专业素质因素引起了学者们的关注，似乎可以作为研究优秀英语教师专业发展的突破口。笔者赞同此观点，并试图在审视优秀英语教师专业素质上，确立职前英语教师应该达到的专业素质，旨在为有效促进职前英语教师专业发展提供理据。

一、中学英语教师专业素质

林崇德等(1996)对一般意义教师的素质结构进行研究后认为，在教师素质结构上，至少包括下列成分：职业理想、知识水平、教育观念、教学监控能力以及教学行为与决策能力。他们认为，教师的职业理想是其献身于教育工作的根本动力；教师的知识水平是其从事教育工作的前提条件；教师的教育观念是从事教育工作的心理背景；教师的教学监控能力是其从事教育教学活动的核心要素；教师的教学行为是其素质的外化形式。他们验证了教师的教学效能感和教学监控能力是决定其教学效果的主要因素，并强调，教师参与教育科学研究可以显著地提高教师素质。因为教师参与教育科研可以提高他们的工作责任感，形成适应社会发展需求的新的教育观念，形成对自己教学活动的自觉意识（形成反思习惯），并从中学习到新的教学方法和教学策略，从而改善其教学行为。

那么优秀中学英语教师专业素质应该如何呢？赵凤琴(2005)认为，"高中英语教学改革的关键在于教师研究能力的提高"，说明了教育研究能力是衡量教师专业发展的专业尺度。王雪梅(2006)认为，新课程改革背景下教师教育目标是培养行动研究型外语师资。他们应具备高尚的职业道德，扎实的专业知识和心理学、教育学等知识，较强的语言技能和教学实践能力，同时具有一定的科学研究能力和终身学习能力。可见，行动研究型外语师资培养目标是符合外语教师本质要求和我国中学英语教师素质现状的。所谓行动研究，就是教师探索、认知和解决自己教学中的问题，目的在于改进教学，提高教学质量。

综上所述，我们认为，中学英语教师专业素质应该是具有高尚的职业道德，扎实的英语语言知识、技能和文化素养，英语课程与教学论知识，教学和课堂管理能力，教育科研能力和终身专业发展能力。鉴于"教师即研究者"之理念，研究取向(research oriented)的教师应成为合格中学英语教师的基本素质要求。

二、职前英语教师专业素质

合格的中学英语教师专业素质是职前英语教师专业素质的发展或称潜在目标。虽然职前英语教师专业素质与中学英语教师专业素质存在着一致性,然而,前者毕竟不是真正意义上的教师,即使在实习阶段也只能算是"准教师"。因此,职前英语教师与中学英语教师的专业素质要求也必定存在差异性。基于此,我们认为,职前英语教师的专业素质除具备相应的英语学科知识、技能和文化之外,还应该具备强烈的教师专业意识、扎实的英语课程与教学论知识、较强的观察能力、初步的实践性知识,以及一定的反思研究能力、创新思维能力和终身学习能力。就学科知识而言,重点是语音知识、语法知识和语篇知识。语音是英语学习的基础,学好语音对英语其他知识的学习乃至技能的学习都有帮助。英语教师不仅要自己的英语语音语调标准,而且应具备一定的语音知识,知道如何让学生有效地学会英语语音。再者,语法知识是英语师范生欠缺的。师范生实习归来,感受最深的就是语法知识欠缺而导致课堂用语经常出错,对学生语法问题的解答不能得心应手。最后,也是最重要的,师范生的语篇知识欠佳。对于英语文本的解读还停留在句子层次上,不能从语篇视角分析,不利于培养学生的连贯语篇能力。笔者在从事中学英语教师继续教育培训时发现,中学英语教师的语篇知识和语篇能力是其专业发展的一个薄弱环节,对培养学生的谋篇和连贯能力极为不利。为此,笔者认为对英语语篇能力进行合理定位,掌握英语语篇结构和衔接模式(主位-述位衔接模式)不失为一种培养学生语篇能力的有效途径(参见第五章第一节)。

除英语学科知识外,职前英语教师应在下列七个方面培养素质:

第一,具有强烈的教师专业意识。教师专业意识也称作教师职业意识、教师信念或教育信念。有研究表明,许多优秀教师当初都有想成为名师的愿景。很难想象,一个不愿意从事教师职业的学生会努力学习教师知识。

第二,具有扎实的英语课程与教学论知识。英语课程与教学论知识是英语师范生将来从事英语教学所必备的知识,它是他们形成程序性知识的重要来源。英语课程与教学论既涵盖理论性知识,又包括实践性知识。理论知识应该涉及英语教师的素质、语言观与英语教学的关系、现代语言教学的理论基础(包括哲学、语言学、心理学、教育学、社会学、人类学、生态学与语言教学的关系)、现代母语习得理论、英语课程标准、英语教学原则、英语学习者因素和英语学习策略等;实践性知识应该包括英语教学法主要流派、我国的英语教学简史及现状与展望、语言知识教学、语言技能教学、文化意识培养、教学基本常规、课程与教学评价、英语课程资源开发以及英语教育科研方法等。

第三,具有较强的观察能力。观察力是教师专业发展的基础能力。观察是课堂教学、课堂管理、反思教学、评价教学和改进教学的前提。因此,教学观察能力是师范生必须具备的实践性能力之一。英语师范生必须了解观察的类型,明白观察的主体,掌握观察的基本方法和步骤,为日后进行有效的观察奠定基础。

第四,具有实践教学能力。实践教学能力是英语师范生应具备的最基本的从业能力,即对教学常规的执行能力,即懂得备课、教学、评改、辅导和考试等基本要求、规范和方法,并能进行实际课堂教学;懂得如何有效实施班级管理工作;懂得如何开展英语课外活动等。

第五,具有反思研究能力。反思研究能力是教师专业发展最重要的能力,因为教师职业本身就是反思实践者。英语师范生要力图掌握反思方法,形成反思习惯,为今后整个职业生涯中进行反思性研究打下基础。

第六,具有创新思维能力。创新思维能力是教师形成鲜明教学风格的前提。英语师范生应该在规范教学常规的基础上敢于突破旧的条条框框,在教学设计和班级管理上敢于创新,为今后形成自己的独特的教学方法和教学风格奠定基础。

第七,具有终身学习能力。终身学习能力是教师的基本能力。教师具有终身学习能力是教师职业的性质决定的,也是教师师德的基本要求。英语师范生应该认识到终身学习的重要性,明白终身学习是其今后专业发展的唯一途径。

上述七个方面的素质是职前英语教师未来专业成长的主要因素,然而,由于他们在校时间以及其他条件所限,这些素质的培养也只能是初步的。尽管如此,在师范生培养过程中我们应注重这些素质的提高,尤其是专业发展意识培养,应该越早越好。

三、职前英语教师专业发展意识培养

教师专业发展已成为教育界的热门话题,教师专业发展意识也逐渐为学界所关注。然而,有关职前英语教师专业发展意识的问题很少有人问津。笔者检索外语类所有期刊,尚未发现以职前英语(或外语)教师/师范生专业发展意识为主题的文章。为此,我们希望通过对职前英语教师专业发展意识现状进行分析,以探讨提高教师专业发展意识的有效方法。

(一)职前英语教师发展意识现状分析

1. 研究对象

研究对象为某普通地方高校188名英语师范专业学生。其中,三年级101名,四年级87名;男生19人,女生169人。被调查的学生中有181人通过了专业英语四级考试,表明96%以上的学生已具备英语教学的学科知识。

2. 研究工具

本研究采用调查问卷和访谈作为研究工具。调查问卷是研究者根据职前教师专业发展的内涵,围绕教师信念、反思教学意识、作为教师的自我意识、终身专业发展意识和教育实习对教师信念的影响五个方面而设计的,并对研究主题提出了8个相关问题。此次问卷共发放188份,收回188份。

3. 调查结果与分析

表 3-1 显示：80% 以上的学生当初报考师范并不是热衷于教师职业，而是由于家长意愿、就业问题和其他原因。而真正因热爱教师职业而报考师范专业的只有 17.02%，其中女生 17.16%，男生 15.8%。显然他们想当教师的内部动机极弱，具有很强的工具目的性。在问到如果有更好的职业选择机会，是否还会当教师时，调查显示，只有 9.04% 的学生给予完全肯定的回答，其中男生和女生分别为 5.35% 和 10.06%。可见在经济利益的驱动下，学生的教师职业信念是多么的脆弱，而男生更加明显。

表 3-1 教师信念调查表

问题	选项	人数/人	百分比/(%)	男生/人	百分比/(%)	女生/人	百分比/(%)
你当初选择师范专业的意向是什么？	热爱教师职业	32	17.02	3	15.8	29	17.16
	家长的意愿	51	27.13	3	15.8	48	28.40
	好找工作	34	18.09	5	26.3	29	17.16
	其他原因	71	37.77	8	42.1	63	37.28
如果有更好的职业选择机会，你是否还会当教师？	会	17	9.04	1	5.3	16	9.47
	可能会	51	27.13	3	15.8	48	28.40
	难说	71	37.77	5	26.3	66	39.05
	不会	49	26.06	10	52.6	39	23.08

表 3-2 显示，在试教或实习过程中只有 8.51% 的学生坚持每次反思自己的教学，其中女生为 10.06%，男生则没有；有 56.38% 的学生能够经常反思其教学，其中男生为 47.37%，女生为 57.40%，可见，女生比男生善于反思自己的教学；31.91% 的学生偶尔反思其教学，其中男生为 36.84%，女生为 31.36%；而且有 15.79% 的男生和 1.77% 的女生从不反思他们的教学。也就是说，有 35.1% 的学生很少反思其教学，男生比女生更为明显。表 3-2 还显示，有 42.55% 的学生能够每次或经常反思其教师的教学，男女生基本持平，但每次都反思教师教学的学生，男生明显多于女生。有近 58% 的学生很少或从不反思其教师的教学。这表明学生的反思意识还不强。

表 3-3 显示，35% 左右的师范生的毕业论文不是关于教学方面的，这表明他们要么对教学不感兴趣，要么不擅长教学。表 3-3 还显示，有 16.49% 的学生参加教育实习只是为了完成任务，其中男生为 31.6%，女生为 14.79%；另有 83.52% 的学生是为了体验教师角色、履行教师职责和实践教育理念而实习。可以说，大多数学生的实习动机是正确的，但近三分之一的男生的教师自我意识非常淡薄。

表 3-2 反思教学意识调查表

问题	选项	人数/人	百分比/(%)	男生/人	百分比/(%)	女生/人	百分比/(%)
在试教或实习中你经常反思自己的教学吗？	每次反思	16	8.51	0	0	16	9.47
	经常	106	56.38	9	47.37	97	57.40
	偶尔	60	31.91	7	36.84	53	31.36
	从不	6	3.19	3	15.79	3	1.77
作为学生，在听课中你是否反思老师的教学？	每次反思	6	3.19	2	10.53	4	2.37
	经常	74	39.36	6	31.58	68	40.24
	偶尔	106	56.38	11	57.89	95	56.21
	从不	2	1.06	0	0	2	1.18

表 3-3 作为教师的自我意识调查表

问题	选项	人数/人	百分比/(%)	男生/人	百分比/(%)	女生/人	百分比/(%)
你毕业论文方向是什么？	教学	123	65.43	12	63.16	111	65.68
	文学	16	8.51	0	0	16	9.47
	文化	11	5.85	1	5.26	10	5.92
	翻译	21	11.17	3	15.79	18	10.65
	其他	17	9.04	3	15.79	14	8.28
你的实习目的是什么？	完成实习任务	31	16.49	6	31.6	25	14.79
	体验教师角色	128	68.09	8	42.1	120	71.01
	履行教师职责	9	4.79	2	10.5	7	4.14
	实践教育理念	20	10.64	3	15.8	17	10.06

表 3-4 显示，约三分之二的学生有正确的教师终身专业发展的意识，但还有约三分之一的学生对教师的终身学习认识不足，其中约 20% 的学生缺乏终身专业发展的基本意识。

表 3-5 显示，31.03% 的学生通过教育实习增强了职业认同感，坚定了教师信念；但有 24.14% 的学生却反而动摇了当教师的信念；有 27.57% 的学生提高了他们对教师职业的认同感，改变了不愿当教师的想法，但仅限于女生。总的来说，教育实习有利于增强学生的教师信念，但由于目前教育实习不规范，管理不到位，缺乏必要的指导和监督，以及指导教师缺乏责任心，致使原本想当教师的学生中有约四分之一不愿意当教师了。这不能不说是教育的悲哀。

表3-4 终身专业发展意识调查表

问题	选项	人数/人	百分比/(%)	男生/人	百分比/(%)	女生/人	百分比/(%)
你如何看待自己的专业发展？	自然会成为合格教师	26	13.83	2	10.5	24	14.2
	遇到问题时再学习	12	6.38	4	21.1	8	4.74
	有机会脱产进修一两次	22	11.70	2	10.5	20	11.83
	需要终身学习	128	68.09	11	57.9	117	69.23

表3-5 实习对教师信念的影响调查表

问题	选项	人数/人	百分比/(%)	男生/人	百分比/(%)	女生/人	百分比/(%)
通过实习你对教师职业的看法是___	（原来就想）更喜欢当老师了	27	31.03	2	22.22	25	32.05
	（原来想）不想当老师了	21	24.14	3	33.33	18	23.08
	（原来不想）想当老师了	24	27.59	0	0	24	30.77
	（原来不想）不想当老师了	15	17.24	4	44.45	11	14.10

注：此项只对四年级学生调查，共87人，其中男生9人，女生78人。

访谈发现，实习使部分师范生理解了教师职业，并增强了作为教师的责任感。他们认为，一个月的实习虽然时间很短，但使他们成熟了许多，仿佛长大了一岁。但是，教学实践也对职前教师的教师信念提出了挑战，致使一些学生试图逃避教师职业。

总体上看，职前英语教师的专业发展意识相当淡薄，教师信念还未真正被他们所内化。相比之下，男生的专业发展意识低于女生。邹为诚（2009）教授的研究也再次证明"英语师范生的专业思想不稳定，很多并没有教师职业取向的学生进了师范专业，他们对课程设置不满，消极对待教师教育课程"。

（二）提高职前英语教师专业发展意识的必要性

我国师范教育薄弱的现象已引起教育行政部门和学界的关注。为此，国家已启动师范生免费教育（教育部部属6所师范院校试行），有的地方已经建立了教育基地，如2008年浙江省教育厅投资数千万资助建立10个教育基地，旨在扭转职前教育滞后的局面;2015年浙江省又建立了11个教师教育培养基地,直接指向"卓越教师"的培养。然而,如果职前教师的专业发展意识得不到强化和提高,不但不能从根本上解决师资质量问题,而且还会造成教育资源的浪费。为此,邹为诚(2009)教授提出"让不愿意做教师的师范生退出师范教育体系,应该是保证'外语教师专业化'的又一重要条件"。这说明职前英语教师的专业意识缺失或薄弱,同样会造成教育资源的浪费,并直接影响着我国未来英语师资质量和英语教学质量。不过对于邹教授的这条措施,笔者不敢完全苟同。因为在目前四年制的师范教育体制中让如此多的"不愿意做教师的师范生"都出局是不现实的。即使在邹教授所倡导的"4+X"模式中,也不能完全保证"X"期间学生的教师信念不会动摇(其实,就是在职教师,他们的教师信念也会动摇)。所以,作为教育场所的学校,理应首先考虑通过教育,并应坚持用教育的方式来培养和提高学生的教师专业发展意识。实践证明,如果教育措施得当,一部分学生的专业发展意识是可以得到补充或提升的。当然,对教育无效的学生采用"退出机制",笔者持肯定态度。

教师专业发展是指教师的专业素养形成和发展的过程(吴卫东,2005)。教师的职前期是指教师专业角色的准备阶段。职前期教师尚未进入教师角色,其专业发展的重心应该体现在对他们专业发展意识的培养上,因为他们强烈的专业发展意识(或称教师意识)是其成为合格教师的先决条件和终身追求专业发展的动力。近年来,学者们开始关注教师意识与反思的重要性,认为教师的有意识思考才是影响其教学行为的关键。那么,何谓教师专业发展意识/教育意识(educational consciousness)?吴卫东(2005)将教师的专业发展意识概括为以下三点:①专业自我的意象,就是对作为教师的专业自我观察产生的自我满足感、自我信赖感。②自我价值感,也即教师的个人教学效能感,主要是指教师对自身教学效果的认识、评价,及其进而产生的对自我的价值感。③自我期望,指教师对教育在学生发展中的作用及其职业生涯和工作境况未来发展的期望。由于教育意识反映了教师对于教育的主观态度与意念,突出了教师的主观能动性,因而有学者认为,21世纪的教师教育必然是以"唤醒教师意识为基础"的教育(Grant,1998)。我国学者姜勇(2006)认为,教育改革的最大问题,不是教师践行教育的能力不强,不是技能策略的缺乏,而是教育意识的觉醒有待加强。教师意识觉醒已被视为当前教育改革与教师专业发展的基本内容,甚至是核心要素。

因此,职前英语教师更应及早地建立专业发展意识,树立批判性反思意识;而学校教育应该努力促进他们的成长,使之不断理解教学、理解作为未来教师的自己。这样,他们才能积极主动迎接未来教育改革的挑战。

(三)职前教师专业发展意识的内涵

就专业发展意识而言,职前教师与中小学教师不完全一致,因为职前教师还没有真正"出师",只能算是"准教师"。学者们对职前教师发展意识的研究罕见,尤其对其本质特征的研究目前尚属空白。孟小军等（2006）认为，自我专业意识包括专业发展自我认识和专业发展自我意向。它是在专业发展过程中形成和发展起来的，对自我专业发展具有指导作用的相对稳定的动力系统。据此，笔者认为职前教师的自我专业发展意识至少应该包括下列方面：教师信念与职业认同、自我意识和对教学的理解、不断的教学反思以及专业发展意识。

1. 职业认同意识与教师信念

教师信念以及对教师职业的认同感是职前教师专业发展意识的首要因素。因为，很难想象不愿当教师的学生会积极而有效地参与"师范性"课程的学习和实践。教师信念与职业认同意识主要体现在职前教师对教师职业的热爱和具有终身从事教育事业的信念。良好的职业认同意识是树立教师信念的前提和基础，而坚定的教师信念又促使职前教师积极去探索教师职业的价值，理解教师职业，进而形成更高层次的认同感。

2. 自我意识和理解教学的意识

自我意识是指职前教师不仅要认识作为学生的自己，更重要的是要认识作为未来教师的自己，即明白自己是一个未来的教师，知道自己的原则和价值、长处与弱点。理解教学通常是一种反思性回顾的基础，是检视教师实践的尺度。Richards（2005）等人将理解教学概括为：理解第二语言发展过程是如何发生的；理解我们的角色如何依据所教的学生类别而改变；理解课堂情形中的决策类型；提高对不同教学风格的理解以及测定学习者对课堂活动的理解力。

3. 反思性教学实践意识

这种学习观基于教师通过对教学经验的性质和意义进行重点反思即能从经验中习得知识的假设（Wallace，1991）。反思被视为对经验的批判性检验的过程，是一个能更好地理解自己教学实践和常规的过程。在职前教师教育中，它是一种基于批判性目的，通过诸如自我监控、观察和案例研究这样的程序，并收集自己教学信息的活动。

4. 终身专业发展意识

树立终身专业发展意识是时代赋予教师的使命。现代科技发展日新月异，教育为适应科技的发展也在不断变革。先进的教学理念和成功的教学实践未能及时成为职前教师的培训内容，致使他们在校所学的课程与理想的教学仍有一定距离，而他们需要掌握的知识有很多只能靠日后的在职学习。另一方面，教师从教一段时间之后，其知识和技能需要更新。因此，及早树立终身专业发展意识已成为现代教育对职前教师的基本要求。

（四）培养职前英语教师专业发展意识的途径

教师在其专业发展过程中存在着"关键期"，它可以成为教师发展的转折期，并会改变教师专业发展的路径和速度。其中，米索（Measor，L）将教师的实习期、初任期等视为关键时期(转引自叶澜,2001)。大学期间正处于这一关键期,因此,学校教育要抓住这一契机对学生进行教师专业发展教育,让他们在见习和实习的不断磨砺中锻炼自我。

培养职前教师的专业发展意识可以基于如下几个方面。

1. 激发内部动机

内部动机是学习者追求学习目标的热情、意志等,它比外部动机更具持久性。激发职前教师形成教师专业意识的内部动机,不仅能够提高他们的教育信念,而且可以有效地抗击外部因素的影响,强化专业发展意识。激发他们形成教师专业意识的内部动机,可以通过多种形式进行。首先,教师要以人格的魅力感染学生,为人师表,从而增强他们对教师职业的认同感。其次,通过宣传优秀教师的典型事例和播放他们的成功教学录像,从而感化他们。最后,教师还要创造机会让职前教师体验成功,让他们树立信心,使他们认识到当教师是最崇高的职业,并将其视为实现自我价值的最高目标。

2. 改进教育实习

目前高校师范生的教育实习大都集中在最后一个学年,时间为4至6周。实习所在学校怕影响正常教学质量,往往把实习生安排在基础年级,且讲课时间一般不超过6节,有的实习学校甚至根本不让实习生讲课,只让他们做些辅助性工作,如辅导和批改作业等。而有的高校缺乏教育实习基地,不能满足实习要求。自主实习的学生剧增,将给教育实习的指导和管理带来诸多不便,使本来处于薄弱环节的教育实践雪上加霜,严重影响学生实践性知识的获得,因此必须改变这种状况。一方面,高校应建立足够的、永久性的教育基地,确保每个学生有地方实习。另一方面,要让学生见习、实习经常化、制度化,将集中实习和分散实习相结合,也可以尝试优秀中小学英语教师"导师制"的方法。学生及早地、更多地接触学校、教师、学生和家长,不仅可以丰富他们的背景性知识,增强他们的人际知识,而且可以增强他们的教育信念和专业发展意识。

3. 立足教学反思

反思是教师以自己的教学活动过程为思考对象,对自己所做出的行为、决策以及由此所产生的结果进行审视和分析的过程,是一种通过提高参与者的自我觉察水平来促进能力发展的途径。这里所说的反思与通常所说的静坐式的反思不同,它往往不是一个人独处放松,而是一种需要认真思索乃至用极大地努力去探索的过程,而且常常需要教师们合作进行(吕洪波,2006)。反思对教师的专业发展起着关键性作用,Wallace(1991)指出,"没有反思的实践是没有价值的实践。教师的发展意味着变革,而卓有成效的变革没有反思是相当困难的"。我国著名课程论专家钟启泉(2002)教授认为,教师应该成为反思性实践者,因为教师需要在教学实践中不断反思,而且这种反躬自省对于教师发现自身不足、提高教学水平有积极的作用。可见,良好的反思习惯是教师应具备的重要素质,也是职前教师提高专业发展意识、探索和发现教学过程规律、形成教育观念和教学技能的基础。

教学反思的方法很多,就职前教师而言,我们认为下列方法更能凸显反思效果。

(1)利用微格教学(micro-teaching)。它是利用先进的媒体信息技术,依据反馈原理和教学评价理论,分阶段系统培训职前期教师教学技能的活动。正如英国微格教学专家布朗(G. Brown)所说,微格教学将帮助教师加强、改进教学技能和方法,减少失误,并使师范生和新教师尽快地建立信心(转引自夏惠贤,2006)。除微格教学外,具有自动录音、录像和播放功能的多媒体教室与网络相连,能够在自然状态下纪录学生的教学过程,已成为学生自我反思的新途径。

(2)撰写学习日志。学习日志是一种个人反思性的写作形式,它能帮助职前教师了解自己,并使得学习经历具有意义。Kohonen(2001)认为记学习日志是个人反思最有效的方式。成功的学习日志能增强职前教师的学习需求意识,思考他们学习经历中出现的问题,还能使教师知道学生的想法,并对实践教学提供反馈。写学习日志可以为职前期教师表达自己的感受提供有效的途径,包括遇到的困难和取得的成就。

(3)实施同伴辅导。同伴辅导是职前教师反思教学的一种有效形式。一方面,同伴之间的水平相当,兴趣相投,观点和方法更容易接受;另一方面,同伴相处的机会更多,可以随时随地提供帮助和辅导。桑切克(2007)认为,同伴辅导往往有利于学生的学业成功。在某些情况下,辅导不但有益于被辅导者,而且辅导者自身也可以从中受益,因为向他人传授知识就是最佳的学习方法之一。

实际上,微格教学、录播教室、学习日志和同伴辅导都属于学校开设的实践课程。而Cochran-Smith指出,在这些"专业培训课程"(professional teaching)里,"准教师"们可以有效地在实践中尝试、检验他们在教师教育课程中所学到的理论知识和方法(转引自邹为诚,2009)。

总之,提高职前教师的专业发展意识,既是时代赋予我们的要求,也是有效实施英语教师教育课程和充分利用教育资源的先决条件。然而,职前教师的专业教育是一个复杂的过程,特别是在市场经济条件下的今天,影响他们专业发展意识的因素很多,如果这一问题得不到有效解决,将严重地影响我国的英语师资质量,应引起学界的高度重视。由于我们所发放的调查问卷和访谈的学生数量不多,且仅限于一所学校,因此还不具备广泛的代表性,这就需要更多的英语教育专家和教师在更大范围内进行调查和研究,以促进职前英语教师专业意识的有效提高。

第四章
研习导向的职前英语教师专业发展途径

教育研习导向的职前英语教师专业发展途径是在对英语师范生职业意向进行需求分析的基础上所实施的教学观察、专家引领与名师示范、教育实践、顶岗支教、服务学习、教学技能竞赛、课题研究,以及在专业发展过程中的生态环境和多模态参与。

第一节 需求分析

职前英语教师专业发展必须要满足合格英语教师培养目标的需求和教学对象——学生的需求,因此培训者必须理解上述两种需求。国内外语教学的文献对需求分析(needs analysis)涉及不多,但国外早在20世纪80年代就已开始关注(程晓堂,2002)。

一、需求分析的定义

Richards等人认为,需求分析就是了解语言学习者对语言学习的需求,并根据轻重缓急的程度安排学习需求的过程(转引自程晓堂,2002)。就职前英语教师而言,需求分析就是了解学习者学习师范性课程的目的、他们的知识和技能、现有水平和准备达到的水平,等等。

二、需求分析的目的

英语师范生培养中需求分析的主要目的为:确定不同英语学习者所需要的教学技能;判断现有课程能否充分满足学习者的需求;判断哪些学习者最需要接受教学技能的训练;确定被分析人群关注点的变化;确定学习者现有技能和期望技能之间的距离;就学习者遇到的问题收集信息。需求分析既要分析人们认识到的、现有的需求,又要分析未知的、潜在的需求。

三、需求分析的使用者、操作者和对象

一般情况下,需求分析结果的使用者主要是教育行政部门负责课程设计的官员、课程设计涉及的教师和学生、教科书的编写者、测试人员或第三方机构的雇员。具体的需求分析的操作者可能是专业人员,也可能是教师。需求分析的对象可能包括政策制定者、教育部门官员、教师、学生、家长、专家学者等。程晓堂

(2002)将 Masuhara 的需求分析表编译如表 4-1：

表 4-1　学习需求分析表

需求主体	需求类别	需求来源
学习者的需求	个人需求	年龄；性别； 文化背景； 兴趣；文化水平
	学习需求	学习风格；以前的语言学习经历； 知识与文化方面：现有水平与目标的差距； 学习目标和期望
	将来就业需求	将来就业对语言的要求： 对语言知识的要求； 对语言运用知识的要求； 对第二语言综合能力的要求
教师的需求	个人需求	年龄；性别； 文化背景； 兴趣；文化水平； 教师的语言水平
	职业需求	教学风格的倾向性； 教师培训情况； 教学经验
行政部门的需求	学校需求	社会政治；市场因素；教育政策； 不利条件，如时间、经费、资源等

其实，各个需求主体的需求并不总是一致的。比如有的学习者希望进行大量的读写训练，增加词汇量和语法知识，而教师则认为应该先着重培养听说能力。有时学生希望通过学习通过某种标准化考试，而所学内容又与考试内容存在较大差距。教育行政部门号召实施素质教育，而有的学校还要进行应试教育。因此，教学要尽可能地满足不同使用者的需求，如学生、教师和教育行政管理人员的需求，又不能刻意迎合某一方面的需求，特别是那些短期或临时的需要，如考试等（程晓堂，2002）。

四、需求的种类

需求这个术语并不像它看起来的那样直截了当。需求有时习惯上指愿望（wants）、希望（desire）、要求（demands）、期望（expectation）、动机（motivations）、差距(lacks)、限制(constraints)和需求(requirements)。Brindley认为需求具有客观现实性,而这种客观存在有待于识别和分析。教师、学习者、管理者、家长和其他使用者对需求的内容可能有不同的看法(Richards,2008)。

关于需求的分类,程晓堂(2002)引用的Hutchison和Waters的分类方法,将需求分为目标需求和学习需求两大类。

(一)目标需求

目标需求是指学习者在将来目标场合(target situation)进行教学的客观需要。它包括三小类:需要(necessities)、差距(lacks)和愿望(wants)。

需要指学习者将来从教的客观需要,也就是为了在目标场合有效地进行教学,学习者应该掌握的语言教学技能。

差距指学习者将来语言使用的客观需要与现有语言水平之间的差距。在需求分析中,只了解将来运用语言的客观需求是不够的,需求分析的目的是指导现在的教学。如果不了解学习者的现有语言水平,就不能确定合理的教学起点,也不能为现在的教学提供有效指导。起点和终点之间的差距就是学习者应该学习的内容。

愿望指学习者自己希望学习的内容,也就是学习者自己的需求。需要和差距都是以学习者将来运用语言的客观要求为参照来确定的。客观需要固然重要,但学习者自己的主观愿望也不能忽视。因为,愿望往往与兴趣和动机有联系。符合学习者愿望的内容更能使他们产生兴趣和学习动机,从而提高学习的有效性。满足学习者的愿望,并不是一件容易的事,它需要了解学习者真正的兴趣取向,不能只考虑专业特点。

(二)学习需求

学习需求就是学习者在学习过程中所需要的条件和要做的事情。学习需求和目标需求是有区别的。例如,师范生将来需要阅读和写作又长又枯燥的教学科研论文,但在学习过程中的学习需求是阅读和写作有趣的或幽默的文章。另外,师范生对教育性课程往往不感兴趣,学习积极性不高,而这些课程恰恰是他们未来职业生涯中最需要的。

一般认为,学习需求可以归纳为如下几个方面:
①物资条件,如学习场所、学习材料和学习时间等;
②心理条件,如学习兴趣、动机等;
③知识技能条件,如现有知识、学习策略和方法等;
④支持条件,如教师、学校等。

进行目标需求和学习需求分析,是制订职前英语教师培养计划的前提和基础。

五、需求分析的方法和程序

实施需求分析并没有固定的方法或程序,但 Richards 的三角方法(triangular approach),即从两个或以上来源收集信息,是值得提倡的。Richards(2008)认为,仅从一个来源收集信息是不完整的或局部的,应该从多种不同来源寻求。他以写作问题的需求分析为例,建议从下列方面收集:

- 学生写作抽样;
- 学生表现测试数据;
- 教师就学生出现的典型问题所出的报告;
- 专家的意见;
- 通过访谈和问卷从学生那里得到的信息;
- 学术写作教材分析;
- 调查或相关文献;
- 来自其他学校的写作项目范例;
- 给大一学生布置的写作作业范例。

而收集信息可以有如下方式。

(一)问卷

问卷是最常用的方法之一。问卷的准备比较容易,便于调查大量主题,获得的信息便于列表和分析。问卷可采用结构式的(从有限数量的答案中选择)或非结构式的(提供开放性的问题,让学生回答)。结构式问卷更容易分析,因此使用更为普遍。

然而,问卷也有其缺点,即所获得的信息可能很肤浅或不明确,因而需要进行后续工作,以对回答人员的意图获得更完整的理解。在教育科研中也有设计得不好的问卷,因此要熟悉良好问卷设计的原则,确保所获得的信息可靠。问卷的试用对发现歧义和其他问题至关重要。

(二)自我定级

这是由学生或其他人使用的确定其知识和能力的尺度(自我分级也可以作为问卷的一部分包含其中)。例如,一个学生可以将其如何用英语进行就业面试进行分级。这种方法的缺点是它只能提供印象性的信息和不是很确切的信息。

(三)访谈

访谈能比问卷更深刻地调查问题,虽然访谈需要更长的时间,并只适合于小群体。访谈通常在问卷设计的初始阶段是有用的,因为它有助于设计者对问卷中需强调的主题和问题有个印象。

包含一套系列问题的结构式访谈能使获得的答案更加一致。访谈可以是面对面的,也可以通过电话进行。

（四）会议

一次会议可以在相当短的时间内收集大量的信息。例如，有关"如何教语法方面的问题"的主题会议可以产生广泛的想法。

（五）观察

对学习者目标场合的行为观察是评估其需求的另一种方法。例如，观察正在中小学教学的教师能使观察者对他们的语言需求做出归纳。

然而，当被观察时，人们通常表现不是很好，所以这一点必须考虑进去。此外，观察是一种专业技能，懂得如何观察、观察什么、怎样利用所获得的信息一般需要专门培训。

（六）任务分析

这是指对学习者将要在未来职业或教育情景中用英语从事的任务种类进行分析，并对语言特点和任务要求进行评价。例如，职业中学的学生可能会涉及用英语从事下列任务：

- 与顾客打招呼；
- 询问住宿需求；
- 告知酒店能够提供的住宿情况；
- 帮助顾客做出合适的住宿选择；
- 办理入住手续。

Berwick 认为，目标场合分析的重点是具体场合中目标语交际的本质和效果。目标任务一旦被识别，其语言特征就被确定为设计语言课程或培训材料的基础。

（七）个案分析

个案分析即了解单个学生或一组学生的相关学习或教育经历，以便确定该情景的特点。例如，某地区的学生可能对英语发音的困难相同，如将英语音素[n]与[l]相混淆。个案研究可以提供丰富的信息资源，以补充其他来源的信息。

（八）现有信息的分析

在任何需要进行需求分析的情景里，大量的相关信息一般可以以多种渠道获得。其中包括：

- 书籍；
- 期刊文章；
- 报告和调查；
- 文档记录。

下面是 Richards(2008) 就非英语背景学生提供的学生需求分析问卷，从中我们可以对需求分析问卷有个较为全面的认识。

（此问卷是新西兰 Auckland 大学学生问卷（节选），来自 Richards, 2008）

请根据自己的专业完成此问卷

A. 对技能需求和遇到的困难之观点

在学习中，你经常使用下列能力吗？（请打圈）

	很频繁	经常	有时	很少	从未
读	1	2	3	4	5
写	1	2	3	4	5
说	1	2	3	4	5
听	1	2	3	4	5

B. 你使用下列技能时每隔多久会遇到困难？（请打圈）

	很频繁	经常	有时	很少	从未
读	1	2	3	4	5
写	1	2	3	4	5
说	1	2	3	4	5
听	1	2	3	4	5

C. 说与听技能

你出现下列情况的频率如何？

	总是	经常	有时	从未	不适用
①课堂活动得低分	1	2	3	4	5
②课堂小组活动有困难	1	2	3	4	5
③课外与同学活动有困难	1	2	3	4	5
④引导课堂讨论有困难	1	2	3	4	5
⑤参与大组讨论或争论有困难	1	2	3	4	5
⑥与同学互动表演有困难	1	2	3	4	5
⑦完成需要与本组人互动的课外作业很艰难	1	2	3	4	5

D. 说的技能

你出现下列情况的频率如何？

	总是	经常	有时	从未	不适用
①口头陈述有困难	1	2	3	4	5
②快速表达时措辞有困难	1	2	3	4	5
③担心用英语说话出错	1	2	3	4	5
④不知道如何用英语说	1	2	3	4	5
⑤不知道用英语说的最佳方法	1	2	3	4	5
⑥单词发音有困难	1	2	3	4	5
⑦参与讨论有困难	1	2	3	4	5
⑧其他（请列举）	1	2	3	4	5

_____

_____

_____

E. 你想提高的技能

如果你要修一门课提高你的英语技能，下列哪个对你最有用？给各项划分等级（请打圈）：

	高		中等		低
①听英格兰英语的语音/语调/重音模式	1	2	3	4	5
②讲座记录	1	2	3	4	5
③一般性表达	1	2	3	4	5
④做正式演讲/陈述	1	2	3	4	5
⑤有效参与讨论	1	2	3	4	5
⑥在小组活动、讨论、合作项目或课外学习小组中与同伴有效地交际	1	2	3	4	5
⑦课内课外与老师有效交际	1	2	3	4	5
⑧图书馆技能	1	2	3	4	5
⑨短文写作	1	2	3	4	5
⑩实验报告写作	1	2	3	4	5
⑪创造性写作	1	2	3	4	5
⑫个案研究写作	1	2	3	4	5
⑬描述物体或过程	1	2	3	4	5
⑭写引言和结语	1	2	3	4	5
⑮写参考文献和引语	1	2	3	4	5

⑯规划连贯的论据	1	2	3	4	5
⑰归纳事实性信息	1	2	3	4	5
⑱从更多的来源中整合信息	1	2	3	4	5
⑲分析书面材料	1	2	3	4	5
⑳词汇知识	1	2	3	4	5
㉑快速阅读	1	2	3	4	5
㉒批判性阅读	1	2	3	4	5
㉓为查找作者的观点而阅读	1	2	3	4	5
㉔总结材料	1	2	3	4	5
㉕一般性阅读理解	1	2	3	4	5
㉖其他(请列举并分等):	1	2	3	4	5

_____

_____

_____

当然,职前英语教师的需求分析应着眼于他们未来职业目标和个体对教师专业的认识分析,也应该包括对中小学学生的需求分析,因为教学必须要考虑教学对象的需求。也就是说,只有基于职前英语教师、社会、学生及家长和教育目需求分析基础上确定的英语师范生培养模式,才能更好地适应未来教育对教师人才培养规格的要求。

第二节 教学观察

教学观察(teaching observation),也被称为课堂观察(classroom observation),又称作同伴观察(peer observation),一般指通过特定的观察技术、程序和工具对教师的教学过程进行系统观察、记录与分析的活动,其目的在于提高教师的教学效果,促进教师的专业发展。当前,教学观察在欧美教育领域是一种重要的教育研究方法和教师专业发展途径,不但被在职教师广泛使用,在职前教师教育领域也颇受青睐(周世厚,2012)。

一、观察的类型

教学观察的类型包括文本观察、录像观察和课堂观察三种形式。

(一)文本观察

文本观察就是通过对教育从业人员的教学设计进行阅读和讨论,并借助一定程序和工具对其记录和分析的活动。简单地说,文本观察就是查看教师的教案。

文本观察的优点在于不受时间和空间的限制,随时对文本进行观察。其缺点也显而易见,即文本是单一的文字符号,属于单模态,缺乏课堂实际环境的辅助功能。尤其是教师的语言使用、教态和体态得不到反馈,这恰恰正是教师个人教学风格的重要体现。然而,文本观察对职前英语教师来说是非常必要的。例如,通过观察优秀教师的教案,他们可以掌握教学设计的规范,学习优秀教师的教学技巧和创新之处,等等。通过对英语师范生同伴的教学设计进行分析,可以发现问题、找出差距,为规范和创新教学提供参照。

(二)录像观察

录像观察就是通过观看教师或同伴的教学录像来讨论、分析他们的教学活动。录像观察提供了较为真实的教学环境,也便于师范生反复观看,尤其是现代教育技术的革新,自动录播系统的使用可以在自然状态下同步反映真实教学活动,这样既不影响授课教师的教,又便于师范生讨论。

(三)课堂观察

课堂观察就是进入教室观察教师的教学活动。课堂观察具有真实性,是课堂真实教学情境的反映。课堂观察不同于教师传统的听课。前者基于科学精神与实证的结合,通过工具(量表)进行记录和分析,最后得出量化结果;而后者则层次较低,随意性较强,往往不使用测量工具。这也是课堂观察可以成为"行动研究"的内容,而"听课"则不能的原因所在。然而,高质量的听课记录也具有课堂观察的成分,对促进教学具有积极作用。

随着现代微格教室的进步,观察效果得以提高。观察者可以在隔离的观察室里透过单向玻璃观察教师的教学现状,并且可以自由讨论,而授课者和学生却毫无所察。

二、观察的主体

课堂观察的主体包括教师(包括职前教师)的自我观察、同伴观察、教师观察以及教育部门专家和领导的观察。就师范生而言,前三种是最常用的观察方式。教育部门专家和领导的观察主要是针对学校层面的评估进行的观察,很少用于师范生培养,故这里不再专门讨论。

(一)自我观察

随着现代教育技术的广泛应用,师范生通过自动录播系统观察分析自己的教学过程不仅成为可能,而且已成为常规反思手段。通过自我观察,师范生可以发现他们在教态、英语课堂用语、语音语调、语速的使用以及课堂提问、突发事件的处理方面存在的问题和不足,为改进教学提供依据。

(二)同伴观察

同伴观察就是同学之间相互听课、评课,而这种听课、评课是建立在讨论和分析的基础上的。与自我观察不同,同伴观察更能发现问题,提出解决问题的新点子。也就是说,同伴观察所讨论的结果成为师范生创新的源泉,因此师范生从同伴观察中受益匪浅。

同伴观察者应该在课堂上做笔记,尤其是要填写观察单(observation sheet)。观察单可以是开放性的,仅仅关注事件、所用时间以及观察者对该课的评价或问题(见表4-2),也可以是更详细的与所上课程、学生、语言和被观察者行为相关的观察单(见表4-3)。

表4-2 观察单1

Time	Events	Comments/Questions

注:该表转引自 Ur(2000:322)。

表4-3 观察单2

What learners do	What this involves	Teacher's purpose	Comments

注:该表转引自 Ur(2000:323)。

(三)教师观察

教师观察是指任课教师或实习指导教师对师范生的模拟上课(试讲)或实习上课进行的课堂观察。教师观察对英语师范生具有非常重要的意义,因为教师可以站在理论高度观察和评价师范生的教学。教师观察首先基于教学的基本要求和规范,对师范生的教学做出价值判断。同时,还要检查师范生是否能够将教学理论有效地运用于实际教学之中,尤其是观察师范生能否根据不同的课型和语言技能采用相应的教学策略和方法。

三、观察的方法

观察的方法是指对正在进行的课进行记录的方法,它通常有笔记、录音和录像。

(一)笔记

与一般意义的听课不同,课堂观察的笔记不是随意性的,而是填写量表,如上述表 4-2 和表 4-3 也可视为简单的量表。根据量表笔记,观察重点突出,目的性更强,提供的反馈信息更加有效。

(二)录音

录音就是观察者对授课者的课进行录音。随着现代教育技术的进步,录音笔正在取代传统的录音机。录音笔更方便、灵活,对课堂的干扰小。另外,授课者也可以用录音笔对自己的课进行自我录音,以便课后反思教学之用。

(三)录像

传统的课堂录像是由专人负责的用录像机在教室进行的录像。这种形式的录像对课堂干扰大,教师和学生都会受到影响,不利于获取真实的课堂教学情境。自动录播系统为教师和师范生的课堂录像提供了便利,使授课者在自然的状态下不知不觉地被录像。如果进行实况转播,教师或学生同伴可以在不同的地方进行实时观察,如浙江省师范生教学技能竞赛就通过自动录播系统对外进行现场转播。

四、观察的步骤

教学观察是师范生教学反思和今后专业发展的重要途径,因此师范生观察能力的培养成为教育教学课程的重要内容。教学观察一般应该遵循下列步骤。

(一)观察者培训

师范生要想具备有效的观察能力首先要学会观察,师范生作为观察者应该接受培训。通过培训,师范生可以了解观察的目的、方法和内容,学会填写观察量表,对观察到的信息进行分析,并能结合教育教学理论加以解释。

(二)观课

观课是课堂观察的实施阶段。通过课堂观察,师范生获得第一手课堂教学资料,不仅要观察教学目的的达成、教学方法的选择、教学过程的安排情况,而且还要审视授课者的优缺点和教学风格,发现课堂突发事件和授课者的处理方法,并做笔记。

(三)评课

评课是根据课堂观察记录对授课者所授之课进行评价的过程。评课可以在同伴之间进行,也可以是教师主导的评课。同伴之间相互评课可以更好地理解教学含义、明晰教学问题、解决教学问题。评课实际上是小组形式的反思,往往凝聚集体的智慧,有利于知识的建构。评课过程中,要克服面子观点,避免只讲优点、不说缺点的习惯。评课的目的不是甄别,而是促进教学。

(四)反思

观察的目的是为反思提供信息。反思是根据评课结果,明晰问题的原因。反思包括个人反思和小组反思，个人反思只能形成个人经验，但它是师范生形成教学技能的基础，是他们日后从事专业学习的重要源泉。然而，仅仅靠自我反思是不够的，即使是最聪明、最有创造力的学生也要从别人那里学习只靠自己不能学会的东西。例如，我们花几个小时解决不了的问题，或许通过同伴的经验或异向思维一下子就解决了。当然，如果我们发现了有趣的解决方案或者突现领悟或灵感，也应该与同事分享。

（五）学习

反思之后是新一轮的学习。学习涉及教育理论知识和教学实践知识。这种学习不是简单的理论与实践知识的重复，而是减少了学习的盲目性，是再认识基础上的螺旋式的升华。通过对这两种知识的再学习，师范生能够对其获得新的领悟，更好地理解作为教师的自己，从而增强教学自信。

可见，教学观察是教学反思的最基本、最主要的途径。其关键在于教育研究与实践领域中的科学与实证的精神追求的结合以及教师合作与教学反思的结合。

第三节　专家引领与名师示范

专家引领是指教育教学专家（通常包括教育专家、学科教学专家、教研员等）对职前教师和在职教师的教师专业发展过程中的指导和领导。专家引领的内容既包括宏观领域的教育政策、语言大纲、课程标准、教育思想、教学策略、教学原则等，又包括微观的教学方法、教学手段、教学设计、教学管理、教学科研方法以及具体的教学案例等。

专家所带来的理论往往具有科学性、新颖性、前瞻性，其实践性问题亦具代表性和典型性，且蕴含着教育哲理，使受培训者产生正能量，增强他们的教育信念，往往能够起到良好的教育启迪作用。

教学名师是指在学科教育教学领域卓有成效的教师，包括特级教师。教学名师集教学理论与教学实践于一体，能够有效地将语言教学理论内化为自己的教学行动，是职前英语教师未来职业追求的目标。教学名师主讲的公开课、观摩课是优质课程资源的代表，其示范性极强，更容易引起师范生的共鸣，激发他们的专业发展意识以及对教学的信心，有利于师范生进行镜像学习，提高对教育的认知能力。

第四节　教育实践

英语师范生的教育实践活动主要指在就读院校的试讲（或称模拟上课）以及在中小学校的见习和实习等。

在就读院校的试讲是英语师范生的重要教育实践活动,它是教育实践的试验田,是见习和实习的准备。在试讲活动中,教育教学理论得到实践,教学方法得到应用,新的教育教学理念得到检验。在试讲活动中,师范生具有多种角色,他们可以充当教师、学生和试讲者的同伴。作为教师,他们初次尝试教师角色,获得教师角色的感性体验,形成教师信念;作为学生,他们的主要任务不是"学习知识",而是配合试讲者,使试讲顺利进行,同时,他们要扮演观察角色,为评课收集材料;作为陪伴,他们以"同事"的角色,从教学的角度对试讲者的课进行评价。师范生的同伴评价往往缺乏理论支撑,他们通常把他们的中学教师的课作为参照来看同伴的课"好"或者"不好"。因此,教师要指导师范生如何进行评课,使他们懂得评课的目的、内容和方法。

见习主要是指到中小学校进行实地课堂观察,它是有目的的听课。师范生要对所听之课进行反思,看是否符合教育教学理论,并对教学内容的处理和教学方法的使用与授课教师进行交流。授课教师通常也要进行课后说课,就该节课的教学设计做出说明,尤其要解释为什么要采用这种方法以及进行该项活动目的是什么,等等。通过见习,师范生可以感受真实课堂状况,了解教学现状,学习先进的教学方法和课堂管理方法,从而为自己的教育实习做准备。

实习是指到中小学在实习指导教师的指导下从事真实课堂教学的活动,包括上课、辅导、作业批改和班主任工作等。实习生要面临真实的教学对象——学生,按照实际教学进度,根据所用教材开展教学活动,因此他们的感受具有真实性。现在不少中小学还没有完全摆脱"应试教育"思想,对实习工作不够重视,怕实习生上课打乱他们的教学计划,影响他们的教学质量,所以给实习生安排的课时非常少,再加之实习时间短,实习效果难以保证。特别是分散实习(师范生回原籍实习,就读院校不派指导教师)的方法,更是使本来就薄弱的实习雪上加霜。

第五节 顶岗支教

顶岗支教就是在中小学教师进行脱产学习进修时,师范生去顶替该教师的岗位,从事教学活动。顶岗支教可以给师范生提供较长的教学实践机会,对他们了解学生、了解教学、熟悉教材,以及对系统锻炼他们的教学技能都有益处。

然而,顶岗支教学校往往是办学规模较小、办学条件较差、师资水平较低的偏僻学校,所以,同一学科的教师较少,往往一个年级只有一个教师,这样,难以开展有效的教学研究活动,所以对师范生的指导作用非常有限。鉴于此,就读院校的教师应该经常关注顶岗支教的师范生,定期"光顾"他们的课堂,对他们的教学进行及时、必要的指导,并回答他们的疑难,使他们有效地利用顶岗支教机会提高教学实践能力。

第六节　服务性学习

所谓服务性学习就是"基于学校和社会间的合作伙伴关系的一种教育经验。通过'服务','学习'运用学术知识和批判性思维技能来满足社会的真正需求。运用反思和评价,使学生对课程内容和公民意识有更深入的理解"(CELTS,2004:3)。[①] 也就是说,服务性学习是社区服务和学术知识目标、社区工作准备和有目的反思相结合的教育方法。学生参与服务性学习,将提供直接和间接社区服务作为其学术课程的组成部分,了解和反思服务对象的环境,进一步理解服务与学术课程的密切性。所以,服务性学习模式强调师范生通过教育服务的形式直接参与教育实践活动,了解和学校有关的一切,包括学校性质、办学指导思想、教师和学生以及家长,进而将师范生的理论知识付诸实践,旨在验证理论,使理论服务于实践。服务性学习不同于社区服务、志愿者服务,也不同于"顶岗支教",前者是通过"服务"的方式来强化师范生的"学习","学习"和"服务"并举,注重对课程知识的整合;而后几种只是单纯地履行"服务"的义务,不把这种履行义务的过程作为学术课程的组成部分,因此学术课程得不到反思与强化。在服务性学习中,学生通过不同形式的"服务",可以深入了解学校、教师、学生和家长,从而将社会的需求与师范生的学习目标有机结合起来。这样,一方面,为师范生的学习内容指明方向,并能增强他们的职业意识和公民参与意识;另一方面,使他们更加深刻地理解教育问题,为他们今后走向教师岗位反思教学、进行行动研究奠定基础。

国外对"服务性学习"的研究和实施始于 20 世纪 70 年代。1976 年,"服务性学习"首次被美国学者提出,随后,全美的服务性学习研究从未间断。许多教育机构参与服务性学习的研究,并基于不同的视角给服务性学习下了不少有影响的定义,如美国教育改革服务性学习联盟(Alliance for Service-Learning in Education Reform)、美国高等教育协会(American Association for Higher Education)、美国全国和社区服务委员会(Commission on National and Community Service)、美国全国经验教育学会(National Society for Experiential Education)以及许多大专院校,等等。美国学者伯恩斯(Burns,1998)区分了"服务性学习"与"社区服务"和"志愿者服务"之间的不同,指出了"服务性学习"的优越性。1983—1989 年间,美国全国经验教育学会培训了大批顾问人员,帮助高等学校开发和加强包括服务性学习在内的经验教育。1989 年,该组织提出了《服务与学习相结合之良方》。此外,加州大学洛杉矶分校、伯里亚学院等进行了服务性学习的实证研究。在基础教育阶段,美国的服务性学习普及率达到 25%,如 1997 年参加服务性学习的高中

---

① CELTS. 2004. (Center for Excellence in Learning Through Service), Faculty Service-Learning Handbook, p. 3. http://www.berea.edu/celts/servicelearning/resources.asp.

生就有1260多万人。费城教育当局自1998年7月起,制定服务性学习制度和方案,将学生参与服务性学习作为学生升级、毕业的重要条件。美国许多高校以教师促进中心、教师卓越中心为依托,成功地将服务性学习与教师教育结合起来,如纽约大学(New York University)的教学卓越中心(Center for Teaching Excellence)、南加州大学(University of Southern California)的教学卓越中心(Center for Excellence in Teaching)。可见,美国的服务性学习作为一种教育理念已被大中学校广泛接受,全国四分之一的学生受益。

在我国,"服务性学习"的研究于近10年起步,自从谌启标和贾爱武2001年分别在《现代中小学教育》第11期和《上海教育》第12期发表美国中小学服务性学习的文章以来,到2010年为止,我国共发表"服务性/型学习"的文章59篇,包括3篇硕士论文。其中后5年发表50篇,占总数的84.75%。可喜的是,近几年人们对服务性学习的研究有较大提高,到2015年止,有关服务性学习的论文已达到近120篇。岭南大学制定了2009—2010服务性学习规划,将服务性学习作为学习内容之一并记入学分。但遗憾的是,我国目前对服务性学习的研究多是介绍美国的理论和实践(崔随庆,2008;刘宝存等,2005;房慧,2011),国内的实证研究较少,尤其缺乏师范生实践课程方面与服务性学习相结合的研究。而师范生的实践教学是一项实践性很强的课程,与服务性学习的内涵具有较高的一致性。服务性学习对于学生个体和社会的发展、学术成就、公民责任心的发展以及职业的拓展具有积极的影响。学生参与服务性学习,可以实现自我价值,同时也让他们对于服务学校的状况和需求具有更深刻的理解,从而对社会文化更容易接受。因此,探索如何利用服务性学习方法培养英语师范生教学实践能力是一项有意义的尝试。

可见,服务性学习是英语师范生及早了解基础教育现状,理解学生、家长及社会需求,检验教育理论和体验教学实际的重要途径。通过服务性学习,一方面,英语师范生的理论课程能够得到运用、强化和反思;另一方面,他们的教学技能得到实践、训练和提升,从而形成"服务—反思—再学习"的实践教学模式。

第七节 教学技能竞赛

教学技能竞赛是指省级高等学校师范生教学技能竞赛和校级师范生教学技能竞赛。前者是浙江省大学生科技竞赛委员会主办的省级学科竞赛项目。该项目从2007年首届开始,已成功举办了八届。目前,该项目趋于完善,已成为全国规模最大、门类最全的师范生教学技能竞赛项目,并对国家级师范生教学技能竞赛和国家中小学教师与幼儿园教师的教师资格证考试产生了积极影响。该项目竞赛内容包括普通组(语文、数学、外语、综合一、综合二)、职教组、学前组,竞赛内容包括教学设计、课件制作、即兴演讲、模拟上课与板书四个单项。其竞赛的目的在于主动适应并服务于基础教育改革发展对师资培养的需求,提高师范生的教师教育教学基本素质和能力,加强师范生实践应用能力;检验师资培养质量,加强教师基本技能的学习与训练,促进教师教育的发展。后者属于常规性的师范生教学技能竞赛,目的是巩固平时的教学能力训练效果,为省师范生教学技能竞赛和国家中小学教师资格证考试做准备。

我们以浙江省师范生教学技能竞赛为契机,广泛开展英语师范生教学技能培训,促进英语师范生对教师职业的认知,切实提高他们的实践教学技能,为就业和形成"研究型教师"潜质做准备。

第八节　课题研究

课题研究是师范生深入中小学校了解教育教学问题,并将其转化为研究课题进行研究的活动。我校的师范生参与课题研究是由校学生处、教务处或团委分口组织申报,立项后由相关教师专门指导,最后由立项单位组织验收。英语师范生参与课题研究可以将常见的教学问题转化为课题进行研究,问题转化为课题的过程本身就是研究活动,因为它需要对问题进行思考和升华,并使之符合课题的要素。同时,师范生要学习课题研究的基本方法和步骤,要进行调查、分析,要找出问题的原因,并根据一定的教育教学理论给出合理的解决方案。这整个过程就是师范生涉足社会、体验研究活动和尝试研究成败的过程,对他们认识教学、理解教学、理解教师和理解作为教师的自己、形成教育信念、提高研究兴趣和培养教师专业发展意识,具有深刻意义。

第九节　教育生态化

职前英语教师的专业发展从传统的培训式发展到生态化的培养模式,尤其是现代教育技术的发展,为实施职前英语教师专业发展生态化提供了可能和便利。

一、依托多功能微格教室教学

与传统微格教室不同,现代多功能微格教室淘汰了以往人工操作的录像带式录制方法,而是采用自动录播系统,将微格教室和教学视频管理平台系统合于一体,将教师的课堂教学全过程,即教师讲课场景、学生场景、实物展台、教学课件VGA信号、手写电子板书及黑板板书等多画面,同步实时采集,自动录制。也可以现场同步直播,课后上传,视频分类点播收看,实现实时观摩评价、课后评价等功能。使用多功能微格教室教学,可以避免传统录像设备对教师教学的影响,更便于观察者观察、记录、评价,有利于及时反馈和矫正。

二、构建网络学习共同体

建立区域性职前教师专业发展网站,设置优质课观看和下载园地、教学问题讨论园地,形成资源共享机制。校级的区域性职前教师专业发展网站可以联网,形成更大规模的网络学习共同体。现代自动录播系统亦可进行校际联网,使师范生进行异地实时观察成为可能。

三、建立网络档案袋

档案袋方法已在教学评价中广泛应用,但纸质档案袋既不环保,又不方便,以至于很多教师不常使用。与纸质档案袋不同,网络档案袋具有快速、便捷、容量大、环保等特点,可对师范生的专业发展过程进行全面、客观的记录,同时便于分析师范生专业成长过程中的问题,比较不同的方法,形成完善的培养体系。

四、建立网络评价体系

网络评价体系能够提高评价的实效性,而且具有异地评价的优越性。网络评价体系不仅便于师范生进行自我评价,而且便于进行同伴评价和教师评价。

总之,依托多功能微格教室教学、构建网络学习共同体、建立网络档案袋以及建立网络评价体系,有利于营造网络生态教学环境,是职前英语教师专业成长有效的可持续发展策略。

第十节 教育多模态化

新课程背景下,"研究型教师"成为教师专业发展的目标。作为未来教师(职前教师),英语师范生也必将面临培养目标的转向,以适应新课程要求。为此,如何使职前英语教师尽早具备"研究型教师"的潜质,以适应未来职业生涯的挑战,便成为学界亟待解决的重要课题。我们认为,从多模态(multimodality)视角切入,对职前英语教师进行理论指导和实践训练,是促进其专业发展的有效途径。

多模态作为一种崭新的话语分析理论,不仅给语篇分析注入了新的活力,而且也为其他教学领域开辟了新的视角。

在20世纪90年代初,多模态化就在国外得到关注。较早进行多模态化研究的国外学者有O'Toole(1994),其著作 *The Language of Displayed Art* 被认为是多模态领域的精品,是少有的完全致力于艺术作品分析与解释的著作之一。国外学者Baldry和Thibault(2006:21)将多模态化定义为"被调动起来的不同符号资源在特定文本中共同生成意义的各种方式",并进一步解释,多模态化不是指预定的实体或语篇类型,而是指在同时代的文化语境中表达意义的迅速变化的多种活动。该术语包括多种观点、思维方式以及合理的方法。它不是单一的原理和方法,是多用途的工具箱,不是单用途的单个工具(ibid:xv)。Kress和Leeuwen(2001)认为,多模态就是运用几种符号学模式,或综合使用若干符号学模式来强化同种意义的表达,或行使补充功能,或进行有层次排序。O'Halloran(2008:

231)将多模态定义为"综合语言、视觉图像、其他符号资源,构建纸质、数字媒体和日常生活文本、事物、事件的理论分析与实践"(转引自谢竞贤,董剑桥,2010)。此外,Scollon 和 Levine(2004)区分了媒体与模态。他们认为,模态是可对比的和对立的符号系统,媒体是符号分布印迹的物质手段(转引自胡壮麟,2007)。近年来,国内学者对多模态研究逐渐增多。胡壮麟从符号学的视角研究了多模态化,并基于 PPT 语篇分析探讨了意义的多模态建构(胡壮麟,2007;胡壮麟,董佳,2006)。朱永生(2007)论述了多模态话语分析的理论基础与研究方法。顾曰国(2007)认为模态在文本里指人类通过感官(如视觉、听觉等)与外部环境(如人、机器、物件、动物等)进行互动的方式。用三个或以上感官进行互动的叫多模态。张德禄(2009;2012)探讨了多模态话语分析综合理论框架和多模态学习能力培养模式。上述学者对多模态的研究虽然是初步的,但对多模态在一些领域的应用设计了理论框架和实践方法,对多模态的应用具有建设性的作用。

在应用方面,韩礼德可谓是多模态化实践领域的先驱。Halliday(1978:24)指出,"交换信息的'网络'不单由人群组成,同时还由我们在多种生活场景中进行活动所产生的各种关系组成的。每一个生活场景,每一种关系都有自己对语言的独特要求"(转引自胡壮麟,董佳,2006)。我国学者正逐步将多模态应用于各自的研究领域,且初见成效。例如,学者们探讨了多模态在大学生多元识读能力的培养(韦琴红,2009)、外语教学(张德禄,王璐,2010)、大学英语听力教学(谢竞贤,董剑桥,2010)、英语写作教学(王炤,2010)以及语用学研究(陈新仁,钱永红,2011)中的应用。

我们认为,在职前英语教师教育中,英语师范生应该明白,英语教学应该注重多模态化,增强教学效果。另一方面,在教师专业发展中,多模态将有助于再现真实的课堂情景,为他们获取可靠信息、分析教师话语发挥积极作用。关于多模态在职前英语教师专业发展中的具体应用将在第五章第五节详细阐述。

第五章

基于新途径的教学实践

  职前英语教师的教师知识包括英语学科知识、教育类知识(包括教育学、心理学、教育心理学、班级管理和英语课程与教学论知识)和英语教学与研究知识。以往学界总是假定职前英语教师已经具备了从事中学英语教学所需要的相应的英语学科知识,这就导致了在英语学科知识方面英语师范生和英语非师范生要求相同,忽视师范教育对英语学科知识要求的特殊性,影响了人才培养质量。鉴于此,我们对职前英语教师和在职英语教师进行了需求分析,结果发现,英语师范生的英语口语能力、语言运用能力、英语语篇能力、英语写作能力和跨文化能力是凸显中学英语学科教学职业特点的不可或缺的能力,而这些能力的培养在师范生培养过程中并没有得到特别的关照。另外,在实践教学方面,传统的见习、实习给英语师范生提供的实践机会十分有限,且往往与研习分离进行,即使实习中的一些问题通过研习似乎得到解决,但也往往缺乏再验证的机会,致使研习的效果和作用受到质疑。为此,我们从英语学科知识教学、英语实践知识教学和教学研究三个方面进行了为期五年的教学改革和实践,取得了一定效果。

第一节 研究导向的英语学科知识教学

一、加强英语语音教学,提高英语口语能力

  标准的英语语音和流利的英语口语是合格中学英语教师的重要素质要求,也是职前英语教师培养的重要学科知识目标之一。如今,英语师范生无论是参加教学技能竞赛,还是参加教师资格证考试以及教师就业面试,英语语音和口语能力都成为决定他们能否准入的关键因素,且具有"一票否决权"。

  为此,我校非常重视英语师范生的英语语音和英语口语训练。我们对英语师范生采取人人过关的方法,即在入学分班时对每个学生进行英语语音和口语测试,对不合格的学生进行专门的正音训练,对经过一个阶段训练后仍然不能过关的学生,劝其转出英语师范专业。在英语口语训练方面,我们除正常的教学(如英语视听、高级英语口语等)之外,还给英语师范生提供了参加英语演讲比赛、英语沙龙和英语角活动等机会,有效地提高了学生的英语口语表达能力。

二、改进英语语法教学,提高语言运用能力

具有系统的英语语法知识是具备英语运用能力的保证,也是有效英语教学的基础。在英语教学中,教师必须具备扎实的英语语法知识,因为教师不仅要知其然,而且要知其所以然,也就是说,教师要充当"解释者"(explainer)的角色必须具备扎实的英语语法能力。事实上,在教育实习过程中,师范生也感到在解释语法现象时往往"力不从心"。再者,在英语师范生自己的习作中,语法错误并不罕见。如分不清"everyday"和"every day"用法,不会使用"because"从句,以及误用标点符号,尤其是滥用逗号的现象大有人在。

为此,我们对师范生的英语语法教学进行了改革。在语法课上,我们改变了以往单纯使用"演绎法"教授英语语法的做法,而是采用"归纳法"让学生在体验、感受的基础上总结、归纳出规则。教学中注重寓语法教学于一定的语言环境之中,重视意义教学,增强了语法课的趣味性。另一方面,我们还结合其他语言技能教学进行相关语法训练。如,在英语写作教学中,我们将不同体裁中的常见语法错误进行分类归纳,并进行针对性训练,收到了良好的效果。如针对不同体裁的阅读和写作,我们进行了时态、情态、语气、句法结构(包括句式、独立结构、省略等)等方面的专题训练,增强了学生对不同体裁语言使用特点的了解和把握,提高了语言运用能力。

三、注重英语语篇教学,提高英语语篇能力

(一)语篇能力的地位与培养策略

语篇能力(discourse competence)是学界经常提及和使用的一个术语。在大学英语教学中,人们经常谈到语篇层次的教学,强调语篇能力的重要性。近年来,学者们对语篇能力的研究逐渐增多,他们审视了语篇能力对英语口语教学的作用(王静萍,2009),探讨了语篇能力对英语阅读教学的意义(郭岳文,2004),研究了语篇能力对英语写作教学的重要性(杨玉晨,2006),探讨了语篇能力本身培养的问题(高彦梅,2005)。然而,语篇能力在英语教学中的定位并不明确,对其概念、内涵的探讨甚少,尤其是缺乏中国语境下的英语语篇能力培养机制的研究。这无疑会给人们带来对语篇能力的模糊认识,从而导致教学目的不明、培养方法欠缺、教学效果欠佳之后果。鉴于此,我们在检视英语语篇能力概念的基础上,对其内涵进行阐释,对其教学目标进行定位,并试图探讨其有效的培养策略。

1. 语篇能力

到目前为止,语篇能力的概念并没有形成统一概念,学者们基于各自研究的不同方面对其下了不同的定义。

美国学者Kaplan和Knutson(1993)将语篇能力定义为在非互动性的报告/独白或互动性的交谈中生成和理解促进连贯与衔接的口语及书面语特征的能力。

英国学者 Hatim(2001)认为语篇能力是指以下三种能力：第一，运用某种语言的词法规则和语法规则生成完美句子的能力；第二，知道何时、何地以及跟何人说话才使用这些句子的能力；第三，知道在一个最终完美的语篇中怎样使句子产生作用的能力。可见，Hatim 的语篇能力实际上是基于句子如何生成和使用的语法能力、语用能力和篇章能力。英国学者 Bhatia(2008:144)用"discursive competence"术语给语篇能力赋予了广泛的内容，包括在一定的专业语境和一般的文化语境中熟练操作所需要的各种层次的能力。具体包括篇章能力(textual competence)、语类能力(generic competence)和社会能力(social competence)。篇章能力不仅表现为掌握语言代码的能力，而且表现为运用语篇、语境和语用知识建构和解读语境适切语篇的能力。就语篇性的范围而言，语篇能力要比(应用)语言文学中语言能力的传统意义给力得多，因为它包括建构语法正确、语篇适切(衔接与连贯)语段的能力，但并不包括在特定学科文化社团中，或者一定程度上的广义的社会文化适切语境中，那些能使交际具有社会文化有效性、政治上的正确性以及社会可接受性的因素。鉴于此，篇章能力包括语言能力以及应用语言学中众所周知的交际能力的某些方面。语类能力则是通过建构、解读、运用以及为实现专业目的而经常利用嵌于特定学科文化与习惯中的语类规则对新、旧修辞环境作出反应的能力。社会能力是指在约束社会结构和社会过程的语境中为有效参与各种社会和体制环境，表达社会认同感，而更广泛地使用语言的能力。

我国学者多将理解和生成连贯语篇的能力视为语篇能力的主要内容，如文秋芳(1999)所说，语篇能力是将话语组成互相衔接、连贯的完整语篇的知识和运用这些知识的能力，具体来说是指语言学习者把与主题相关的语言材料组织起来，并形成形式上衔接(cohesion)、语义上连贯(coherence)的语篇。孙瑜(1998)认为语篇能力是指运用各种形式的连贯手段(cohesive devices)将表达某一主题的句子逻辑连贯起来的能力以及能在理解和表达命题意义的同时理解和完成相应的言外行为的能力。潘利锋和周冬梅(2002)认为语篇能力是理解和生成各种连贯的书面或口头的语篇的能力。语篇能力的习得使得学习者能够通过对句子本身结构和句子顺序的控制和安排，从而使话语符合某一种语篇的语篇特征，符合有效交际的需要。因此，语篇能力也可以理解为对各种不同类型语篇的语篇特征知识的掌握和运用能力。张希永和李志为(2007)认为语篇能力可以理解为连句成篇和将一连串的话语组成有意义的整体的能力，具体来说就是，在听说中，它是指理解对方的意图和含义，并能说出连贯、衔接话语的能力，以形成流畅的交际；在阅读理解中，它指将语篇视为整体，并在理解作者目的以及词、句和整个语篇的语用意义中形成图式意识的能力；在写作中，语篇被认为是在组织文章时使用得体的语篇模式，利用语法和修辞手段连接句群，并使文章成为连贯、衔接语篇的能力。

上述概念从不同侧面对语篇能力的内容进行了阐释，且涉及语篇能力的本质——衔接与连贯。我们不妨将语篇能力概括为使用语篇知识解读和建构连贯语篇的能力。当然,要想实现语篇的连贯离不开语法能力、语用能力、篇章能力、语类(体裁)能力和社会能力等的共同参与。从这个意义上讲,语篇能力与我国目前所推行的"综合语言能力"的含义不完全一致。前者崇尚"语言即语篇"的语言观,该观点由McCarthy和Carter(1994)提出,他们认为语篇是语言的基本单位,语言教学也应该基于语篇;后者则强调听说读写技能的综合能力以及语言的工具性与人文性的统一。其实,综合语言能力中的语言技能和社会文化能力都是语篇能力的组成部分,所以,要想培养学生的语篇能力首先要解决其目标定位问题。

2. 语篇能力的目标定位

在我国的英语教学中,语篇能力的培养虽然受到一些学者的关注(程晓堂,2005;王静萍,2009),但从国家层面上并没有得到应有的重视,甚至被忽视。无论是基础英语教育阶段,还是大学英语教育阶段,语篇能力都没有明确成为国家规定的教学目标、要求或评价的内容。通过检视《义务教育英语课程标准》(2011年版)、《普通高中英语课程标准》(2003年版)、《大学英语教学要求》(2007年版)和《高等学校英语专业英语教学大纲》(2000年版),我们发现这些英语教学的纲领性文件均未提及"语篇能力",只是有关语篇知识的一些要素散见其中,如衔接、连贯、谋篇布局、篇章结构、文体风格、文体分析、章法、体裁、得体、说话人的态度、感情和真实意图,等等。

在国外,将语篇能力作为教学目标的例子并不罕见。如美国外事学院(The Foreign Service Institute(F.S.I.))在口语有效因子描述中,将语篇能力作为测试口语熟练程度的五个评价要素之一(其余四个是交互式理解、结构精确、词汇化和流畅性)。F.S.I.口语因子描述提供了评价说话者语篇能力的指导原则,按照不断提高的熟练水平的顺序来评价学生,即学生能够①产出连续的语篇,恰当使用复杂句式和破句;②重点突出,扩展和支持观点,长篇表达活动中观点之间过渡自然;③表现适当的话轮行为;④有效地变换句式和词序,使用修辞手段(如语速变化与语调);⑤发言和控制发言,开始和结束讨论;⑥传递个人态度的和指示性的信息;⑦实现交际意图,达到预期结果(Kaplan & Knutson,1993)。

在我国,近年来尽管一些教师开始尝试所谓的语篇教学,但那也只是在传统模式的基础上进行改良,而不是改革(程晓堂,2005)。究其原因,除了教师对语篇教学的理解和能力有限之外,恐怕还有回避"名不正言不顺"之嫌。

因此,我国各个层次的英语课程标准和课程教学大纲应该对语篇能力进行合理定位,在目标要求、教学内容以及结果评价方面对其进行描述,规定明确的要求。英语课程教学大纲是指导英语教学的纲领性文件,如果这些文件对语篇能力作出合理定位,并将其作为教学和评价内容,那么对英语教学就能起到正面的导向作用。这样,英语教师实施基于语篇的教学就会名正言顺,有纲可依,教师参与教学改革的积极性就会高涨。

可见,对语篇能力进行合理定位是实施基于语篇教学改革的前提,对保障教学改革的顺利实施和提高学生英语语篇能力具有决定性意义。

3. 实施基于语篇的教学途径的可行性

培养学生的语篇能力,关键是要改革教学方法,实施基于语篇的教学途径。也就是说,基于语篇的教学途径是培养学生语篇能力的最佳方法。当下,在全国范围内实施这种方法可能有一定的困难,但是还是有可行性。

首先,基于语篇教学的理论基础——语篇语言学——用于英语教学的研究并不罕见,特别是2002—2003年间在我国一度达到顶峰,这就为实施基于语篇的教学途径奠定了理论基础。

其次,系统功能语言学也重视语篇教学,并且在我国,尤其是在高校英语教学领域影响较大,且产生一定的影响和效果。一些中小学和高校进行了基于语篇的教学途径的实验,取得了一定成效,为全面实施和推广该方法提供了可以借鉴的实践经验。

最后,国家英语教师资格证考试已经将"语篇教学"列入面试的试讲内容,这对英语师范生学习语篇知识、提高语篇能力具有导向性作用,也为他们今后实施基于语篇的教学途径奠定了基础。

4. 英语语篇能力的培养策略

英语语篇能力的培养不仅要提高教师对语篇能力和语篇教学的认识,而且还要提高教师自身的语篇能力,同时还要配置相应的教材,关键还要实施基于语篇教学途径的教学改革。

(1) 提高教师对语篇能力的认识

教师首先要认识到,学习英语的目的不只是培养学生的交际能力,更重要的是培养他们的语篇能力,交际能力只是语篇能力的组成部分。教师要了解语篇能力的内涵以及明白语篇能力才是学生学习英语需要掌握的目标性能力。在教学和评价中,教师要将语篇能力作为重要的指标进行要求和考核,并且养成基于语篇教学的意识。

(2) 提高教师对语篇教学的认识

教师习惯了传统的教学观念和教学模式,如果实施基于语篇的教学途径还要解决认识上的问题。这就需要教学研究部门和相关院校对教师专门培养,使他们了解"语言即语篇"语言观的实质,让他们明白只有采用基于语篇的教学途径才能培养学生的语篇能力。教师只有提高了对语篇教学的认识,才会摒弃传统的教学观念和教学模式,全身心地投入到基于语篇的教学途径教学改革之中。

(3) 提高教师自身的语篇能力

教师实施基于语篇的教学途径仅凭热情还不够,他们必须具备必要的语篇知识和语篇能力。解读和建构连贯的语篇是语篇能力的重要内容,掌握衔接与连贯手段是英语教师提高语篇能力的首要任务。衔接是手段,是语篇的有形网络;连贯是目的,是语篇的无形网络,它们共同构成语篇的本质特征。因此,第一,教师必须掌握衔接与连贯的方式,诸如指代、及物性、语域、语类/体裁、语义结构、主位-述位结构,等等。第二,教师应该区分口语体和书面体特征,知道口语中话轮的转换技巧和书面语中段落的各种展开模式,如例证说明、因果分析、比较对照、过程说明、问题解决,等等。第三,教师应该了解社会文化语境的相关知识,尤其是语类结构潜势理论。此外,教师还要掌握语篇分析理论和方法,形成语类意识,并能在教学中进行语篇分析。

(4)编写凸显语篇特色的教材

现行的大学英语教材,几乎都是以语言知识掌握和语言技能训练为主线,在任务型教学大纲影响下,英语教材增加了语言实践活动,对促进学生的语言交际能力产生了积极的作用。一些教材的体系也在一定程度上涉及语篇层次教学,但由于教学观念尚未转向"语言及语篇"上来,教材的编写只不过对"语篇层次"有所关照而已,还不是真正意义上的为培养语篇能力而编写的教材,因此不可能完全满足基于语篇教学途径的要求。正如 Kaplan 和 Knutson(1993)指出的那样,作为有效交际的一个非常重要的方面,语篇能力在教材中相对被忽视。可以说,在我国,尚未出现完全以语篇能力培养为目的的英语教材。因此,为了全面有效地实施基于语篇的教学途径,教育部门应该组织专家编写相应的英语教材,以满足教学改革之需要。

(5)试点先行

基于语篇的教学途径对学校和教师都提出了新的更高要求,在短时间内要求所有院校一刀切地采用该方法是不现实的。因此,稳妥的办法是先进行试点。例如,可在有条件的中学或中学的某些班级进行试点;也可将大学英语课程,或英语专业中的某些课程(如阅读或写作课程)作为试点。这样,在试点的基础上再逐步铺开,以提高效果。

总之,对语篇能力进行合理定位,将其纳入教学目标,并倡导实施基于语篇的教学途径是一项系统而复杂的工程,需要教育行政部门、教学研究部门和各级学校的大力支持和配合,更需要英语教师的无私奉献和积极参与。我们认为,只要有正确的政策导向,有教研部门的支持,有相关学校的重视,再加上师资培训和教材编写跟上,就能切实提高教师的思想认识和语篇能力,实施基于语篇的教学途径不仅是可行的,而且培养和提高学生的语篇能力也是可能的。

(二)语篇能力培养的具体实践

语篇能力的培养可以与英语技能教学相结合,笔者从英语主位-述位衔接模式入手,对中学英语写作教学进行过专门探讨[①]:

英语写作不仅仅是遣词造句的问题,而且还存在语篇模式问题。一般来说,

---

① 参见罗毅,《英语衔接模式与中学英语写作教学》,《山东师范大学外国语学院学报》(基础英语教育),2003年第二期。

在英语学习的后期,学生的作文中可以基本避免词汇和语法错误,甚至不出现上述错误。然而,学生作文中层次不清、逻辑混乱、缺乏连贯性的现象比比皆是。这主要是目前中学英语写作教学仍然被结果教学法所充斥,作文训练和批改局限在字、词、句和语法层次上,即使偶尔涉及语篇层次,也局限在诸如照应、替代和连接上,无法涉及英语主位-述位衔接模式。因此,学生缺乏必要的语篇知识,写出的作文不符合语篇模式要求也就不足为奇了。

1. 主位-述位衔接模式

主位-述位衔接模式就是连贯语篇中主位和述位进行分割后,前后句子的主位和述位存在着某些对应衔接。这些对应衔接构成了语篇的宏观(微观)结构,或称语篇基本模式(唐青叶,2002)。主位(theme)和述位(rheme)是功能语法中的两个重要概念。它们与传统语法中的主语和谓语不是同一概念。主语和谓语属于句内成分的范畴,局限在句法层次上;而主位和述位虽然存在于各种类型的句子之中,但它们却是语篇层次上的,并体现信息功能。因此,主位-述位的反复衔接是实现语篇衔接和连贯的重要手段之一(胡壮麟,1994)。语篇由句子组成,而句子总有开头。开头的成分就是主位,主位之后便是述位。主位是话语的出发点(point of departure),述位则是对主位的陈述和附加说明。主位分无标记(unmarked)和有标记(marked)两种。所谓无标记就是指陈述句的主位是名词(词组),是语法上的主语,且为主动式;疑问句的主位是疑问词;祈使句的主位是动词的祈使形式,you 没有省略时则 you 成为主位。以下例子中的 T 表示主位,R 表示述位:

①The ship(T) hit the bridge(R).
②Where(T) have you been(R)?
③Pass(T) me the salt,please(R).

下列主位不符合上述条件,因此是有标记的。例如:

④The wall(T) was hit by a car(R).
⑤It was a car(T) that hit the wall(R).

Davidson(1980)曾说:结构越有标记,语段就越有可能传达一种隐含意(刘辰诞,1999)。下面例⑥和例⑦也是有标记主位。然而,主位和述位之间的关系并不是简单的先后顺序的关系。主位和述位常常与信息系统中的已知信息和新信息重叠,即在非标记情况下,主位表达已知信息,述位表达新信息。而有标记的情况下,主位则表达新信息,述位则表达旧信息。如:It is the BOY who is petting the cat(Brown & Yule,2000,177)。从语篇组织结构的角度来看,主位的作用更为重要,因为语言结构的安排应遵守的原则之一是从已知的内容到未知。也就是说,人们一般从已知的内容开始安排话语结构,所以主位的语篇价值要高于述位。

2. 语篇模式的种类

从结构上讲,主位可以分为简式主位(Simple Theme)、多重主位(Multiple Theme)和句式主位(Clausal Theme)三种(胡壮麟,1994)。就功能而言,主位又可分为主题主位(Topical Theme)、人际主位(Interpersonal Theme)和篇章主位(Textual Theme)三种(刘辰诞,1999)。简式主位是指句子中的主位成分是由一个词(组)构成,包括并列词(组),且只表达一种元功(metafunction),即概念功能、人际功能、语篇功能的一种。如:

⑥The tall girl(T) stood for a long time(R).
⑦Beautifully(T) Mary danced under the tree(R).
⑧In front of the car(T) was the head of the department(R).
⑨Father and mother(T) were out of work(R).

多式主位是由两个或两个以上的词组构成,但它们体现主位的不同语义功能,即至少两个元功能。既然不止一个元功能,那么就有个先后顺序排列问题。韩礼德对英语的主位结构提出语篇主位^人际主位^概念主位的序列(符号^表示先后顺序)(胡壮麟,1994)。这里韩礼德的语篇主位和概念主位与刘辰诞所说的篇章主位和主题主位是同一概念。下列例子以刘辰诞的说法通称:

⑩However(篇章主位), too slowly(人际主位), you(主题主位) started to run.

由此可见,主题主位与篇章传达的信息有关;人际主位是指作者或读者的某种态度、看法或评价;而篇章主位则是指一个小句或句子与篇章的其他部分连接在一起(刘辰诞,1999)。句式主位是指在并列句或复合句中,排在前面的整个小句。例如:

⑪The lake is large(T), and the hill is small.
⑫As soon as he comes back(T), I will ring you.
⑬The old man was reading a newspaper(T) when his son left.

在语篇中,句子与句子之间的主位和述位的结构关系又是怎样的呢?为此,国内外不少学者对语篇各种衔接模式进行了探索,有的总结了七种之多。胡壮麟认为语篇的最基本的衔接模式有三种(胡壮麟 1994:144-145):

a. 前句的主位继续成为后句的主位,可表示为 $T_1=T_2$。
b. 前句述位中的某个内容成为后句的主位,可表示为 $R_1=T_2$。
c. 前句中主位和述位的内容一起成为后句的主位,可用 $T_1+R_1=T_2$ 示意。

以下三例正好对应地反映了主位和述位结构衔接的三种基本模式:

⑭Mr. Fraser sent for the doctor. He listened anxiously for his arrival.
⑮Mr. Fraser sent for the doctor. He diagnosed his complaint.
⑯Mr. Fraser sent for the doctor. This is a unanimous family decision.

例⑭重复前句的主位,即 $T_1=T_2$;例⑮前句述位内容成为后句主位,即 $R_1=T_2$;例⑯前句内容的整体成为新的主位,即 $T_1+R_1=T_2$。

3. 语篇模式在教学中的运用

语篇的结构基于上述基本模式,然而其模式的变换是丰富多彩的。语篇的主位结构的安排不是随意的,而是要为一定的目的服务,受题材的制约,如介绍人物的生平时,要使用有标记的主位,即以时间状语作为主位。所以在写作教学中要注意主位结构的安排,使之最能体现作者意图。虽然以语法主语作主位的语篇主位结构容易产生和解读,但适当地变换主位,即使用有标记主位,会增强文体效果。所以高考英语作文评分原则将语法结构或词汇方面有些许错误,但为尽力使用较复杂结构或较高词汇所致,作为第五档(很好)的必需条件正是如此(NMET,2002)。

下面是对学生作文的几个实例分析:

(实例1)The old man is strange. It is said that he is rich.

分析:后句的主位 It is said 属于小句主位,它与前句没有联系,所以缺乏连性。如改为 The old man is strange. He is said to be rich 就连贯了。因为它符合语篇模式1,即 T1=T2。

再比较:

They laughed together, and with that laugh ended all serious discourse.

(R. Kipling, *The light That Failed*)

She felt that only one thing now was needed; she must be firm. And firm she was.

(L. Strachey, *Queen Victoria*)

如果将上面两句话作以下改变,情况就大不一样:

They laughed together, and all serious discourse ended with that laugh.

She felt that only one thing now was needed; she must be firm. And she was firm.

尽管这两个小句在语法上没有什么错误,其连贯也不能说错,但他们之间联系的密切程度不够,特别是在上下文中更是如此。

(实例2)That is a beautiful lake. Lots of people are fishing in the boats. There are many boats on the lake.

分析:例2的主位结构混乱,如改为以下结构就连贯了:That is a beautiful lake. On the lake there are many boats. In the boats lots of people are fishing. 它们的结构如下:

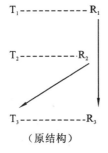

(原结构)

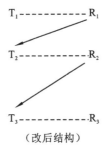

(改后结构)

（实例3）On campus there was a beautiful car. The head of the department was in front of the car.

分析：后句的主位与上句无关，因此不连贯。如改为下列结构就连贯了：

On campus there was a beautiful car. In front of the car was the head of the department.

它们的结构如下：

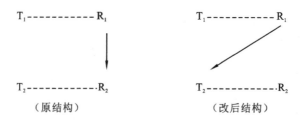

在分析相邻句的主位连接结构之后，语篇的整个主位连接模式也就不难理清。例如：

（实例4）①In 1946, the first computer ENIAC was invented. ②Ever since then machine translation has brought new landscape into scientists' sight, but at the same time great challenges as well. ③With modern computers as a powerful tool, computational translation can perform interlingual task to break language barriers and speed up information exchange between peoples. ④Many experts devote themselves to this frontier of modern science. ⑤They hold a strong belief that somebody in the next century, all peoples will be free from communicative problems...

分析：句①的时间状语位于句末才能和占据句②主位的时间状语照应。调整句②的词序，使 new landscape 占据末端信心中心，因为句③就是 new landscape 在语义上的扩展。按照 $T1 \rightarrow T2$ 的主把状语 with modern computers as a powerful tool 插在主语之后，使各成分的信息逐渐增高。句④改用和 devote to 有互易意义关系的 draw 来使主位、述位互易，让 many experts 成为句④的末端信息中心和句⑤的主位，形成 $R1 \rightarrow T2$ 的主位连接模式。试改例 4 如下：

①The first computer ENIAC was invented in 1946. ②Ever since then machine translation has brought into scientists' sight, great challenges and, at the same time, new landscape as well. ③Machine translation, with modern computers as a powerful tool, can perform interlingual task to break language barriers and speed up information exchange between peoples. ④This frontier of modern science drew many experts. ⑤ They hold a strong belief that somebody in the next century, all peoples will be free from communicative problems...

它们的结构如下:

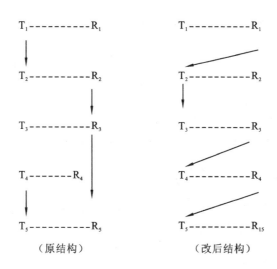

（原结构）　　　　　　　　（改后结构）

显然,例4修改后的主位-述位结构完全符合语篇的基本模式,因而也就显得更加通顺连贯。语篇理论表明:语篇并不是一些在语法和语义上正确的句子的随意组合,句间的连贯仅靠词汇和语法衔接手段也不能得到保证,还要重视按主位连接模式来安排各个语义成分的序列,才能保证语篇的连贯性。如果我们在教学中能够向学生介绍一些语篇知识,在作文批改和评讲中能够引入主位-述位连接模式,就可以使学生形成正确的写作图式,写出符合英语语篇模式,即主位-述位连接模式的作文,从而提高英语作文的连贯性。

四、改革英语写作教学,提高英语写作水平

根据对在职中学英语教师的需求分析,英语写作是他们的弱点,也是他们最期望提高的技能之一。黄源深(2014)指出,写作是衡量英语教师专业基本功的重要标准。然而,写作已成为大学英语教师语言基本功中最大的问题和最薄弱的环节,在600份大学专业英语教师的作文中,写得像样的仅有二、三份。大学英语教师的英语写作水平竟然如此,何况中学英语教师呢! 写作能力低下影响着英语教师的专业成长,所以职前英语教师应该在在校期间得到良好的英语写作训练,切实提高英语写作能力,为今后从事英语教学和教育科研,乃至为终身专业发展奠定基础。

鉴于此,我们从两个方面进行了英语师范生的英语写作教学改革,并收到良好效果。

(一)基于网络平台的英语写作模式改革[①]

英语写作能力是衡量大学生英语综合能力的一个重要指标,但英语写作历来是英语学习者的薄弱环节之一。历年的大学英语四、六级考试和英语专业四、八级考试中,学生写作部分的得分普遍较低,从一个侧面反映出这个问题。

问题的另一个方面是,传统的写作训练存在费时、低效的问题,重写作结果而轻写作过程,重文本形式而轻思想表达,重写作技巧而轻写作内容。此外,也忽视了学习者的认知过程和亲身体验,而写作是一门实践性很强的课程,写作能力的提高离不开写作的亲身体验(Numan,2004)。

体验式英语写作模式注重学习者的参与性和实践性。体验(experience)就是要让学习者亲身体验学习的每一个过程,如思考、讨论、输出,亲身感受认知能力的升华,品尝能力发展中的甜酸苦辣(王金等,2010)。近十年来,体验式教学理念在我国的英语写作研究中已发展到一个新阶段。

从教学方式上来说,传统的课堂学习模式以黑板和纸质练习为主,未能充分利用网络资源,而国家教育部高教司 2007 年 1 号文件明确指出:"要积极推进网络教育资源开发和共享平台建设,建设面向全国高校的精品课程和立体化教材的数字化资源中心,为广大教师和学生提供免费享用的优质教育资源。"因此,借助网络信息技术进行英语学习是培养学生自主学习能力的重要途径。本研究遵循教育部大学英语改革的精神,顺应网络时代发展的要求,结合最新教学理念,旨在探讨如何利用数字化教学平台,提高学生的英语书面表达能力、自主学习能力和合作学习能力。

1. 理论基础

(1)建构主义学习理论

建构主义(constructivism)学习理论是认知学习理论的一个重要分支,其核心内容为:个体的认知发展与学习过程密切相关,知识需要在一定情境下,借助他人的帮助(包括教师和学习伙伴),利用必要的学习资料,通过意义的建构过程而获得(丁刚,刘蕾,2003)。建构主义学习理论一方面强调学习者在学习过程中的主体作用,倡导以学生为中心的学习;另一方面也强调学习过程的真实性和社会性,真实性是指学习者在学习过程中始终处在与他人密切联系的真实社会情景中,社会性是指交互性的协作学习(张一平,2008)。因此,学习者若能在合作的学习环境中积极主动地投入到每一个学习环节,其学习能力与创造性便能得到很好的发挥。建构主义学习理论是研究基于网络平台的英语写作模式的重要理论基础。

(2)体验式科学研究理念

在世界经济一体化、科学技术全球化、文本系统数字化、学术成果网络化的宏

[①] 参见王金、蔡慧萍、罗毅,《基于网络平台的体验英语写作模式研究》,《外语电化教学》,2012 年第 146 期。

大背景下,体验式科学研究模式应运而生。该理论模式主要针对广义的语言教学研究而提出,具体应用到英语写作教学与研究领域,其核心思想是:强调学习者的社会认知过程及在学习过程中的亲身体验,通过环环相扣的写作学习行为来解决"写什么"与"如何写"之间的矛盾。

2. 研究内容与创新点

2006年以来,课题组通过网络平台,采用体验式英语写作模式,在浙江海洋学院英语专业学生中做了五个回合的教学实验。本研究历时五年多,其主要内容与创新之处总结如下。

(1)学习手段的创新

传统的写作学习模式以黑板和纸质练习为主,而新模式采用了计算机网络平台,实现了学习环境网络化、学习资源数字化。

第一,课堂学习环境由传统教室转变为现代网络教室。每位学生一台计算机,这样可以充分利用网络教室设备,进行多媒体广播学习、监控转播、遥控辅导、文件分发等组织活动,实现课堂学习过程的网络化。师生们都体会到了现代计算机技术所带来的直观、快捷、省时与高效,从而大大提高了课堂学习的效率。

第二,建设数字化平台,实现优质学习资源的共享。每台计算机都安装了《体验英语写作》数字语料库,内含海量的清华学子的习作语料素材,以此为镜像资源,学生可以直接体验,广泛参比,从而达到"以读促写"的目的。系统功能语言学把语言作为交际的工具,把阅读和写作看做是同一交际过程的两个基本程序:阅读是输入性语言活动,而写作则是输出性语言活动(唐叶青,苏玉洁,2009)。两者相辅相成,只有一定量的语言输入才可能实现语言的输出。而任何纸质教材或讲义只能提供极有限的范文,数字化技术则解决了这一难题。英语作文语料库不仅提供了海量直观的范文样本,而且每篇作文都有教师的批改文字、修改建议及评语反馈,便于学生进行"镜像学习"(mirror-image learning)与"自我评估"(self-evaluation)(杨永林,2004:2)。

第三,建设"英语写作"省级精品课程网站。课程网站内容丰富,包含课程导学、在线教学、习作园地、课外练笔、互动教学、成果展示等几大版块,每个大版块中又包含很多子版块,如教学课件、教学视频、优秀习作、课外学习网站、写作考题、线上交流等。借助课程网站,学生可将自己的习作初稿、二稿以及经小组评议后的修改稿等电子素材上传,从而建立自己的语料库。这不仅实现了区域性学习资源的共享,解决了传统模式下学生很难分享同伴习作的问题,而且每个学生的习作都有了详细的全程记录,展现了学习者个体的"学习记录过程"和"能力发展轨迹",也便于做跟踪式学习与研究(杨永林,2004:2)。此外,班级主页、热点讨论等版块为学生提供了一个快捷、便利的互动平台,成为学生之间及师生之间随时随地交流的重要纽带。

第四,借助网络实现无纸化的阅读、写作、评阅和习作素材库的建设。学生在电脑上完成习作,再由小组成员互评后通过电子邮件发送给教师评阅,快捷又高效,同时也有助于教师建设英语习作语料库并开展相关研究。利用计算机写作的几点优势是显而易见的:编辑、查找方便,修改简单易行,无需重复抄写,拼写和语法检查功能使得文字处理更加高效。研究表明,利用网络资源辅助写作学习有助于培养学生的网络交际能力,即通过网络搜寻、获取和传递信息及资料的能力,从而有效提高阅读能力和写作水平(隗雪燕,王雷,2003)。

(2)学习方法的创新

在学习方法上,本研究以建构主义学习理论和体验式教学理念为指导,注重学生的参与性、实践性与合作性,倡导在体验中学习,在体验中升华,实现了课堂学习过程化、课外学习合作化。

首先,课堂学习模式由传统的以教师为中心的讲座模式转变为环环相扣的以学生为中心的新模式。新模式主要由以下八个步骤构成:学生预写(pre-writing)→课堂讨论(classroom discussion)→范文评析(sample commentary)→指导性写作(writing principles)→自我修改(self-revision)→小组交流(group interaction)→课外练习与自我评析(after-class practice and self-evaluation)→教师评阅(teacher's evaluation)。每一个环节都有明确的目的与作用。通过预写,学生体验到写作中碰到的困难,尤其是关于内容选择和结构布局方面的问题,从而了解自己习作的优缺点;通过课堂讨论,学生可以明白不同语类的写作目的、语篇在社会交际中的作用、交际双方的关系、语篇的必备语义成分、段落发展方式及语言使用特征,逐步培养学生的语篇分析能力;通过范文评析,学生可以更加深刻地认识语类结构的重要性,并明确什么是内容充实、结构合理、语言通顺、表达得体的好作文;通过指导性写作,学生可以明确特定语类的基本写作原则和常用写作技巧;通过自我修改初稿,学生可以针对性地对预写中出现的问题加以改进;通过小组交流,学生可以取长补短,共同进步;通过课后练习与自我评析,学生可以进一步巩固所学语类并提升语篇的分析能力;通过教师评阅,学生可以全面了解自己的写作进展情况、取得的进步及不足之处(蔡慧萍等,2007)。整个过程能较好地处理写作任务必须解决的三个问题:确定某个语类的语义框架、选择语言表达方式、用一定的修辞方法组织已选择好的内容和语言表达方式。整个学习模式是一个动态的进程,学生能够亲身感受其能力发展的过程,体验过程写作的乐趣,进而更加积极地投入到学习活动中去,建构和创造新知识,亲身感受认知能力的升华。

其次,开放、轻松的课外学习环境使学生更加主动、积极地参与课外写作。学生可以在多媒体网络自主学习中心进行训练,这大大提高了学生的英语写作兴趣和自主学习能力。此外,每次的课外作业都要经过小组评议后再提交,这一过程也有助于培养学生的合作学习能力与团队协作精神。有关合作型写作互动的研究表明,与其他同学合作写作可以活跃思维、激发讨论、解决分歧,并且在文章的措辞、结构安排、主题思想、语言运用等层面能相互学习、取长补短,从而提升学习效果(石洛祥,2004)。下面举一个学生课外合作评议的例子。一小组成员写的关于取消约会的便条如下：

Sept. 28,2009

Dear Prof. Whitley,

　　Due to my mother's sudden illness, I have to look after her and I'd like to cancel the appointment with you this Friday afternoon. I do apologize for it and hope it doesn't bring you too much inconvenience. I am wondering if we could fix another time. What about 9 a. m. this Sunday? I'm looking forward to your replay.

Yours sincerely

Tracy

经过小组评议、合作修改后的便条如下：

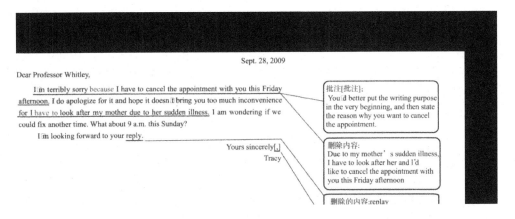

不难发现，经过小组评议修改后的便条有了很大的进步：写作目的明确、结构合理、格式规范、内容较充实、表达较得体。这一修改稿采取了"体验英语写作"训练系统倡导的"三级评议模式"(杨永林,2008)，除字里行间的"局部修改"(local/surface corrections)外，还有"文中批注"(inter-text notes)以及"文末总体评价与建议"(post-text comments & suggestions)，这是整个小组共同讨论、共同体验的结晶，也是小组成员共同进步的见证。借助网络平台，将小组的评议成果上传至课程网站后，更多的学习者可以体验、分享这一进步，进而提高自身的写作能力。

(3)学习内容的创新

在学习内容上，改变了传统的"词→句→段落→四大文体写作→应用文写作"的框架，而是一开始就从应用文语篇入手。根据系统功能语言学，语言是一种用来表达意义潜势的意义源泉，具有三个纯理功能：概念功能、人际功能和语篇功能(Halliday,1994;Thompson,1996)。任何一个语篇都是为了实现特定的交际目的，特定的交际目的决定了特定的语类，特定的语类会出现特定的语义成分、语篇结构及语言特征。在实际交际中，语言的基本单位是语篇而非词、句，因而从语篇出发、在语篇语境中探讨词、句、段的得体性更能提高学习者的语篇生成能力（王金等，2010）。而大多数的应用文语义成分清晰，易于掌握，且实用性强。教学实践证明，从写作目的明确、语义结构简单、表达方式和语法现象较容易掌握的应用文入手，学生容易获得成就感，从而激发自主学习的积极性。

从应用文语篇出发，遵循"循序渐进、从易到难"的原则，结合《高等学校英语专业英语教学大纲》（以下简称《大纲》）的要求及学生的实际需求，重点学习20种常用语类的写作，依次为：卡片、通知、便条、私人信件、公函、求职信、个人简历、求助信、推荐信、摘要、记叙文、地点描写文、人物描写文、例证式说明文、因果分析式说明文、过程分析式说明文、对比或对照式说明文、分类式说明文、议论文及读书报告。学生在学习每个语类的过程中，不仅提高了语类意识，能明确每一语类的必备成分与可选成分（Halliday & Hasan,1985），而且自主写作意识也大为提高。

3. 研究结果与评价

基于网络平台的体验英语写作模式经过五年多的实践，学生受益匪浅。

第一，学生的语类、语篇分析评价能力与写作水平有了明显提高，达到了《大纲》对我国高校英语写作的要求："能写各类体裁的文章，做到内容充实，语言通顺，用词恰当，表达得体"（《大纲》，2000:10）。从2007、2008、2009、2010年的英语专业四级考试中发现，作为普通本科院校的学生，我们的写作项平均得分高于全国平均分，而新模式实践之前，写作项的平均分是低于全国平均分的。

第二，学生的自主学习能力和合作学习能力大为提高。体验式学习模式特别强调写作过程及学生的合作学习活动，学生经过环环相扣的过程体验，从痛苦的被动写作转变为快乐的体验式写作，写作兴趣变浓了，自信心增强了，自主学习意识提高了，而且小组合作评议极大地增强了团队合作意识。

第三，学生的计算机及网络应用能力大为增强。基于计算机网络平台的学习模式培养了学生利用网络资源进行个性化学习的习惯，这是网络时代的要求，也是贯彻教育部精神的需要，更是实现终身学习的必备技能。

然而，在实践过程中，我们也发现这一新模式还有需要不断完善的地方。

(1) 目前因技术原因，还未能真正实现优质资源的开放性和共享性，受益面比较窄。鉴于此，我们将优化网络平台，整合区域性写作教学资源，逐步实现资源的网络化、数字化、优质化，从而扩大受益面。

(2) 课程网站的建设还需不断改进。一方面要不断更新、充实学生习作语料库，另一方面要加强动态性内容，特别是"线上交流"平台还比较单一，以学生的帖子居多，如何真正体现师生互动，这也是我们要不断完善的地方。

(3) 教师的作文评阅工作量大，三级评议模式也加大了评阅难度和要求。鉴于此，我们将继续探索多元化的作文评改方式，并借助"多元评分系统软件"和"评语生成软件"，减轻教师的工作强度并提高作文的评改质量。

4. 结语

综上所述,基于网络平台的体验英语写作模式通过对学习手段、学习方法和学习内容的创新,实现了学习环境网络化、学习资源数字化、学习模式过程化以及学习内容语类化,提高了学习者的英语书面表达能力、自主学习能力和合作学习能力,这对改进我国的英语写作教学有一定的参考意义。

(二)基于体验教学理论的英语应用文写作教学改革[①]

传统的大学课堂教学模式严重地制约着学生的写作体验。在这种情形下,我国英语专业写作的教学效果难以满足《高等学校英语专业英语教学大纲》(以下简称《大纲》)提出的要求,甚至相差甚远。从近三年全国英语专业四级和八级考试来看,写作部分得分确实不能令人满意。全国英语专业四级考试写作平均成绩2007年、2008年和2009年分别为16.91、15.86和16.62(专四写作部分满分为25分);而全国英语专业八级考试写作成绩在经历"三连降"(即2004年12.01、2005年11.61、2006年11.01、2007年10.25)后,于2008年和2009年有所上升,分别为12.43和13.70(专八写作部分满分为20分)。至于考入外语专业的研究生,很多人都存在着这样或那样的问题,甚至不能独立撰写一篇像样的英语短文,并且这一情况近年来有加重的趋势(马秋武,2005)。这说明我国英语写作教学还存在诸多问题,写作教学还需要进一步探索和研究。虽然导致写作教学效果不佳的原因很多,但我们认为更新教师的教学理念,用一定的理论做指导,扩大学生的参与度,让学生亲身体验写作的乐趣至关重要。事实上,写作是一门实践性很强的课程,写作能力的提高离不开写作的亲身体验(Numan,2004)。诚然,写作能力非自然习得(naturally acquired),而是学校或其他环境中的文化传承(culturally transmitted),写作是必须通过实践学会的技能。母语写作是这样,外语写作尤其如此(刘金明,2007)。为此,我们专门成立了写作实验团队,并在清华大学方琰教授和杨永林教授的指导下从事了体验式语类大学英语写作教学实验研究。

1. 教改的理论基础、目的及意义

(1)理论基础

体验式英语教学理论是在20世纪70年代交际性教学理论和任务型教学理论的影响下所形成的一个强调学习者的参与性和实践性的新的教学理念。其理论基础相当雄厚,涉及多种理论,包括John Dewey的"learning by doing"、建构主义理论和文化社会学等。体验式英语教学的理论基础是建构主义(孔庆炎等,2003),建构主义认为学习是一个积极主动的建构过程,强调以学生为中心,学生为认知的主体,教师只对学生的意义建构起帮助和促进作用。建构主义的教学方法多种多样,其共性则是在教学环节中都包含有情境创设和协作学习,并在此基

---

① 参见罗毅、蔡慧萍、王金,《体验式教学理论在英语应用文体写作教学中的应用》,《外语教学理论与实践》,2011年第1期。

础上由学习者自身最终实现对所学知识的意义建构。体验式教学理论始于直觉，终于感悟；强调过程，注重实践。因此，对经验的体验，特别是对直接经验的体验是整个体验学习模式的核心(余谓深，2005)。

"体验英语"作为一项强调语言学习者的参与性、实践性的新理念，近年在国内已经开始引起高度重视，一些专家、学者对此理论进行了探索、研究和实验。杨永林教授《体验英语写作》教材的出版以及"体验英语写作"立体化训练系统的创立，标志着这一理论与实践在我国的研究已经进入到一个新阶段。2007年高等教育出版社申请国家社会科学基金项目"体验式英语教学理论与实践"的成功，以及两批相关子课题的立项招标的完成，有力地促进了相关教育科研在全国迅速展开，教学的有效性也正在逐步得到验证。我校作为第一批子课题的中标单位已进行了三年的教学实验，并取得了明显的成效。

(2) 目的

第一，提高英语写作教学效率。本课题基于《体验英语写作》网络版的写作语料库，该语料库共有3 000篇"原汁原味"的中国学生习作语料素材，涉及18种常用语类，每一篇文章都有清华大学外语系教授的文字批改、修改建议以及评语反馈，解决了教师苦于寻找合适的范文、苦于如何评阅学生的习作以及如何撰写写作评语的问题，又为学习者进行"自主学习"和"镜像学习"(mirror-image learning)提供了有力的保障，因而能够降低教学成本，解决我国英语教师，尤其是英语写作教师短缺的问题。

第二，利用多媒体教学手段充分发挥学生的主体性。Hyland and Hyland(2006)证实，计算机媒体反馈技术的发展可以赋权于学生，并使写作课程更具合作性。计算机媒体交际(CMC)使学生在寻求反馈时发挥更积极和更自主的作用，因为他们想提问时就可以提问，并在讨论中发挥主体性。学生协商能使讨论更加体现"以学生为中心"，形成共同体意识，鼓励团体认知意识并提高学生的参与性，学生互动的机会则更多。

第三，促进外语教学改革，培养学生思维的习惯和学习兴趣。传统的写作教学模式注意写作技能和写作知识的传授，认为成功学习者的写作行为是在老师教授下的一种"一蹴而就"的能力表现，而体验式教学实验注重学生学习的全过程参与、合作，在讨论和磋商的基础上培养良好的思维习惯，提高学习兴趣。

第四，进一步落实教育部2007年1、2号文件精神。把信息技术作为提高教学质量的重要手段，积极推进网络教育资源开发和共享平台建设，建设面向全国高校的精品课程和立体化教材的数字化资源中心，建成具有示范作用和服务功能的数字化学习中心，完善终身学习的支持服务体系；从管理机制的角度，加大教学投入，强化教学管理，深化教学改革，提高教学质量。

(3) 意义

第一，共享写作语料库资源。学生利用现代信息技术同步训练写作技能、交流写作成果,体验写作过程,丰富学生思想,扩大学生视野,这有利于提高英语写作教学的科技含量和信息化程度,减轻教师工作负担。

第二,有利于树立读者意识。写作作为一种语言交际活动不是简单的单向"给予",而应该是动态的双向互动,是心灵的交融与沟通。语言交际活动不能简单地看做是传递信息,更不能看做是单方面地对语篇接受者施加影响,而是一种相互影响,一种思想和兴趣的双向交流,同时还是交际双方主观态度的形成与展现的过程。在写作过程中作者要设身处地考虑读者的社会心理状况,揣测他们可能会做出的恰当的反应,这是一种作者与读者的互动过程(邓志勇,2002)。因此,在教授写作时要求学生树立读者意识,写出来的语篇既要符合读者原语言的语篇模式、体裁样式和修辞规约,又要考虑读者的背景和交际策略,以便与读者形成共同的话语社团。Moffett曾直截了当的指出:"任何教写作的人其首要的任务是培养读者意识,不然难有什么成效"(刘金明,2007)。Hyland(2005)更明确地指出,作者应换位思考,从读者的视角审视自己的写作,即选词要适切他人,表达思想的方式要使读者明白无误。

第三,有利于培养学生的团队精神和合作意识。该实验注重学生小组合作学习活动的开展,利用 pair work、group work 等形式落实写作过程中各个环节的生生互动,充分体现学生学习的主动性和合作意识,从而激发他们的创新能力。

第四,有利于写作语料库的建设。在教学实验的基础上对学生的英语应用文体写作语料进行选择、修改和评价,并按照文章类型进行分类和归档,针对地方高校学生的差异性逐步建立和完善校本英语写作语料库,以满足学生自主学习和自我评价之需要。

2. 实施对象、内容与条件

在教学实施过程中,我们首先根据学生的需要和《大纲》要求选定教材,确定教学实验对象、教学内容以及语料库建设。

(1)教材的选定

实验之前我们认真地研读、分析了国内11年来出版的21种英语写作教材,发现绝大多数教材都是属于 bottom-up 结构(蔡慧萍,2005),这些教材难以满足《大纲》要求和社会需求。正如 Grant(1987)认为的那样,教科书不是为某一个具体的班级而编写的——因为每一个班级都存在差异性。教科书需要以某种方式来适应特定情境中特定班级的特殊需要。这正是教师作用关键之所在。为此,我们自编了由十大应用文体写作和四大常用文体写作组成的教材,同时,以杨永林教授主编的《体验英语写作》网络版为教学平台。

(2)实验对象

我们基于第一轮(2005年9月—2006年7月)探索性实验,于2006—2007学年,在我院六个班级进行了体验英语写作第二轮实验,其中英语专业二本学生一个班(35人)、三本学生四个班(150人)和小学教育专业一个班(33人)。2007—2008学年我们在我校大学二年级英语专业6个教学班的200名学生(其中二本2个班级,三本4个班)中,实施了第三轮实验,2008—2009学年以来,我们在我校英语专业二年级所有班级(4个二本班级,4个三本班级)中展开了实验,现在正在进行第五轮实验,并产生了阶段性教学效果。

(3)教学内容

在英语应用文写作阶段,我们根据学生的需求和《大纲》要求,共学习了10种语类:即卡片写作、通知、便条(包括10种不同情景下的便条:如请假条、邀请便条、感谢便条、取消约会便条、接受别人邀请的便条、向别人表示感谢、问候和表示哀悼的便条等)、求职信、个人简历、求助他人写推荐信、推荐信、私人信件、公函、提要写作等。

(4)语料库建设

英语写作语料库是指在随机抽样的基础上收集的不同体裁的有代表性的作文的集合,是学生写作的样本和教师评价的参照。它是我们实施教学实验的重要工具和资源,适宜的语料库是成功完成教学实验的必备条件,为此,我们对语料库的建设非常重视。目前国内的写作语料库建设还处在起步阶段,成功的语料库还不多见,而且,由于学生英语水平的差异性,已建立的语料库还存在着调整、补充和完善的必要性。为此,我们决定构建自己的语料库。在硬件方面,我们装备了两个60座的计算机网络室,该系统基于英语写作语料库的网络平台,每个学生拥有一台计算机,供写作、修改、储存、演示和交流之用。在软件方面,我们引进清华大学杨永林教授主编的《体验英语写作》网络版语料库。该语料库教学资源丰富,包含了3 000篇"原汁原味"的清华学子习作素材,涉及18种常用语类,但考虑到学生的差异性,我们决定利用杨永林教授的立体化训练平台的开放性特点,将我校500余篇涉及10种语类的应用文体学生习作融入其中。这些习作经过三级修改,即学生自己修改、同伴修改和教师批改并下评语后由任课教师随机抽样获得,并按不同语类进行归档入库。同时,将这些习作存放在班级公共邮箱中,以便学生随时学习和模仿。我们自己建立的写作语料库分范文(去掉了修改痕迹)和三级评议习作(保留修改痕迹)两种。范文主要来自修改后的学生优秀习作,也包括从其他渠道收集的材料。范文主要作为教师课堂评析之用,而三级评议习作则由学生课后自己研习。

我们根据学生的实际情况建立自己的语料库,学生和教师在课堂交往的基础上主动参与本课程资源的开发,为我校乃至同等层次高校的英语写作教学提供了切合学生水平的学习资源。

3. 实施过程与方法

哈佛教授David Kolb对体验学习有独到研究,提出了"具体经历、反思观察、抽象概念和主动实践"四阶段学习模式。该模式的具体任务是:具体经历阶段——学习者体验新的情境;反思观察阶段——学习者对已经历的体验加以思考;抽象概括阶段——学习者理解所观察的内容并转换为合乎逻辑的概念;主动实践阶段——学习者验证形成的概念并运用到解决问题之中(转引自郭佳等,2007)。据此,我们设计了学前写作→课堂讨论→范文评析→自我修改→小组交流→课外练习与自我评析→教师评阅(包括当面评改)的教学模式。该模式重视写作过程,注重学生的体验,在学生积极参与的前提下,培养学生的思维能力。通过学前写作,让学生了解自己的写作困难与写作水平,让学生明白哪些是应加强与提高的。通过课堂讨论,让学生明白写作任务的目的,该语篇将在社会交际中起到什么作用,交际双方的亲疏度如何,该语篇应该包括哪些必要信息,内容的展开应以怎样的顺序,语言使用上应体现什么特点,等等。通过对语料库中的范文进行评析,让学生有更进一步的感性认识,让学生进一步理解不同语类的应用文语义结构。通过自我修改,不断提高作文的质量。通过小组交流、同伴互相评阅,学生能取长补短(蔡慧萍,方琰,2007)。我们让学生独立写作,然后在小组内相互阅读,并让他们从写作内容、语言结构、语言使用和得体性等《大纲》规定的几个方面进行评阅。学生评阅主要是对写作目的是否明确、写作内容是否充实、语类结构是否得当、组织布局是否合理、语篇特征(主题句)是否突出、段落展开模式是否得当、语言使用是否正确等问题进行回答。课外练习与自我评析能够强化所学知识,提高学生辨别、分析和思维的能力。教师评阅具有不可替代的作用,它从宏观层次与微观层次对学生习作质量做出价值判断。

  教学过程中,我们坚持采用小组合作教学。社会建构主义观点关注每篇文章所属的社会环境,认为学生参与写作社团以理解作者/读者关系,并学会认识到自己的观点与其他人不同,这一点很重要(桑切克,2007)。同伴合作和小组讨论大量增加了每个学生在课堂内使用英语的机会;学生在教师的指导下独立完成任务,增强了学习的独立性,有助于养成以学生为主的学习习惯,能增加相互合作的机会(蔡慧萍,陆国飞,2005)。在小组合作过程中,写文章的学生所体验到的询问、解释以及详述等过程对于写作非常重要。当学生合作或共同写一篇文章时,他们经常将各种各样的经历展现出来。此类丰富的、共享式合作可以让学生就写作内容和写作方法获得新的认识。相反,仅仅为了达到教师的期望而进行写作,学生的作文往往显得拘泥,缺乏创造性,以致相互雷同。在同伴写作小组中,由于教师的期望不那么明显(桑切克,2007),就为学生创造了机会,让他们在了解他人见解和参与创造,共同认知的过程中评价并完善自身的理解。这种方式使得社会环境中的体验成为学生思维发展的重要机制(ibid:328)。从社会认知角度看,同伴检查可被视为一种给合作者提供讨论其原文并发现别人对该文解释的机会的形成性发展过程(Hyland & Hyland,2006)。虽然不同的学者对同伴改进写作的有效性认识不一,但更多研究则持肯定态度。例如,Paulus(1999)认为同伴反馈极大地影响学生的修改,使原文得到改进。Mendonca 和 Johnson(1994)发现学生在修改中采纳同伴的意见要容易得多。此外,情感因素在同伴成功的反馈过程中具有教师不可替代的重要作用。为此,我们遵循 Byrne(1987)提出的小组活动原则,注重分组、活动目的、活动时间、噪音控制、选择性的检查和提供反馈信息方面的合理性。

  2006 年起,我们开始在自主语言学习室上英语写作课。学生每节课都要亲身上机体验学前写作。在这一过程,我们就写作目的、作者与读者之间的关系、语式(mode)、必要成分和附加成分、语类结构和语言表达等问题让学生结合他们的"学前写作"进行讨论,感受文章的语义结构,体验语篇内部的固有的自然顺序,而且,还要考虑潜在的读者背景以及语篇的得体性(McCarthy & O'Dell,1994)。教学过程中,教师通过主机实时监控学生的写作过程,观察学生的学习困难,分析发生困难的原因,在必要时给以适当指导,并将学生的习作进行演示和转播,以便评价。而学生可将已完成或未完成的习作带走,以便课后继续修改或完成。

  我们在每次课程开始都会让学生先进行"classroom report"活动,报告该小组课后活动情况,并借助于计算机平台用 PPT 形式对所修改的学生习作进行评价。此活动主要包括三个方面:反思上节课所学内容;介绍组内成员复习、修改习作情况;汇报习作中存在的主要问题。我们认为,classroom report 活动可以使学生对写作过程进行有效反思,促进学生的知识内化,有利于形成符合目标语特征的写作图式。

  总之,通过体验式英语写作教学,学生感受到了写作的快乐,学会从内容的整体结构出发考虑对语言表达方式的选择,从而使得他们的写作不断向《大纲》所规定的四大要求(内容充实、语言通顺、用词恰当、表达得体)迈进。此外,我们教学团队成员坚持定期开会,交流上课情况,解决教学过程中存在的问题,同时对下节课的教学内容进行讨论,预设教学目标,预测可能出现的情况,等等。

4. 结语

  通过几轮教学实验,我们发现学生的自主学习能力得到了加强,合作学习意识得到了提高。学生从体验中学会了交往和主动建构知识,把握了所学语类的语义结构,构建了写作图式;学生的语类意识不断增强,应用文体写作技巧和能力得到较大幅度的提高。学生能够利用多媒体写作平台进行互动式英语写作并达到了预期效果。语料库资源得到进一步充实,实验中我们不是被动地接受原语料库的资源,而是根据学生的实际水平,及时补充相关语类的学生习作,供学生阅读。从参加全国英语专业四级和八级考试来看,结果令人满意。我校专四写作平均成绩 2006 年、2007 年、2008 年和 2009 年分别为 15.25、17.57、16.55 和 17.02,分别超过全国当年平均成绩,而实验前的 2005 年,我校专四写作平均成绩仅为 13.85,大幅低于当年全国平均成绩(15.47);首届实验班级学生 2007 年参加专八考试,成绩为 10.28,小幅超过全国 10.04 的平均成绩;2008 年和 2009 年我校专八考试成绩分别为 13.02 和 14.29,较大幅度地超过全国 12.43 和 13.70 的平均成绩;而

2004年、2005年和2006年我校专八考试写作成绩均低于当年全国平均成绩。另一方面,参加实验教师的理论水平和实践能力均得到提高,该项目的研究得到有关方面的认可,在获准浙江省社科联的课题立项和国家社会科学基金项目子课题的立项的基础上,又被列为学校重点教改项目和浙江省新世纪教改项目,英语写作课程也被列为浙江省精品课程,阶段性成果在全国两届"体验英语写作"高级学术研讨会(南昌大学和重庆科技学院)上宣读,并被教育部高等教育出版社授予"体验英语写作教学与研究示范基地"。但是,实验过程中也暴露一些问题,如学生微观层面的错误(语言错误等)较为普遍;课堂程序有些固化,不利于长时间保持学生兴趣;语类类别还不能满足社会实际需求,有待进一步丰富。此外,语料库所包含的习作数量还十分有限,有待于进一步补充和完善,我们正期待有更多的地方高校能够携手共建英语写作语料库,共享资源。

(三)基于过程—体裁教学法的体验英语写作评改方式研究①

为了完善英语写作教学改革,保证教学效果,我们对评价体系进行了研究和改革,并取得满意效果。

众所周知,传统的英语作文评改一直沿用:学生初稿→教师书面评改→(间或)课堂讲解。在这种模式中,学生的写作体验极为有限,教师在评改方式上普遍存在着评改不够完全、评语不够详细、评分不够客观、评改费时费力、评改方式单一等问题。由于学生作文评改费时费力,我国大多数高校教师不愿意承担英语写作课程的繁重教学任务,导致缺乏写作教学的长期规划和相关研究,极大影响了写作教学的优化发展。鉴于此,浙江海洋学院外国语学院的英语写作教学团队提出了基于过程—体裁教学法的体验英语写作,并逐步形成了独特的英语作文评改方式。我们将从理论视角入手探讨基于过程—体裁教学法的体验英语写作评改方式,通过描述该评改方式中师生角色的转换与定位、作文文本的评改内容、"三级评议模式"和"体验英语写作语料库"的运用,揭示该评改方式的现实意义及未来的构想与发展,旨在完善多元化英语作文评改方式,并推动基于过程—体裁教学法的体验英语写作教学的优化发展。

1. 国内外有关研究的文献综述

(1)国际视角

在国际上,与评改方式相关的研究主要涉及三个方面。第一,研究者对于作文评改或反馈的层面有不同的归类,例如 Ferris(1995:40) Villamil 和 DeGuerrero (1998:491)的"内容、结构、词汇、语法和技术性细节",Cresswell(2000:241)的"内容、结构、选词、语言点(包括语法)",Yagelski(2001)的"表面问题、文体、结构、内容",等等。虽然评改归类不同,但仍然涉及两大关注点:形式和内容。第二,国外

---

① 参见李红英、蔡慧萍、罗毅,《基于过程—体裁教学法的体验英语写作评改方式研究》,《教育学术月刊》,2011年第8期。

学者们对教师书面反馈在提高学习者写作水平中所起作用的研究主要集中在4个方面：①探索教师反馈的语言特征，旨在找出反馈的有效性和实效性；②对比各种类型的书面反馈方法，以期找出哪种类型的反馈效果更好，影响更持久；③分析学习者对教师书面反馈的态度；④比较教师的书面反馈与学习者反馈在提高学习者写作水平中所起的作用（郭翠红，秦晓琴，2006）。第三，涉及近年来国外自动作文评分系统的研究与开发。自动评分技术涵盖了统计、自然语言处理、信息提取以及文本聚类等技术。其中统计技术又包含简单关键词分析、浅层文本特征分析、潜在语义分析和文本分类技术。当然，自动评分系统既有优点（Streeter et. al.，2003）又有很多缺点（Page，2003）。

（2）国内视角

评改方式研究是英语写作教学中的一个不可或缺的部分。20年来（1990—2009），国内学者在11种外语类核心期刊①上共发表与高校英语作文评改方式相关联的文章36篇，主要涉及7个方面：①评阅与修改（8篇）；②评改与反馈（6篇）；③阅卷（3篇）；④评分与测试（8篇）；⑤国外二语作文反馈与评分技术（3篇）；⑥利用技术手段评价与评改（7篇）；⑦评改与学生（1篇）。我们发现，我国高校学生作文评改方式研究主要围绕4个重点展开：①评阅和修改以学生作文文本的改善和写作能力的提高为研究目的；②反馈应以学生为中心并探讨在多大程度上被主体接受；③网上阅卷的信度与效度研究以及优化评估评分与测试内容和方式研究；④在线计算机软件等技术手段对作文文本评改的优化作用。这与国际上相关研究一致。那么如何将上述每个层面上的研究合理融合起来建立多元化的评改方式来优化当前作文评改和推动写作教学的全面提高和发展？带着这个问题，我们从基于过程—体裁教学法的体验英语写作的教育观来探讨其多元化的作文评改方式。

2. 基于过程—体裁教学法的体验英语写作评改方式的理论视角

本评改方式主要基于以下几个方面的理论。

（1）认知语篇分析视角。语篇的非独立存在促使话语分析一直注重研究语境同话语理解诸多方面的相关性，而语境中的许多因素也正是参与者认知特征的一部分，如交际目标信仰，知识和观点等，如果不考虑这些因素，我们就无法理解人们的写作目的，以及写作如何适应接受者的知识和信仰（Van Dijk，2001），因此，对语篇进行认知分析不仅涉及话语结构，也涉及话语理解过程中的心智结构，尤其是话语中重要的交互活动和社会因素。基于过程—体裁教学法的体验英语写作以篇章写作为起点，加强常用应用文体的写作教学，对学生作文的评改是对书面

---

① 我国11种外语类期刊是《外语教学与研究》、《现代外语》、《外语与外语教学》、《外语界》、《外语研究》、《中国外语》、《外语电化教学》、《外语教学理论与实践》、《外语教学》、《外语学刊和解放军外语学院学报》，因《外国语》上没有一篇相关论文所以在此不做研究。

话语理解的过程，体现的是一种认知过程；学生参与评改活动是对语言思维的参与过程，该评改的过程是师生之间、学生之间交互的过程，是教师、学生与文本交互的过程，是师生心智成熟与发展的过程。

(2) 功能语言学视角。功能语法主要探讨的是语篇信息形式的整体结构(the global structure of the message)。功能语言学的核心思想是：语言是一种意义的源泉，是用来表达意义潜势的(meaning potential)。Hasan认为，语类结构潜势是某个语类中所有语篇产生的源泉，包括语义的必要成分、可选成分和重复成分。其结构成分是由"结构的必要成分来定义的"(Halliday & Hasan, 1985)，也就是说，属于同一语类的语篇结构都应是从这个语类结构潜势中进行选择的结果。Martin认为任何一个语篇都是为了实现某一交际目的而产生的，不同的交际目的决定了不同的语类，会出现不同的语义成分和语言特征(Martin, 2003)。该评改方式从功能视角入手，侧重语义的必要成分、可选成分和重复成分，突出语篇信息形式的整体结构。

(3) 建构主义理论视角。建构主义学习理论是认知学习理论的一个重要分支，其基本内容为：个体的认知发展与学习过程密切相关，知识需要在一定情境下借助他人的帮助(包括教师和学习伙伴)，利用必要的学习资料，通过意义的建构过程而获得(周霞，2009)。建构主义学习理论一方面强调学习者在学习过程中的主体作用，倡导以学生为中心的学习；另一方面也强调学习过程的真实性和社会性，真实性指的是学习者在学习过程中始终处在与他人密切联系的真实社会情景中，社会性指的是交互性的协作学习(李洪季，2008)。

3. 该评改方式的成功体验

我们在写作教学过程中带领浙江海洋学院英语专业二年级学生自2006年以来正式实施了基于过程体裁教学法的体验英语写作过程中的评改，利用计算机平台，建立了适合本院学生的一套"英语作文数字化评改体系"，在英语写作的全程教学中始终坚持：上交一文三稿，评改时均采用"三级评议模式"。①然后各小组利用"写作学习语料库"光盘将每位成员的作文导入语料库，对文本的词数、句子长度、词的重复率等进行统计分析，并构建校本语料库，最后是小组评改汇报和教师总结汇报，这种体验式英语写作的评改方式实现了以下几方面。

(1) 教师在评改中的角色转换。在该评改中教师主要任务是充分发挥学生的主体作用，给学生体验的机会。学生体验的机会多数是教师提供的，教师应打破传统的仅有教师评改文本的方式，建立多人多视角的对文本阅读与评改的手段，在评改体验中培养学生英语写作的兴趣、责任意识、合作意识、自我提升意识及对语言的敏感意识。该评改中的教师将自己从传统的单一性评改的主人和唯一的

---

① "三级评议模式"系清华大学杨永林教授研发的体验英语写作项目产品之一，其后的"英语写作语料库"、"写作评语生成软件"和"写作多元评分软件"也是其研发的产品。

读者中解脱出来,成为作文评改活动前的计划者、训练者,评改活动中的组织者、协调者、引导者、研究者、监控者、评估者、语言顾问、技术手段指导者、数字化文本管理者、学生习作评阅者、文本信息反馈者、写作过程总结者、写作行为分析者、学习资源调配者、学习信息整合者、学生评改的合作人这样的一种新型的、多元化的角色。

(2)学生在评改中的角色定位。在该评改中,学生作者不再是被动地接受反馈者,而是做了评改的主人。学生自己阅读可以发现其作文中的问题或遗漏,完善思想表达,做到自己的作文自己评改,自己的作文要同龄人、同伴、同等语言水平的人来评改,他们有相似的现代观和时代感悟,表达的思想能被相互理解,能够达到对语篇完整的认识。因此,在学生作者自评和同伴互评的过程中,体现了学生作者的学习具有个体行为的过程,也是自我能力提升的过程。在这个提升自我的过程中,学生从评改自我文本的过程中意识到或是及时纠正自己语篇中出现的各种类型的错误或不得体之处。此外也培养了学生的合作意识和能力,所以,评改使同伴之间的信息在相互合作过程中得以沟通,从而形成商讨式话语模式。与此同时,在该评改中,学生所承担的角色也更加趋于多元化如:痛苦写作评改的反思者、快乐写作评改的体验者、过程化写作评改的参与者、创新写作评改的实践者、数字化写作评改的学习者、小组评改的总结者。

(3)作文文本的评改。本写作评改既注重形式也注重内容并侧重语篇的内容及其顺序,我们认为对于一篇作文而言,内容和形式是同等重要的,两者不可或缺。只有形式,没有内容,文本便显得空洞缺少作文的灵魂,只有内容,没有形式,只是语言文字无序的堆砌,缺乏英语作文的核心要素,即语言能力。当然,内容和形式上绝对的平衡是理想化的,因此,我们在评改时依据不同对象具体分析。该评改打破了传统的只改语法句式的方式,而是在此基础上的对语篇内容、组织结构、逻辑性、衔接和连贯性、应用文的格式规范、语义成分的完整性进行评改与反馈。

(4)"三级评议模式"的运用、反馈及语料库建设。"三级评议模式"不仅注重文本语言层面的修改,而且指出如此修改的原因,更重要的是有语篇层面的评价和学法指导,为学生作者的改写、修改提供了有效的反馈信息和便捷的批阅手段;同时,该模式也体现了学生作者同伴和教师的全员和全程参与,充分体现了学生在评价过程中的主体性和互动性。鉴于此,我们认为基于过程体裁教学法的体验式英语写作文本评价应该采用"三级评议模式",因为它最能体现评价宗旨,实现评价目的。

所谓"三级评议模式"就是通过 Microsoft Office Word 所提供的修订、批注功能,评阅者分别从局部修改、文中批注以及文末评价与建议这三个层面,对学生的作文进行评改,也就是说,评改的第一级是字里行间的局部修改,涉及作文的遣词造句;第二级是文中批注,其功能在于:修改、质疑、确认,便于师生互动交流;第三级是文末评价与建议，其目的在于：形成个性化的总结反馈意见，便于学生继续改进。我们在写作教学过程中利用计算机平台建立了适合本院学生的一套"英语作文数字化评改体系"，即由 draft by the individual（学生作文原稿或自改稿）—revised by the group（小组修改稿）—revised by the teacher（教师评阅稿）三部分组成的一文三稿，评改时均采用"三级评议模式"。

反馈通常指为了改进、提高学生的学习而对其某一学习任务完成情况发回的信息（Ur,1996）。Ur 认为书面错误更正要注意两点：①改正本身很重要；②如果学生不看改过的作业，改正就变得毫无意义。因此，我们把班级以寝室为单位分成若干个四人小组，设定组长，负责落实组员课内以及课后习作的互评，并要求全组成员写出小组评议向班级做汇报；小组评议后，教师随机指定班上的五分之一的学生把经过几次修改后的习作电子稿由互联网发到教师邮箱，我们采用无纸化习作评议，对每一篇习作进行了三级评议，在文末评语里，除了指出学生在文本方面的问题，我们还给学生用英语提供了学习上或生活上的建议，将作业评改环节与师生交流相结合。教师评阅完之后，一方面，我们把学生习作发回到班级的公共邮箱，要求全体学生认真阅读，并对照自己的习作做进一步的修改，另一方面，我们采用个别学生面批的方式，取得了双赢的效果。此外我们还在网络课程网站上开设了师生互动平台，供师生在线交流（http://61.153.216.116/ec3.0/C115/Course/Index.htm），实现即时答疑解惑，及时有效地反馈信息。

同时，我们引进了清华大学杨永林教授创设的体验英语写作语料库。该语料库收录了 200 多篇学生英文习作，涉及多种语类近 19 万字，含学生的原文和经过教授批改过的修订稿，并保留了教授的建议和评语，便于我们的学生用来进行查询、浏览、比较和统计，为他们进行阅读和自我评估提供了宝贵资源。通过阅读同龄人的文章，极大地激发了学生体验英语写作的乐趣。依据该立体化训练平台开放性的特点，我们将经过三级修改，即学生自己修、同伴修改和教师批改的 500 余篇涉及近 20 种语类的学生习作融入其中，并按不同语类进行归档入库，为学生随时学习和模仿提供了更为丰富的语料（蔡慧萍，罗毅，李红英，2009）。

综上所述，我们的评改方式充分证明了：①三级评议模式的构建使教师和学生两方受益；②好文章是改出来的（杨永林，刘寅齐，王丽娟，2009）；③过程化评改模式的成功；④教师和学生作者角色的多元化转变；⑤网络技术有利于个性化语料库建立和评改信息及时有效地反馈。当然，"三级评议模式"在实际操作中也存在一些有待解决的问题，如同伴批改的有效性问题，批注部分如何能更好地体现语篇层次的连贯性问题，教师总评与建议如何更好地反映个性化和具体化的问题。

4. 未来的构想与发展

我们的评改方式改革历经六年，还在探索和完善之中，为提高技术含量，我们引进了清华大学开发的体验英语写作二期新产品的数字化软件平台。该系统软件集写作学习与研究、多元评分和评语生成等多种功能为一体,技术含量高,操作方便,为教师教学、学生自主学习和师生双向评价提供了便利,是实施数字化英语写作教学的宝贵学习资源。在未来的评改过程中,我们将继续收集学生的习作素材,借助计算机平台仔细评阅学生的习作,并按语类进行分类和储存,建立一个涉及20种常用语类,并经过教师详细评改的区域性学生习作资源素材库,并实现区域性资源整合的数字化。该语料库将收集1 000篇学生习作达到20万字,为学生自主学习、体验学习和成品评价提供范例支持,并将零散素材整合成优质的课程资源,实现共享。

基于过程—体裁教学法的体验写作评改方式在评改活动组织上实现了系统化、过程化、人性化、质效化,在文本内容上尽量完善化,在技术上借助技术精巧,使评改效率化,在评改中建立人机结合、师生结合、生生结合、文本结合的多元化;在评改信息反馈上实现了及时、客观与全面的信息反馈,同时,该评改方式提高了作文文本的正确率和准确率,实现了学生作者的评改主体化、自主化、合作化;体现了教师评改的主导地位。然而,机器代替不了人脑,我们必须建立多元的、动态的、立体的、人性化的评改方式,即人、机器、文本规则体现评改方式多元化,语类、三级评议、一文三稿、总结汇报、语料入库构建评改方式立体化,因教师、学生及不断完善的文本和评改手段形成动态的评改方式。

总之,基于过程—体裁教学法的体验写作评改借助于"精巧技术",进一步完善了评改方式并依据区域和不同个体差异不断地优化评改方案,减轻了英语写作教师的工作强度,提高了评改效率,并成为推动整个写作教学优化发展的有力手段。

五、注重文化意识培养,提高跨文化能力

文化意识是英语课程标准规定的目标内容之一,也是职前英语教师应该具备的素养。在英语学科知识教学中,我们不仅注重学生对有关文化因素的理解,而且也注意让学生了解中西方不同的文化渊源,增强他们对不同文化的认知,进而提高跨文化能力。更重要的是,要让英语师范生懂得如何以文化为导向进行中学英语教学,使学生在文化氛围中感受中英民族的思维差异以及由思维差异带来的语言变化,从而提高学生的文化认同感和跨文化交际能力。

我们基于文化视角探讨了中学英语写作教学改革,对英语师范生进行文化导向的英语教学具有一定的启发作用[①]。

---

① 参见罗毅,《文化视角下的高中英语写作教学》,《山东师范大学外国语学院学报》(基础英语教育),2003年第2期。

英语新课程将单一的语言目标转向多元的综合目标,尤其是将"文化意识"纳入目标范畴,体现了教育的社会学回归。将"文化意识"列为英语教学目标,表明语言离不开文化,脱离了文化,语言就失去了思想性、人文性、知识性和工具性。然而,在英语写作教学中,我们发现与写作密切联系的文化恰恰是缺席的。文化的缺失正是高中英语写作教学所面临的一大难题。文化有其特殊性、个别性与地域性,无论是教育目的、教育内容还是教育观念,均离不开文化对其的影响(姜勇,2007)。但时至今日,英语写作教学的文化意识仍然薄弱。本文将对文化与写作的关系进行探讨,以探究提高高中英语写作的有效途径。

(一)文化与写作

文化与写作的关系密不可分,但长期被人们所忽视。陶嘉炜认为,活跃在作者心灵层面的写作文化可称之为"主体写作文化",凝结在文章中的写作文化则称之为"文本写作文化"。前者是作者感悟社会文化心理和写作文化心态,创造、更新出与以往有所不同的写作文化。它是文章形成的根据,对于写作能力的培养和获得最具意义(陶嘉炜,1998)。

文化是通过思维作用于写作的。那么,中西方人的思维差异如何呢?最早对此进行研究的当属美国著名语言学家 Robert B. Kaplan,他于 1966 年收集到近 600 份非英语民族学生所写的英语作文,其中包括 110 份中国学生的作文,通过研究分析,发现不同母语背景的学习者的英语作文有着不同的语篇结构。他认为母语为英语的作文语篇结构呈直线型(straight),即先有主题(论点),然后提供论证,最后为结论;有着东方语言背景的英语作文的语篇结构呈螺旋形(circular),即作者不直接提出证明自己主题的论证来,而是在主题外围"打转转"。因此,Kaplan 将汉民族学生的英语作文不尽如人意的原因归为思维模式的负迁移(潘建,1999)。后来,一些学者相继对英语民族和汉民族思维模式进行了对比研究,其观点与 Kaplan 基本一致(Bandar,1978;邢福义,1990;陶嘉炜,1998;彭宣维,2000)。不同的语言文化影响着人们的思维模式,而不同的思维模式影响着语篇的信息内容和组织方式,这似乎是不争的事实(姚兰,程骊妮,2005)。可见,思维对人类的语言形式和修辞具有重要影响。思维与语言密切相关,语言受思维的支配,如果没有思维,语言就不会具备多功能性和丰富性。

然而,不同的语言文化如何影响人们的思维模式呢?不同的思维模式又是如何影响语篇内容及其结构呢?有学者认为,基督教文化熏陶下的西方民族重阳刚,性格直爽,说话当面直述,不转弯抹角。而中国民族性格,由于受儒、道、佛教的影响,偏于阴柔,重含蓄。这种文化差异反映在语言风格上就是:英语表达时先说重要、强调的,然后再解释说明或补上附加条件,所以往往是先提要求后解释,先说结果后述原因或先下结论后解释。与此相反,极讲究名正言顺的中国人写作时一般是先说原因后述结果,先作说明再下结论。同时为表达自己通情达理,有理有节,往往是先解释前提背景,后提要求,采取回旋式的方法(赵秀凤,1999)。可见,植根于西方文化的思维模式是直线解析式的抽象思维方式;由中国文化孕育出的思维模式是迂回环绕式的形象综合思维方式。

此外,我国著名学者邢福义(1990)认为,汉族习惯于环型思维,先纵览全貌,得到一个结论,然后再反复证明这一结论,因此便有螺旋形表述。这种思维和表达方式也许在八股文中表现更为明显。旅美学者祁寿华(2001)认为,"八股文"作为文章的组织原则以四部式(four-part model)在当今颇为流行,即所谓的"起、承、转、合"。这里"起"意指为读者准备话题,"承"就是介绍并扩展话题,"转"意为转向一个似乎与话题无关的方向,"合"即为归纳文章。对许多讲英语的本族人来说,这样的组织似乎过于累赘,给其一种抓不住问题中心和不能有效表达之印象。相反,学者们认为,讲英语的本族人所使用的结构要直接得多,"倒金字塔"的结构原则正是他们的思维和表达方式的极端表现(陶嘉炜,1998)。

(二)文化对英语写作教学的启示

在明白中西方文化与思维、思维与语言表达的关系之后,我们来探讨文化与英语写作教学的关系。对学生文化意识的培养仅仅停留在对异国文化的感知层面上是不够的,应从思维模式、图式、语篇结构的层次来理解。中学生正处于由经验型抽象思维向辩证思维迅速发展的时期,如果在这一时期能够从写作文化的视角来理解英语语篇,尽可能地减少母语辞章结构的影响,帮助学生建立符合英语民族思维方式的写作图式,使他们的习作符合英语族人的交际规范,这无疑能够对他们今后的英语学习奠定良好的基础。

普通高中英语课程标准对文化意识目标进行了具体描述,这些目标要求由浅入深,由表入里,即由"了解英语国家具体的文化因素"到"初步了解他们的(历史)文化渊源"(教育部,2003)。这就要求我们在英语教学中,结合具体语境对学生进行文化教育,而不是仅进行纯语言教学。高中英语课程标准对写作评价标准规定:对学生的作文主要从内容要点、语言使用效果、结构和连贯性、格式和语域以及与目标读者的交流五个方面进行评价(Ibid)。那么我们怎样在培养学生的文化意识的同时来达到他们的写作技能目标呢?或者在写作训练的过程中怎样培养学生的文化意识?下面我们从东西方思维方式入手,探讨思维方式在语篇中的反映,并在培养他们文化意识的过程中有效地利用思维方式这个桥梁,有意识地对学生加以引导,使他们时刻注意英汉语篇特点,养成用英语思维的习惯,从而写出符合英语思维模式的文章。

1. 转换思维方式

中西方民族的不同思维方式不仅反映在英汉语篇层次上的结构差异,而且也导致了句型结构方面的差异,汉语句子大量采用兼动式或连动式结构,而英语却不然。另外,英美人重理性,强调逻辑思维,过渡性词语成为不可或缺的语言纽带。因此,在英语写作时,如果局限于汉语思维,句式单调乏味,缺乏连贯性,就会与地道英语格格不入。例如,

The teacher held a book in her hand, she walked into the classroom quietly, nobody noticed her.

这是一个典型的"串句"(run-on sentence),用逗号将从句隔开,看似融合,实际上不仅标点符号使用有误,而且带有浓厚的汉语思维痕迹。如果换用英语思维,就应将原汉语简单句转化为英语复合句,如:

Book in hand, so quietly did the teacher walk into the classroom that nobody noticed her.

这样,句子结构环环相扣,紧凑有力,自然流畅。

因此,中国学生了解了这种思维模式的差异,就能按西方人的思维模式和篇章结构来组织观点、思想,写作时才能关照"目标读者"的心理图式。

2. 增强语篇意识

语篇强调文章结构的完整性与语义的连贯性,而语义的连贯性主要是由语篇的逻辑结构来体现的。我们在英语写作教学中,可以结合英汉语篇的不同特点,分析探究这些差异的文化渊源,注重培养学生的语篇意识。

(1) 重视英汉语篇连接成分的差异性

英汉语篇在连接成分的使用上有明显的不同,即汉语通常省略连接成分,而英语必须有连接成分,例如:

我困了,没做作业。

I did not my homework because I was sleepy.

I was sleepy, so I did not do my homework.

I was sleepy; therefore, I did not my homework.

这是因为中国文化重"悟性",西方文化重"逻辑",即"汉语重意合(paratactic),英语重形合(hypotactic)"的典型体现(毛荣贵,2001)。如果汉语加上了"因为"、"所以"这样的连接成分反而显得累赘,而英语少了"because"、"so"、"therefore"之类的词语就缺乏逻辑纽带。又如:下面是2008年英语高考作文(全国卷)的范文[①]:

June 8, 2008

Dear Peter,

I'm glad to receive your letter asking for my advice on how to learn Chinese

---

① 该套高考范文均来自网上资源,http://learning.sohu.com/s2008/gkst2008/shtml [DB],2008-06-09/2008-07-09。

well.

Here are a few suggestions. <u>First</u>, it is important to take a Chinese course as you'll be able to learn from the teacher and practice with your fellow students. <u>Then</u>, it also helps to watch TV and read books, newspapers and magazines in Chinese whenever possible.

<u>Besides</u>, it should be a good idea to learn songs, because by doing so you'll learn and remember Chinese words more easily. You can <u>also</u> make more Chinese friends. They will tell you a lot about China and help you learn Chinese.

Try and write me in Chinese next time.

Best wishes,

Li Hua

这只是一封回信,在提到对方来信之后作者给出主题句(黑体部分),然后用四个连接成分(画线部分)将支撑句贯穿起来,使语篇连贯,主题突出。

(2)注重语篇结构的差异性

英语民族和汉民族的思维方式的不同导致了两种语篇结构上的差异性。一方面,英语语段的修辞模式是线形结构,即往往用一句话(主题句)来概括整个段落的思想,而后围绕主题句展开,分点说明或阐述(支撑句),最后总结出一个符合逻辑推理的结论句;汉语段落的发展倾向于螺旋式,以反复又发展的环行对一种意思加以展开。这种跳跃式的思维致使中文的段落、语篇显得很松散,句间、段间逻辑联系不很明显,且往往没有主题句和结论句。段落的思想需要读者领会、归纳和概括。另一方面,英语语篇往往在引言段给出文章的篇题句(thesis statement),而汉语则喜欢将其置于文章的结尾段。主题句和篇题句这一英语语篇特征我们必须重视。如2008年江苏省高考英语作文范文[①]:

Good afternoon, everyone!

The topic of my speech today is "Being a Good Listener".

<u>Good listening can always show respect, promote understanding, and improve interpersonal relationship.</u>

Many people suggest that parents should listen more to their children, so they will understand them better, and find it easy to narrow the generation gap; teachers should listen more to their students, then they can meet their needs better, and place themselves in a good relationship with their students; students should listen more to their classmates, thus they will help and learn from each other, and a friendship is likely to be formed.

What I want to stress is that each of us should listen more to others. Show

---

① 该套高考范文来源同第91页脚注。

your respect and never stop others till they finish their talk; show you are interested by a supportive silence or a knowing smile; be open-minded to different opinions even though you don't like them. In a word, good listening can really enable us to get closer to each other.

Thank you for your listening!

这是一篇以"Being a Good Listener"为题的演讲稿。介绍 topic 之后,作者在引言段给出文章的篇题句(画线部分);在过渡段阐述人们的一些观点之后,在主体段提出主题句(斜体部分),即怎样倾听,强调作者的观点,并用了三个祈使句以发挥演讲稿的劝说功能,接着,用一个结论句来加以强调。范文的篇题句、主题句和结论句遥相呼应,构成一个逻辑连续体,有效地实现了演讲稿的目的——劝说与说服。

(3)注重英语衔接模式

英语衔接模式就是连贯语篇中主位(Theme)和述位(Rheme)进行分割后,前后句子的主位和述位存在着某些对应衔接。这些对应衔接构成了语篇的宏观(微观)结构,或称语篇基本模式。主位和述位与传统语法中的主语和述语不是同一概念。主语和述语属于句内成分的范畴,局限在句法层次上;而主位和述位虽然存在于各种类型的句子之中,但它们却是语篇层次上的并体现信息功能。因此,胡壮麟(1994)指出:"主位-述位的反复衔接是实现语篇衔接和连贯的重要手段之一"。关于英语衔接模式与中学写作教学,笔者曾专文论述,这里不再赘述(罗毅,2003)。

3. 形成谋篇图式

如果说转变思维方式是进行英语思维的前提,那么形成谋篇图式就是用英语思维的结果,而谋篇图式能够从根本上解决英语语篇模式问题。

图式理论最早是由英国著名心理学家 F. C. Barlett 于 1932 年在其著作 *Remembering* 提出,其基本主张是,新的经验与记忆里所储存的相似经验的框架结构作比较而得到理解,他并给"图式"定义为"先前获得的背景知识的结构"(Cook,1999:9)。后来,J. Anderson 等人进一步发展和充实了这一理论,并认为图式是信息在长期记忆中的储存方式之一,是围绕一个共同题目或主题组成的大型信息结构。他们的理论不仅用于语言理解之中,而且还用于写作(Brown and Yule,1983)。Brown 等人认为图式可以视为我们理解话语的过程中引导我们期待或预料事态的有组织的背景知识,不同的文化背景在描述所目击的事件时会产生不同的图式(Ibid)。形成谋篇图式,必须重视不同语篇的语义结构/成分(semantic structure/elements),因为不同的语篇隐含着不同的语义结构,而同一类语篇的英汉语义结构也并不完全相同。例如下面的请假条:

> June 15
>
> Dear Mr. Zhao,
>
>   I would like to request a 2 days' leave of absence from June 17 to June 18. I have just been informed that my grandmother is very ill and I would like to go home to see her. Thank you for your consideration of my request.
>
>   Sincerely,
>
>   Li Ping

显然,其语义结为:Date ^ addressee or salutation^ the purpose ^ the specific demand ^ the cause ^ asking for consideration^ closing form^ signature,而汉语请假条的语义结构是 heading^the cause^the purpose^asking for consideration^closing form^date(^表示顺序,即 followed by)。可见,同属于"请假条"语类的英汉两种语篇,其语义结构是不同的。即在英语请假条中"目的"(请假)在前,"原因"(爷爷生病)在后,而汉语请假条则相反,此外,日期的位置也相反。实际上,这种语义结构就是文化信息单位,应该成为学生模仿、记忆和练习的重点。因此,让学生明了不同语类的英语语篇语义结构,并遵循其内容和顺序,对构建英语写作图式具有重要作用。

总之,文化、思维、语言和写作是具有独立意义的互为联系体,而思维方式是沟通文化与语言的桥梁,要培养高中生的文化意识和英语写作能力,必须从训练学生的思维入手。思维是可以训练的,且具有阶段性(胡春洞等,1996)。文化既是教学的目标,也是教学的手段。在英语写作教学过程中我们应该注重文化、思维、语言和写作的有机结合,增强学生的跨文化意识,同时,通过文化意识的培养,帮助学生明晰不同语类的语义结构,并在体验写作的基础上构建符合英民族思维方式的写作图式。

六、注重通用英语向专门用途英语的过渡[①]

英语师范生的学科知识基本局限在基础性英语或通用英语范围内,缺乏专门用途英语或称专业英语(English for Special Purposes,简称 ESP)训练,尤其是教育领域的专门英语,对他们今后阅读教育类英文文献、发表英语教学论文会产生一定的阻碍,不利于他们的终身专业发展。为此,我们专门探讨过如何进行大学英语与专业英语教学的衔接,以此提高职前英语教师的 ESP 水平,为其终身专业发展奠定良好的专用英语基础。

[①] 参见罗毅,《论大学英语与专业英语教学的衔接》,《外语界》,2008 年第 1 期。

(一)问题的提出

专业英语或广义上称专门用途英语自20世纪60年代兴起以来,在欧美国家得到长足的发展,涌现出一批具有代表性的人物和论著,如 Tom Hutchinson 与 Alan Waters 于1987年合著的 *English for Specific Purposes*,以及 T. Dudley-Evans 和 M. St John 于1998年合著的 *Developments in English for Specific Purposes*。随着 *The ESP Journal*,*English for Specific Purposes* 和 *English for Specific Purposes Newsletters* 等专门的 ESP 期刊的创立,ESP 研究体系进一步完善。

专业英语的教学与研究在我国起步较晚,近年逐步引起学界的关注。我们试图从大学英语和专业英语衔接教学的视角切入,对专业英语教学现状进行分析,对专业英语的定义、理论依据和课程定位进行讨论,并从机构、师资、教材、教法学法和评价等方面来探讨专业英语衔接教学中的有效策略,以引起学界更多的关注和讨论。

(二)我国专业英语的教学现状

目前我国 ESP 教学的状况令人担忧,ESP 教学改革迫在眉睫。李新等(2004)在北京地区八所大学的调查报告表明:学生和学校对 ESP 不够重视,学生积极性不高,学校开课不足;18.2%的学生对 ESP 教学表示不满意和十分不满意;教材混乱,其适度性和趣味性较低;师资水平达不到 ESP 教学的要求,32.2%被调查的学生反映教师授课的语言以汉语为主或完全汉语;教法陈旧,46%的学生反映老师在课堂上采用的是单调的纯翻译或阅读与翻译相结合的教法,很多学生修完课程后学到的是"哑巴"专业英语;教学手段相对落后,58.4%的教师不采用任何多媒体教学手段;ESP 教学的组织管理松散,很多学生反映学校根本不重视 ESP 教学。如果说李新等人的调查仅限于教育发达的北京地区的重点院校,那么廖莉芳、秦傲松(2000)的调查则更具代表性。廖、秦在武汉地区五所高校的"专业英语教学现状调查报告"表明:接受调查的学生有57%对 ESP 教学表示不满意和十分不满意,超过前者38.8个百分点;52%被调查的学生反映教师授课的语言以汉语为主或完全汉语,超过前者19.8个百分点;60%的课堂使用单调的纯阅读或阅读与翻译结合的教学方法,超过前者14个百分点;70%的教师不采用任何多媒体教学手段,超过前者11.6个百分点。显然,武汉地区的 ESP 教学不容乐观的程度远大于北京地区。众所周知,武汉地区的高等教育就全国范围来讲相当发达,且被调查的五所院校皆属一类大学。那么那些教育欠发达地区的二类或三类院校的 ESP 教学又如何呢?带着这些问题,笔者在安徽、浙江、江西的六所(二类和三类)的高校进行了问卷调查,结果比预想的更糟。被调查的学生中有74%对 ESP 教学表示不满意,83%反映 ESP 课堂使用阅读与翻译法,79%反映教师不采用任何多媒体教学手段,86%反映教师授课的语言以汉语为主或完全汉语。此外,调查中还发现一些高校的 ESP 开设的时间与大学英语有间断现象,有的在大学三年级下学期开设,有的甚至在大学四年级才开设,有的由于教师的缺乏将学生合班上课,甚至有的学校的一些院(系)根本就没有开设 ESP 课程。再者,被调查的院校都没有 ESP 管理机构(或教研机构),因此,对 ESP 的教学、评价和管理处于失控状态。

(三)专业英语的理论依据

关于 ESP 的理论基础,最早作出论述的当属英国学者 Hutchinson 和 Waters。他们认为 ESP 的形成是由三个重要因素共同作用的:要求英语不断拓展以适应特定的需求、语言学及教育心理学领域的发展。他们指出这三个因素似乎都指向语言学习中日益扩大的专门化(Hutchinson & Waters,1987)。进而 Hutchinson 和 Waters 又具体阐述了 ESP 五个不同发展阶段的理论基础:①语域分析。20 世纪 60 年代和 70 年代初,语言学领域中的语域分析理论成为支撑 ESP 的基本原理,认为构成电气工程的具体语域与生物学或普通英语的语域是不同的,而语域分析的目的是识别这些语域中的语法及词汇特征。②超越句子层次的修辞或语篇分析。这一阶段发生在 20 世纪 70 年代中叶至 80 年代中叶,强调把注意力从语域分析所重视的句子语法转移到理解句子是如何在语篇中连接并产生意义上来。因此,研究的重点是识别语篇的组织模式并通过这些模式标记来明了语言手段。③目标场合分析。目标场合分析即需求分析,目标场合分析最全面的解释是 John Munby 在其《交际大纲设计》一书中制定的系统,该系统依据交际目的、交际环境、交际手段、语言技能、功能和结构等建立学习者的需求档案夹。④学习技能和策略。这一阶段试图探索语言的深层结构,考虑的不是语言本身,而是构成语言使用基础的思维过程。由于模仿认知学习理论,语言学习者被看做是有思想的人,因此能够让他们在语言使用中观察和表达他们所使用的解释过程。⑤以学习为中心的教学原则。在 ESP 中,我们关心的不是语言使用——尽管这有助于确定课程目标。我们关心的是语言学习。有学者认为,人们不能简单地假设描述和举例说明如何处置语言就能够使人学会语言。如果如此,我们只需阅读语法书和词典就可以学会一门语言了。而 ESP 真正有效的教学原则必须基于对语言学习过程的理解(Hutchinson & Waters,1987)。

我国学者陈莉萍(2001)从三个方面对 ESP 存在的理论依据进行了研究。她认为 ESP 的理论依据有三个方面:第一,语言的社会属性和交际功能为 ESP 的产生和发展提供了理论基础。第二,有关语体、语域方面的研究成果也为 ESP 的存在提供了理论基础。第三,索绪尔同时指出,语言是交际工具,研究语言就是要研究语言的交际性和功能性。所谓的语言功能就是指不同类别的言语行为。因此,ESP 就是语言的一种功能变体,是专供特定的社会文化群体所使用的言语范围。由此可见,陈莉萍的论述基本上包含在 Hutchinson 和 Waters 的前两个因素之中,是对这两个因素的具体化。

总之，ESP的主要理论依据就是功能语言学。尽管人们目前对ESP理论的认识、探讨还不深刻，尚未建立严密的理论体系，但这并不能否认ESP存在的必然性。也正是由于ESP的存在，才使满足学习者对不同目的英语的需求成为可能。

（四）专业英语的定义、性质与课程定位

目前，各高校对ESP课程定位尚未统一，甚至同一所高校内部院（系）对ESP课程定位也不一致。这无疑会给ESP的教学和研究带来不便，甚至造成混乱或误导。因此，在给ESP课程定位之前首先要对ESP的定义进行诠释，并对大学英语与ESP的性质进行阐述，以便更好地理解ESP课程的内涵。

1. 专业英语的定义

关于ESP的定义尚未有明确看法，1997年在日本召开的ESP会议上人们对ESP的解释明显存在着差异。有人将ESP仅仅描述为专门用途的英语教学，另一些人则更精确地将其描述为用于学术研究或职业目的的英语教学。Strevens(1988)将ESP的定义概括为四个根本特点(absolute characteristics)和两个可变特点(variable characteristics)。这四个根本特点是：①课程设置必须满足学习者的特别需要；②课程必须在内容（主题或论题）上与某些特定的学科、职业以及活动有关；③重点应放在努力使词法、词汇、篇章结构与那些特定的活动相适应的语言运用上；④必须与EGP有鲜明的对照。两个可变特点是：①可以只限于某一种语言技能的培养（例如只限于阅读技能或言语识别等技巧的培养）；②可以根据任何一种教学法进行教学。Dudley-Evans和St John(1998)改进了Strevens的观点，提出三个根本特点：①ESP要满足学习者的特别需要；②ESP要充分利用其涉及的学科教学方法和活动；③ESP重点应放在努力使语法、词汇、语篇及语类与那些特定的活动相适应的语言运用上。此外，他们提出了五个可变特点：①ESP与特殊学科有关，或为其设置；②在特殊的教学情景中，ESP可以使用与普通英语不同的教学法；③ESP的设置不仅能够适合于第三层次情形或职业工作情形的成人学习者，也适合于中学层次的在校学习者；④ESP的设置对象一般为中级或高级学生；⑤大部分ESP课程都要呈现语言系统的某些基础知识。Dudley-Evans等人的定义显然受Strevens的影响，虽然他们删除了ESP必须与EGP有鲜明的对照的根本特点，并包含了更多的可变特点。根据Dudley-Evans和ST John的定义，我们可以看出，ESP可以但并非必须与特殊学科有关，其目标也不必指向某一年龄段的群体范围或能力范围。ESP应视为一种"教学方法理论"，或Dudley-Evans所说的"思想的态度"。与Dudley Evans和ST John观点一样，Hutchinson和Waters扩展了ESP的定义，指出："ESP是一种语言教学方法理论，决定其内容和方法的前提是以学习者为基点的"(Hutchinson & Waters,1987:19)。然而，Anthony(1997)则认为，ESP课程与普通英语课程的起始和终结界限尚不明确，很多非专业性的ESL教师也使用ESP教学方法理论。

2. 大学英语与专业英语的性质

大学英语是指非英语专业基础阶段的普通英语(general English)，或称公共英语，其目的是让学生掌握大学阶段的基础知识和基本技能，为ESP的学习打下基础。ESP是大学英语的后续，就其使用目的而言，是教授相关学科领域的英语，但重心还是学习英语语言，而不是专业知识。实际上，ESP教学则可以更多地理解为把专业作为载体的一种教学理念，教学内容偏重英语，目的是帮助学生掌握某一专业领域的语言特征。虽然ESP兼有专业课的特点，但仍属于语言课程。

3. 专业英语的课程定位

目前，我国高校对ESP课程的定位尚未一致，甚至同一所高校内部对ESP课程的定位也是五花八门。以同济大学为例，ESP课程在各院(系)的安排中分属三类：公共基础课、专业课或专业基础课。在已开设专业英语的42个专业中，有21个专业将其列为专业基础课，15个专业把其列为专业课，6个专业把其列为公共基础课(王蓓蕾，2004)。这种对ESP课程定位的差异必将给ESP教学带来混乱，必将影响着专业英语的教学目标、教学方法和教学效果。因此，应该对ESP课程进行科学的定位。根据ESP的定义和性质，笔者认为，ESP课程应像大学英语课程一样列为公共基础课，这有利于ESP教学目标的实现。

(五)大学英语与专业英语的教学衔接

作为大学英语教学的一个不可或缺的组成部分，ESP教学担负着促使学生完成从基础阶段到应用阶段过渡的任务，它既不是单纯教英语，也不是单纯传授专业知识，而是以实践练习为主，让学生学会在专业领域中用英语去进行有实际意义的交流(莫再树，2003)。因此，各高校应从机构、师资、教材、教法和评估等方面作好大学英语与ESP教学的有效衔接。

1. 机构衔接

大学基础英语的教学是由专门的机构(如：大学英语教学部/教研室或公共英语教研室或共外系)管理、协调的，且组织运转正常。ESP教学是由各个院(系)的专业教师实施的，没有专门的教研机构和协调组织，因而ESP教学、教研处于一种自由状态。这样就使本应该和大学英语同属一个教学密切联系体的ESP与大学英语分道扬镳，大学英语教师和ESP教师各不来往，这无疑给ESP教学带来不便，影响其教学质量。

为确保ESP教学质量，学校应该成立专业英语教学指导机构，协调大学基础英语教师和ESP教师之间的关系，组织他们定期召开教学联合研讨会，这样就能充分发挥主体间性，既可以解决ESP教学中的实际问题，又能解决大学基础英语向ESP过渡的衔接问题。

2. 师资衔接

ESP教师大都是由各院(系)专业课教师担任，少数由英语语言教师担任。专业课教师精通专业,但缺乏必要的语言教学理论和扎实的语言基本功,对学生的英语基础不了解,而英语语言教师有扎实的英语语言基本功,但缺乏必要的专业知识。因而在教学中他们很难关照知识衔接,教学质量也就可想而知。ESP 教师应具备下列素质:第一,对学科领域比较精通;第二,了解较多的学习策略,并寻求将重要策略融入自己教学之中的方法;第三,制定有效的评价学生的方法;第四,改进教学反馈;第五,更好地理解英文语法以及如何教授语法;第六,编制合作材料——与同事的发展计划;第七,学会计划和评价语言课程(Richards & Ferrell, 2005)。

要想作好教学中的衔接,必须要解决师资衔接问题。师资衔接有两个途径:一是让大学英语教师与专业课教师联系,向他们学习一般性的专业知识,从而在大学英语教学阶段有目的地渗透专业知识;在大学英语基础阶段适当涉及 ESP 中常用的词汇、句法结构和语类结构,为学生学习 ESP 打下基础。二是让 ESP 教师到英语系或大学英语教学部学习英语教学理论,有必要时,可以系统学习语言知识,提高驾驭英语的能力。同时,了解学生的英语基础和专业知识面,为 ESP 教学做好衔接上的准备。这不仅可以促进教学工作,而且可以促进大学英语教师和 ESP 教师共同的专业发展。

3. 教材衔接

目前,ESP 教材建设缺乏教学理论的指导,不少 ESP 教材的编写者在编写教材方面没有受过训练,对 ESP 相关理论不甚了解,在编写教材时忽略从理论上去考虑学习者的目标需求和学习需求。而我国现有学科专业庞杂,仅 2006 年教育部批准的准许高校招生的本科专业就有 2594 个,况且,科学技术的突飞猛进仍在继续加速学科门类的分化与整合,促使边缘学科不断形成,因此,要想在短时期内组织、编写、出版能够满足这么多专业所需要的高质量的 ESP 教材显然是不现实的。这就需要语言教师和专业教师通力合作,依据教学大纲,遵循 ESP 理论和实践之特点,自主进行课程开发,编写 ESP 教学材料。Hutchinson 和 Waters(1987)认为 ESP 学习者的需求意识很明确,并将其分为目标需求(target needs)和学习需求(learning deeds)两大类。"目标需求"指学习者在将来必然遇到的目标场合(target situation)所使用语言的客观需要,它包括交际活动、语言功能和语言形式。"学习需求"就是学习者在学习过程中所需要的条件和需要做的事情,也就是说,要考虑知识和技能的学习顺序和学习方式。因此,选材必须依据目标需求和学习需求,力求科学性、时代性、实用性、层次性、综合性和灵活多样性。其中层次性在衔接教学中尤为重要,它指 ESP 教材应针对不同层次的学生、不同阶段而具有不同的深度和广度,控制难度,使学生通过对教材的学习,不仅能获得应用能力的形成所必需的专业知识,又能获得持续学习所需的基础理论,要把语言应用能力的提高作为教材的核心,并将其贯穿于教材的始终。然而,编写 ESP 教材并非易事,许多 ESL 教师和 ESP 教材开发者没有充裕的时间进行需要分析、教材研究和教材开发。虽然有许多语篇(text)声称满足了 ESP 课程的需要,但 Johns(1990)认为,没有一个 ESP 语篇名副其实。他指出,真正解决问题的唯一方法是为所有 ESP 教师建立共享教材资源库。可见,Johns 的建议为 ESP 教师联合起来共同搭建网络平台,共享 ESP 教材资源提供了理论依据,也为解决众多学科领域所需 ESP 教材的问题提供了可能。

因此,ESP 教材的编写与设计要用先进的理论做指导,要目的和内容相结合,一般科技和专业知识相结合;要充分考虑学生现有的知识水平和他们的需求,确保他们均衡地获取语言养分;要注意内容和教法、学法相结合,从而缩小教材的知识跨度,既要注重 ESP 教材内部的知识衔接,又要注重与大学英语衔接。

4. 教法学法衔接

众所周知,大学英语教学比较成熟,教师大都采用英语组织教学,且重视学生综合技能的培养。而 ESP 课堂上,教师用汉语组织教学的现象较为普遍,且多用翻译法或阅读与翻译相结合的方法,师生、生生互动性差,因而学生的学习兴趣不高,厌学现象比较普遍。

为提高 ESP 教学效果,教师应注重教学策略的选择。第一,大学英语教师要淡化短期功利观和应试教育思想,改进教法,指导学法,为学生今后的 ESP 学习发展打下基础;ESP 教师要注重与基础英语教学的衔接,尽量用英语组织教学,重视培养学生专业领域内的口头交际能力;第二,要加强师生间和生生间的互动,鼓励学生参与讨论,培养他们的学习兴趣和合作意识;第三,分析 ESP 的语言结构特点和语类类别,注重语类情境下的读写教学,以读促写,以写促学。正如 Johns(2006)所言,给学生介绍不同的语类可以帮助他们寻求交际对象、语境、语篇目的和结构的可能性,并帮助他们提高修辞方面必需的灵活性,以适应将来的写作任务。第四,利用多媒体教学提高教学容量,鼓励学生利用网络平台拓展专业知识,训练英语技能,培养学生自主学习能力。第五,要注重学生的学习情感体验。有学者认为,我们应该发展积极情感,反对消极情感,并提供如下方法:使用小组学习以构建社会关系;给学生提供思考的时间,一般要避免过分的压力;更加重视获取答案的过程,而不是结果;像注重潜力和能力一样注重态度;在教材和教法中首先要考虑"兴趣"、"趣味性"、"多变性",而不是将其仅作为附加材料(Hutchinson & Waters 1987)。

5. 评价衔接

教学评价的最终目的是促进师生共同发展,评价的内容、手段和过程应该有利于素质教育,淡化应试教育,要有利于学生的终身学习和职业发展。评价包括两个方面,一是对学生的评价,二是对教师的评价。对学生的评价又具有两个功能,一是甄别功能;二是为了了解学生对知识的掌握情况,为学生学习和教师的教学提供反馈信息的功能。对教师的评价也包括两个方面,一是评比功能,二是为了促进教师专业发展的功能。对于师生的评价,应该淡化甄别和评比功能,加强信息反馈和促进教师专业发展的功能，这才是教学评价的最终目的。因此，评价不应该只注重结果，而应更加注重过程，要形成性与终结性相结合。目前，我国大学英语教学评价体系比较完善，评价内容比较全面；而 ESP 的教学评价缺乏系统性，不仅忽略技能的完整性（如缺乏对听说能力的考查），而且忽略形成性（不重视过程）。由于 ESP 教学的特殊性，形成性评价显得更为重要。形成性评价关注阶段性目标，因而更注重知识的形成和技能的掌握。要把课堂讨论、作业完成、学习态度纳入评价内容，从而使学生重视学习过程，重视各知识技能之间的衔接。学生学习成绩的评定也应体现形成性和终结性相结合。为加大对学习过程的监控力度，可适当调整对形成性评价的权重比例，即平时成绩可占 60%（其中期中考试 20%），期末考试可占 40%。另外，评价内容也应该体现听、说、读、写、译综合技能，评价不应该只限于笔头，应该注重考查学生所学专业领域的口头交际能力，要口头与书面相结合，这样有利于促进学生全面技能的形成和发展，确保"复合型人才"的规格要求。

总而言之，大学英语与专业英语教学的衔接是一项复杂的系统工程，做好这项工作需要教育部门和高校领导的高度重视和大力支持，需要大学英语教师和专业英语教师的密切配合。从宏观上讲，需要学校和教师树立正确的教育观，淡化短期功利弊端，将"应试教育"转到"素质教育"轨道上来，把培养学生终身学习专业英语能力放在首位；从微观上讲，教师要明确大学英语与专业英语教学的衔接点，促使大学英语与专业英语教学的有效衔接，确保专业英语教学质量稳步提高。

第二节　研究导向的实践教学知识教学

一、教学观察与反思实践

职前英语教师的实践教学知识的获得首先是基于就读院校的师范技能培养。因此，采用现代教育技术手段、改进教学方法、注重教学观察效果、提高反思质量是提高师范生教学技能的关键所在。为此，我们实施了以下教学改革措施。

（一）文本观察

文本观察是指以教学设计或教学实录文本（纸质版或电子版）为观察对象。文本观察是师范生了解教学设计规范的最基本方法。它不仅呈现了教学设计的格式，而且对语言使用规范也有要求，如对教学目标的描述就要求行为主体必须是学生，行为动词要具体、准确，便于检查。优秀教师的教案是文本观察的重要内容，往往成为师范生教学设计和教学实践的范例。因此，我们重视文本观察，并将其视为师范生进行教学设计的基础。实践中我们就某一课内容让师范生进行教学设计，然后再给他们提供几个不同设计的教案，让他们进行比较、讨论，并作出评价。因此，提供文本观察可以使师范生规范教学设计和教学过程，接触到不同的有创意的教学设计与实施,对他们的教学能够起到镜像作用。

(二)课堂观察

课堂观察就是进入课堂进行有目的的听课。课堂观察将静态的教学设计(文本教案)变成了动态的教学行为。课堂观察更为真实、生动、形象,更能体现授课者的教学风格。课堂观察较文本观察更具多模态性,因为课堂教学本身就是多种模态并用,如视觉、听觉、触觉以及非言语行为的协同作用,以达到增强效果之目的。

我们非常重视课堂观察,每学年都要带师范生到我校教育基地学校进行教育见习。课堂观察之后,授课教师进行课后说课,并与师范生进行交流,并探讨其他可能的进行方法。

(三)录像观察

录像观察是指观察者对教学录像进行观看。虽然录像观察没有课堂观察真实和生动,但是前者可以反复观看,因而更便于师范生进行教学反思,尤其是对教师话语的分析,录像观察具有无可比拟的优越性。

就录像观察而言,我们主要基于两个方面:一是对优秀英语教师的教学录像进行观看,并审视其教学理念、教学方法和教学过程,尤其注意教师是如何处理知识衔接、技能整合、言语和非言语行为以及课堂突发事件,等等,从而分析和发现该教师的教学特点或风格。二是对省级师范生教学技能竞赛获得一、二等奖的选手的教学录像进行观看。获奖选手的教学代表了师范生最高水准,而且容易引起学生的共鸣,激发他们对教学的兴趣和信心。在录像观察中,我们将近两年省级竞赛的获奖录像作为主要观察对象,收到了良好效果。然而,师范生毕竟是选手,即使是获得一等奖的选手,他们与成熟教师还有差距,尤其是在新旧知识衔接、突发事件教学理念处理以及对教育的深层认知方面还有欠缺。因此,我们在组织师范生观看录像的同时,要求他们对获奖选手的教学录像进行认真观察,并对照教学理念和优秀教师的录像进行反思,找出可改进的地方。这样,师范生的反思能力得到提高,并能够区分教学的是与非,为他们的教学实践提供参考。

(四)实施自动录播系统支持下的微格教学

传统的录像带式的微格教学,虽然较人工录像先进、方便、实用,但其技术含量仍然很低,不论是教学课程的录制还是播放都不方便,尤其是教学过程中的"停课"操作,不仅对讲课者产生一定的心理影响,而且也不能完全反映课堂教学的真实状况,所提供的教学反馈信息存在误差,因此影响反思教学的效果。

为了更好地发挥现代教育技术的优势,提高微格教学的有效性,我们采用了现代教育技术,装备了三个配有自动录播系统的微格教室和一个监控室,其中一个微格教室配有单向透视玻璃监控室。这样,课堂教学的录制几乎处于自然状态,对师范生造成的影响降到最低限度,即使是听课教师进行适时讨论和评价学生的授课情况,也影响不到学生。而且播放方便,便于师范生拷贝和带回去重复观看,有利于教学反思。

(五)注重教学反思

我们在实施基于自动录播系统的微格教学时,要求英语师范生以学习小组的形式对同学和自己的教学进行观察和反思。我们针对他人和自己的教学,发放了不同的课堂记录单和自我反省表,要求每个学生在听课是认真填写。为了发挥自动录播系统的作用,我们要求学生将通过观看录像完成的反思内容作出标记。对有争论的问题要求学生反复观看录像,寻求问题原因,并在理论学习的基础上提出解决方案。

在教学反思过程中,我们要求师范生树立正确的反思态度,即 Dewey(1933)认为的反思实践教师应该具备的三种态度:心胸开放(open-mindedness)、有责任(responsibility)和全神贯注(wholeheartedness)。开放和责任心是反思实践教师职业生活中的核心要素,而全心投入的教师会经常审视自己的教学假设、信念和行动结果,并用这种态度处理各种情况,致使他们能够学到新的东西(Bailey, et al. 2009)。也就是说,要进行有效的教学反思,师范生必须具有开放的心态、对教学的责任心以及全身心投入。只有这样,他们才能面对课堂发生的真实情况,正视教学中出现的问题,并主动反思教学效果,及时调整教学方法,以达到预期的"理想"课程。

(六)注重反思后的学习和再实践

和在职教师一样,职前英语教师的专业发展也是一个"实践—反思—再实践—再反思"的不断循环过程。所以,反思后的"学习"环节并不意味着反思实践的完成,而应该带着新的认识再次进行实践和反思,直到取得满意效果。实际上,教师的专业发展目标往往指向一个无终极的理想的目标,也就是说,教师的专业发展是一个为理想的目标而终身实施的教学实践与反思的过程。

我们针对所观察到的问题,组织学生再学习、再实践,直到取得满意效果。

二、自动录播系统在职前英语教师反思教学中的应用

教育理论与实践证明教学反思是教师专业发展的必备条件,也是职前教师形成教学技能,提高教学实践能力的重要途径。就职前英语教师而言,反思意识的形成和反思能力的培养是提高他们教学实践能力,促进终身专业发展的有效途径。然而,目前我国职前教师的培养过程中存在着诸多弊端,如实践课程不足,实习时间短,试讲次数严重受限,反思效果不佳,等等。如果这些问题得不到及时、有效的解决,将会严重影响人才培养质量,难以完成合格教师的培养要求,更谈不上"卓越教师"的培养。如何有效地实施职前英语教师反思,提高反思效果,是教师教育领域必须思考的问题。鉴于此,我们认为利用自动录播系统进行反思训练

不失为一种培养师范生反思能力的有效途径。

（一）研究的理论基础、目的及意义

1. 理论基础

(1) 自动录播系统

自动录播系统是一种对授课者的现场讲课进行自动录像和实时播放的系统。它将教学的音视频、课件以及听课者现场学习活动的音视频同步采集、压缩、记录并自动合成实时教学录像，并同步提供网络服务，以实现网络直播、点播或后期集成、编辑的系统（王晖，2013）。自动录播系统的主要功能是自动录制和播放。在自动录制过程中，系统会自动进行场景切换。场景切换是指系统从教学全景、教师聚焦、学生聚焦、板书聚焦、课件聚焦和画中画等之间自动进行切换。自动场景切换的触发条件是各种各样的信号，包括感应定位设备（超声波或红外）、声音、鼠标键盘动作、辅助设备激活等，其中感应定位有动态跟踪镜头和固定镜头切换（朱鹏云，2009）。播放包括网络实时播放和延迟播放。网络实时播放时，用户收看的是现场授课实况，因此不能进行快进、快退和反复观看。延迟播放可以是基于流媒体服务器的网络视频点播，也可以从网址上将视频资源拷贝到优盘或移动硬盘上，进行播放。延迟播放具有进行快进、快退和反复观看的功能。

可见，自动录播系统将现场的教学情境通过数字化处理后真实、自然地再现于教师或学生面前，既可以实现优质教学资源共享，提高教学效率，又能够促进教学研究，提高教师或师范生的教学反思能力。

(2) 教学反思

教学反思是指"教师对课堂教学中所发生的事情进行思考以及对实现教学目标和教学目的所可能采用的方法进行思考。"（Cruickshank & Applegate, 1981）这种学习观基于教师通过对教学经验的性质和意义进行重点反思而从经验中学习的观点。反思被视为对经验进行批判性检验的过程，一个能更好地理解自己教学实践和常规的过程。在教师教育中，反思教学是一种基于批判性反思目的，通过诸如自我监控、观察和案例研究这样的程序并伴有收集自己教学信息的教学。Schön 区别了"在行动中反思"（reflection-in-action）与"对行动进行反思"（reflection-on-action）的不同。他认为个人知识主要是缄默的，并隐含在行为之中；人们并非在任何情况下都先思后行，而是边行边思和自发做出行动决定，即所谓"行动中理论"。正是这样的理论，而非外界强加的知识或理论，决定着每个专业人员自己的独特工作方式（Schön, 1983）。反思实践者的任务是通过对行动进行反思把这种缄默的、隐含的知识明晰化，并经常提出问题，且将新理论与个人过去的经验和别人的反思相联系。这是教师朝着行动研究者迈进的主要推力之一（Kemmis, 1985）。

反思自己的学习行为是教师学习的重要组成部分。吴卫东（2005）认为，教师的学习应该是元认知层面的学习活动,任何教师自身运用的学习形式,在把握学习内容的同时,需要对学习过程进行教学论的反思,这是教师学习区别于一般学习者学习最重要的特殊性。

教学反思可以由个人单独进行。在教学反思中教师和师范生收集有关教学的数据,审视教学态度、信念、观念以及教学实践并将所获得的信息作为评判性反思教学的基础。(Richards and Lockhart,1994)然而,按照社会建构主义观点,教学反思不一定是纯个人的,还可以是与他人在一起进行的。做一个有成效的教师,不但需要反观自己(look inside),而且需要观察他人(look outside)。我们需要意识到别人的教学观点并审视自己的教学信念和价值标准,从而认同某一种教师类型并在自己的日常教学中表现出来。(Williams & Burden,2000)

可见,教师学习反思实践是其专业发展不可或缺的重要途径。而且,教师反思正在从个体反省向团队反思转变,不仅强调反思过程的重要性,更强调反思后的计划和行动。

2. 目的

第一,确保教学反思的有效性。基于我校公共实验中心的自动录播系统,我们对职前英语教师的实践教学进行反思训练,以提高教学反思效果。传统的基于教学文本的教学反思,往往是对优秀教师(或新手教师)的教学案例进行审视、分析和研究,试图发现优秀教师(或新手教师)在教学设计和教师话语方面的共同特点。然而,单模态(文字的)的文本观察给师范生带来的信息是有限的,他们无法获得课堂教学的真实状况,因而教学反思的效度受到质疑。而真实的课堂教学既有凸显教师个人话语的言语活动,又有大量的非言语活动,它们共同体现了教学的多模态性。另外,传统的课堂观察(听课)虽然具有真实性和动态性特点,但容易受到干扰,且不能重复性观察,尤其不利于自我观察,从而影响反思效果。自动录播系统可以对教学实况进行实时播放或延迟播放,给师范生提供多模态的教学反馈信息,致使反思内容全面、客观、真实,尤其是延迟播放具有快进、快退、定格和反复播放功能,便于观察、讨论和记录,确保教学反思内容的准确性。

第二,形成教学反思意识。不断进行教学实践与教学反思是教师专业发展的有效途径。自动录播系统可以真实、形象地再现课堂教学情形,激发英语师范生对教学观察的兴趣。自动录播系统有助于职前英语教师领会英语语言教学规律,分析教师话语,审视教师非言语活动,领略教师个人风格,进而有利于他们形成反思习惯和反思意识。

第三,提高教学反思能力。在实施基于自动录播系统的反思教学中,职前英语教师往往对照课堂观察,反复查看录像,填写听课记录单或项目清单或回答问题。而听课记录单或项目清单所列的问题反映了教学反思的主要内容,同时,听课记录单或项目清单的填写可以以个体进行,也可以以小组形式讨论进行。在个体反思的基础上进行小组讨论反思,更能激发学生的积极性,有利于形成学习共同体。而在学习共同体中,大家可以表达不同见解,分享各自的经验,争论不同的观点。而这样的反思活动往往通过对录像反复观察、协商和讨论才能得以实现。这样,反思也更加深刻、透彻,不仅有利于他们掌握基本的教学反思方法,而且有利于他们提高教学反思效果,形成教学反思能力。

3. 意义

(1) 有利于提高教学信息化水平。自动录播系统增强了教学手段的技术含量,提高了教学信息化程度,使教学反思从传统的单一模态转向多模态化,真实地再现了教学实况,并使反复观察成为可能,为教学反思活动提供了极大的便利,符合教育部"把信息技术作为提高教学质量的重要手段"的 2007 年 1、2 号文件精神。

(2) 有利于形成教师学习共同体。教师学习共同体是促进教师专业发展的有效形式。该研究强调基于自动录播系统的小组共同反思,能够有效激发小组成员积极参与、发表见识、协商观点,进而达到启迪智慧、弥补不足、达成共识,形成教师学习共同体。

(3) 有利于促进教师终身专业发展。师范生参与、体验教学反思活动能使他们掌握教学反思的基本方法、内容和过程,尤其是通过观察优秀英语教师的教师话语、教态、非言语行为以及对课堂突发事件的处理,他们能够理解优秀英语教师所具备的教学素养,这对英语师范生进行镜像学习大有裨益,同时有利于形成教学反思意识,摆脱习以为常的行为,深思熟虑地行事,提高教学实践能力,最终促进教师终身专业发展。

(二) 实证研究

我们基于自动录播系统能够有效地提高职前英语教师教学反思能力的假设,从 2014 年 2 月至 2014 年 6 月,进行了为期一学期的实验教学研究。

1. 实验对象

我们在我校英语专业(师范)三年级二个自然教学班(每班 27 人,共 54 人)进行了实验,并达到了预期成果。

2. 实验内容

根据课题研究需要,实验内容包括对优秀中学英语教师的课堂观察(随堂听课)和录像观察以及对职前英语教师的课堂观察(随堂听课)和录像观察。所观察的课程为初中和高中学段,课型以听说课和阅读课为主。优秀英语教师的课为 45 分钟的完整课时授课,英语师范生以 10 分钟的片断教学为主,兼有少量的 45 分钟的完整课时授课。

(三) 实施过程与方法

我们设计了"观察→记录→分析→陈述→协商→实践"的反思模式。观察是教学反思的前提。观察包括文本观察、课堂观察和录像观察三种形式,本实验的观察仅限于后两种。

"观察"的目的是为了确定教学中的问题。"记录"是对观察过程中或观察之后所发现的重要问题进行收集的过程,以备分析之用。本研究采用填写"记录单"的形式进行记录。根据观察对象的不同,我们设计了不同的记录表。观察他人(包括优秀教师和学生同伴)教学,见表 5-1;观察自己的教学,见表 5-2。

表 5-1 听课记录表

授课人		授课对象		课型	
听课人		课时长度		授课时间	
课题					
教学目的					
重难点					
主要方法					
教学过程					
主要特点					
母语使用					
教学理念					
总体评价	A. 优秀 B. 良好 C. 较好 D. 合格 E. 不合格				

表 5-2 个人反省记录表

反省人		授课对象		课型	
课时长度		授课时间		授课地	
课题					
①我的教学思想、价值观和教学信念是什么?					
②这些教学思想观念从何而来?					
③学生的主体性体现得如何?					
④我是如何处理语言知识与语言技能关系的?					
⑤我提供了怎样的语言环境?					
⑥我是否注重了教学反馈?					
自我评价	A. 优秀 B. 良好 C. 较好 D. 合格 E. 不合格				

(转引自 Williams & Burden,2000)

"分析"是对记录的问题做出解释,确定问题的原因,并提供解决问题的可能方法。"陈述"是将教学问题以及解决方法向小组成员做出汇报,让同伴分享更多的问题解决方法。"协商"是对同伴的陈述做出回应,进行讨论和评价,提出改进方案。"实践"是检验效果的唯一方法,通过实践检查该方案是否有效。如果效果不佳,就要重新审视问题的原因,协商改进方案,通过实践检查效果。

当然,我们也可以根据反思的具体目的来设计反思表,如 Pak(1986)利用备课反思表来检查活动之间的过渡是否自然。见表 5-3。

表 5-3 备课反思表

1. How did I introduce the stages of the lesson I just taught?
   ☐ Paused
   ☐ Said something to introduce the next activity
   ☐ Checked completing of previous task
   ☐ Gained everyone's attention
   ☐ Introduced new material
   ☐ Changed position(e.g., sitting/standing)
   ☐ Moved furniture
   ☐ Signalled
   ☐ Indicated time(e.g., "You've got 5 minutes to...")
   ☐ Other

2. Is there any other way I could have made the transition from one stage to the next even smoother?

(转引自 McKay,2007:12)

在实验过程中,教师改了变传统的权威角色,成为学生反思过程中的解释者、帮助者、提示者、促进者和资源提供者,因此教师要进行实时干预,及时了解学生的反思过程中所遇到的困难,尤其是职前英语教师缺乏个人教学经验,提出的问题解决方法与"合适的"方案往往存在一定距离,因此教师要及时提供帮助。

(四)结果与讨论

在同伴观察中,由于观察内容的不同,课堂观察与自动录播系统观察的反思效果存在差异。关于表 1(听课记录表)的观察内容,我们通过数据统计发现,在教学目的、重难点、教学方法和教学理念方面,课堂观察和录像观察并无明显差异,但在教学过程、主要特点和母语使用方面差异显著。也就是说,对于内容较复杂的问题反思,录像观察要比课堂观察具有明显的优越性,因为前者具有反复观看的功能。

关于表 2(个人反省记录表),前 2 个问题,学生可以根据教案做出回答,而后 4 个问题只有通过观看自己的教学录像并进行数据分析之后才能得以回答。

同样,要想对表 3(备课反思表)中的问题:"How did I introduce the stages of the lesson I just taught?"的答案做出准确的选择,也只有通过观看录像的方法才能得以有效实现。

可见,不论是同伴观察还是自我观察,对于教学问题的收集,尤其对复杂的问题而言,基于自动录播系统的观察要比现场的课堂观察更具准确性和便利性,从而为后续的教学反思和行动研究提供可靠的数据支持。这一观点,我们通过问卷和访谈得到了进一步确认。

此外,利用自动录播系统进行教学反思不仅能够提高反思效果,而且能够有利于学生掌握正确的反思方法和养成良好的反思习惯,为他们的终身专业发展奠定基础。

总之,掌握有效的教学反思方法和形成良好的反思习惯是职前英语教师改进教学,提高实践能力的关键,并对他们的终身专业发展起到积极的促进作用。而自动录播系统为师范生提供了有效的教学反思途径,并在我国的教师教育领域广泛应用。如何科学、有效地发挥自动录播系统的功能,提高其在职前英语教师专业发展中的作用,有待学界进行更加深入和广泛的研究和实验。

三、教育实习

教育实习是实践和检验教育教学理论,体验教学常规,提高课堂教学与管理能力的重要途径,这也是国家要求高校师范生的教育实习时间至少要达到一个学期的原因。

目前,我国的教育实习分为集中实习和分散实习两种。前者是由就读院校统一组织,将实习生分组(往往按照不同学科)安排在实习学校,并由专门的带队教师负责管理。后者往往是实习生自己回原籍联系实习学校(多为自己的母校)实习。与集中实习相比,分散实习的缺点是显而易见的,其实习质量难以得到保证,效果不言而喻。

由于种种原因,我校现在仍然采用分散实习的形式。为了弥补分散实习的不足,我们一方面加大了在就读院校实践教学的力度,另一方面实施了顶岗支教和参与服务性学习,确保职前英语教师拥有作为未来合格中学英语教学所必须具备的教学实践能力。

四、顶岗支教

近年来,我校所在的舟山群岛新区中小学英语教师脱岗进修的情况较为普遍,这就为我校职前英语教师提供了"顶岗支教"的机会。三年来,我们共有24人次参加了"顶岗支教"活动。脱岗"顶岗支教"使职前英语教师能够深入到中小学英语课堂教学实际,实践在就读院校学习的教育教学理论知识,并能在支教过程中发现问题,反思教学,进而解决问题。

通过"顶岗支教",英语师范生的实践教学能力和课堂管理水平得到加强和提高,在2013年我校举行的师范生教学技能竞赛中,10个一等奖获得者中有6人曾有过"顶岗支教"经历。在就业面试中,有过"顶岗支教"经历的学生也往往表现更为突出,被录用的概率也更高。

然而,英语师范生在"顶岗支教"中也遇到一些问题,如有的"顶岗支教"学校规模较小,往往只有一两个英语教师,缺乏教学研究的氛围,不利于职前英语教师的专业发展。基于此,我们定期到"顶岗支教"学校走访,观察他们的课堂教学,帮助我们的英语师范生解决教育教学中遇到的问题,促进了他们教学理论与教学实践的结合,也提高了"顶岗支教"的质量,为基础英语教育的发展做出了贡献,受到当地教育行政部门的肯定。

五、参与服务性学习

当前,我国英语师范生教学实践存在"见习"流于形式,"实习"时间短促,"研习"缺乏深入的弊端。尤其是"自主式实习"得不到有效的监控、指导和管理,严重影响了实践教学质量。如果这种现象得不到改善,不仅对教育资源造成极大的浪费,而且难以培养承担基础教育教学的合格师资,造成对我国基础英语教学的严重影响。这种状况必须引起学界的高度重视,改革现行的不合理、不规范的实践教学模式,建立科学的、有效的英语师范生教学实践模式。为此,我们提出构建基于"服务性学习"的英语师范生实践教学模式,以扭转当下英语师范生教师职业意识薄弱,教学实践效果较差的局面。

(一)基于"服务性学习"的实践教学[①]

服务性学习是英语师范生提高教学技能的一个重要途径,对实践教学起到积极的推动作用,并能有效地解决师范生职业意识薄弱、深入中小学校不够、公民意识不强等问题。Gallini 和 Moely(2003)指出,服务性学习为年轻一代创造了与同伴互动的机会,能增进友谊,并提高与他人积极互动的能力。而 Lee(2010)认为,学生在服务性学习过程中所体验到的积极的自我意识,可以增加他们日后体验自控、自信和信念意识的可能性。所以,该课题对提高英语师范生实践教学能力,乃至他们的终身职业发展能力具有潜在的积极意义。

1. 对象与方法

参加服务性学习的学生是一所省属地方高校的 30 名学生,他们分别来自 2007 级和 2008 级英语师范专业。学生共分 10 个活动小组,每组 3 人。其中 2007 级 3 个小组,2008 级 7 个小组。这 10 个小组分别参与 10 所中小学校(教育培训机构)的服务性学习实验。2007 级 3 个小组的服务对象是他们自己联系的潜在的工作单位,即他们毕业后有可能去工作的单位。2008 级 7 个小组是由他们就读院校联系的 7 所中小学校和培训机构。

明确成员角色分工。明确服务目标、对象、内容场地、时间安排、参与者与指导者及其职责;制订问题解决和过程评价体系等。其次,组织学生认真学习并接受开展活动所必要的知识教育和具体训练。

在服务性学习形式上,我们采用短期、定期和集中相结合的方法。所谓短期

[①] 参见罗毅,《基于服务性学习的职前英语教师专业发展研究》,《英语教师》,2011 年第 11 期。

就是让师范生一次性或几次性地到服务学校参与服务性学习,定期指每周的某一固定时间参与服务性学习,集中是指利用为期6周的教育实习时间进行服务性学习。

2. 内容与反思

1)内容

2011年3月至10月,服务性学习小组到相应的学校(教育机构)实施了服务性学习。基于对服务性学习对象学校师生进行的问卷调查和访谈,我们将服务内容确定为:了解基础英语教育的现状和教育理念、办学思想,中学生的英语学习现状;参与社区学校指导教师、课程教师、服务目标和师范生之间的互动;参与课堂观察、教学设计、上课、说课、评课、辅导和作业批改等服务性学习活动。

(1)课堂观察

课堂观察是教师为了理解教学和课堂交流而走进其他教师的课堂,进行密切注视和监听。它使英语师范生了解执教者如何将英语课程标准倡导的教学理念贯彻于教学之中,如何处理英语教材,如何解决语言知识与语言技能的关系,如何根据课型采用不同的教学方法。通过课堂观察,可以发现许多中小学英语教师经常采用的有效教学方法,如在教授"It takes sb. some time to do sth."句型时,与"spend some time (in) doing sth."句型相比较;"What do you think of..."与"How do you like...?"相比较。这种将教材不同单元,乃至不同年级的知识连贯起来的方法,有利于培养学生使用英语的能力。而英语师范生往往"就事论事",缺乏知识间的联系能力和意图。另外,他们还发现,中小学英语教师使用的英语课堂用语恰到好处,简单明了。而英语师范生在试讲时使用的课堂用语往往不考虑学生对象,而是根据他们自己的词汇量来决定,这就难以保证课堂指令的有效性。

②教学设计

教学设计是实施有效教学的前提和保证。教学设计中,英语师范生对教学目标的表述往往不够规范,即他们常用"Enable students to...", "Let students..."等表达,而"教学目标不是教师一节课中要做的事,而是学生学完一节课时能够做的事"(王蔷,2006:53)。通过与中小学英语教师一起备课,师范生进一步明白了教学目标的执行者是学生,而非教师。因此,正确的表达是"Students can/ are able to/ should be able to/ are required to..."。此外,行为动词的使用也应准确,便于检查或评价。不能用笼统的动词,如 learn, practice, listen to 等,而应用 say, use, present, ask, answer 这类具体的动词。在"备学生"方面,英语师范生也学会了关照学生差异,根据不同层次设计语言活动和布置练习。

③上课与评课

上课是教学的中心环节。英语师范生的教学实践能力最终要由教学(上课)能力来体现。英语师范生参与上课,能够真实地体验教学,并在辅导教师指导下,针对不同课型,或同一课型的不同阶段采用不同的教学技巧。如在任务型阅读教学时,通常采用 pre-reading, while-reading 和 post-reading 三个阶段,而这三个阶段又涉及不同类型的活动。如在 pre-reading 阶段,常开展的活动有:明确目的、熟悉话题、预测内容、激发兴趣、布置任务;在 while-reading 阶段,常开展的活动有:略读、寻读、根据所读内容画图、标图、连线、填表、排序、补全信息、为课文选择或添加标题、根据所读内容制作图表、边读边操作、判断真伪;而在 post-reading 阶段,常开展的活动有:转述、角色扮演、讨论、改写、续尾、写摘要。通过实践上课,师范生提高了教学规范性,受益匪浅。例如,有成员在服务性学习期间讲了 20 节课,而且每节课都有该校的英语教师听课和评课。通过评课,这位成员的教材处理能力和教学创新能力明显提升。

④说课

说课是一种教学研究活动,是教师专业发展的重要途径。英语师范生参与说课活动有利于培养他们的研习能力。师范生往往对教学重点把握不住,也很少利用已有知识作铺垫来突破难点。通过说课活动,上述问题得到了有效解决。在说教学活动时,他们不仅能够说出活动的类型,而且能够阐述这些活动的理论依据。如在为什么要设计任务教学活动时,他们能够用交际教学理论和社会建构主义理论加以解释。而且,他们在设计不同层次的英语阅读问题时,能够用"三差"(information gap, reasoning gap and opinion gap)观点加以阐述。另外,师范生在课件制作时往往过于花哨,影响学生的注意力;在 warming-up 阶段,他们所提供的素材与单元话题无关的现象时有发生。通过说课,这种现象得到了改观。

⑤辅导与作业批改

辅导和作业批改是英语师范生服务性学习内容的重要方面。通过辅导与作业批改,可以发现易错点,从而判定教学的难点。一方面,师范生可以从教师所布置的不同题型中得到启示。如,英语教师常用关键词填空的形式改写英语课文,以提高学生的摘要写作(summary writing)能力。另一方面,也发现一些教师布置笔头机械性作业多,口语训练少;而学生为了完成任务,只求答案,不求甚解。基于这种情况,小组成员在辅导时,尽量给学生提供具有交际语境的口语训练机会,将笔头作业任务变成真实的语言活动,以提高学生兴趣。在辅导语法时,不是简单地演绎语法规则,而是采用归纳的方法,让学生通过例句比较和分析,归纳和认知语言规律。

2)反思

反思是英语师范生提高水平、形成教学能力的重要途径。在服务学习过程中,通过反思英语教学理论与实际教学的关系,英语师范生形成了一套有价值的服务性学习经验,并根据活动进展的情况及时对计划进行修正、调整。在此阶段,教师作为指导者和启发者从侧面辅导学生将服务活动和校内课程联系起来,帮助他们处理服务性学习中遇到的困难,并提供了必要的指导和激励。由于师范生接触各种观点,这就促使他们批判性地审视理论和观点。同时,师范生采用多种手段进行反思,并形成反思习惯。也就是说,反思是经常性的,并贯穿于各个实践教学环节。通过反思,师范生普遍感到影响他们教学效果的不仅包括课堂管理、课堂指令、教材处理和练习设计等教学实践方面的能力,而且也包括英语学科知识能力,如系统而连贯的英语语法能力。这就为学院的师范教育改革提供了依据。

3. 评价与完善

我们利用既定的评价指标和方法对学生在服务性学习活动中的表现和收获以及对社会的影响进行分析和评价,记录和评定了学生达到服务标准的程度,为学生学习提供了一种手段。评价过程中,我们注重过程性评价,自我评价、小组评价、指导教师评价相结合。彰显了评价的促进功能,并使之成为学生互相学习、取长补短的平台,淡化了评价的甄别功能。另一方面,从评价中发现原始计划可能存在的不合理性和不适用性,从而修正和完善服务性学习计划和方案。

(二)作用与效果

通过八个月服务性学习,英语师范生取得了如下成果。①了解了中小学校教育教学状况、社会和学生需求;②教师职业意识和公民责任感明显提高;③加强了教育理论与教学实践的联系,形成了一定的教实践学能力;④掌握了多种反思教学的手段,具备一定的教育研习能力。

前两个方面,我们已专文详述(罗毅,2011)。下面着重介绍英语师范生的研习和教学能力情况。

1. 科研能力初步形成

通过服务性学习,学生形成了初步教育科研能力。第一,由于学生参与了服务性学习项目的全过程,包括计划制订、问卷设计、课题论证和调研过程,他们清楚了教育科研的基本方法和程序,其研究能力也得到实际锻炼。第二,他们发现的问题可以成为行动研究的素材。如中小学英语教师水平参差不齐,不论是英语基本功还是课堂教学,差异明显。具体表现为,有的英语教师英语口语准确流利,运用得体;有的英语教师口语糟糕,使用较少。有些教师不敢对英语教材进行合理的调整和增减,对练习的处理也是只增添、不删减。公开课时,教师开展的活动较多,不是公开课时就没有什么活动。中小学英语教师的专业发展动力不强,科研能力与新课程要求相差甚远等。

2. 教学能力显著提高

参与服务性学习的英语师范生的教学能力得到显著提高。在浙江省师范生教学技能竞赛中,一名学生以第三名的成绩荣获二等奖(英语);在校级师范生教学技能竞赛中有5人获一等奖。其中有位学生的教学设计能力到达优秀教师的要求,一位市级英语教研员对该生的评价是:"具备省级教学名师的潜能"。在后来的教师应聘中这位学生以第一名的成绩被某重点高中录用。

总体上讲,服务性学习以"服务—反思—再学习"为形式,促进了英语师范生的整体发展。通过提供服务性学习,英语师范生不仅对不同类型学校的英语教学现状有了深入了解,提高了教师职业认同感;更重要的是,他们的学术课程理论得以实践、反思和强化,科研能力初步形成,教学能力显著提高。然而,由于服务学校指导教师的经验、责任心、重视程度存在差异以及英语师范生个体的差异,服务性学习的效果也不完全一致。加之本研究的实验周期较短,研究范围较小,参与人员有限,因此,还有待更多的教师实施更大范围的研究。

第三节 教学研究

一、专家引领与名师示范

(一)专家引领

教育专家有丰富的教育理论知识,且能从理论的高度看得教育问题,对职前英语教师的重要发展具有引领作用。近年来,我们邀请过十几位专家、学者为师范生举办各种讲座,如上海外国语大学戴炜栋教授的课题研究和陈坚林教授的自主学习讲座;浙江大学盛群力教授的教学设计讲座;杭州师范大学马兰教授的合作学习讲座;浙江师范大学洪明教授的师范生教育改革讲座;温州大学彭小明教授的教学设计讲座,等等。

这些专家、学者的讲座理论先进,视野新颖,代表了学科前沿,从理论高度提出了合格中学英语教师应具备的素质,开阔了职前英语教师的知识视野,激发了他们的教师意识,为他们成为合格英语教师乃至对他们的终身专业发展产生了积极的影响。

(二)名师示范

与专家讲座不同,教学名师更容易将教育理论落实到具体的教学实践之中。也就是说,教学名师能够以其独特的风格将学生带入课堂情境,体现课堂氛围,或者以"实战"的方式评价、指导英语师范生的教学实践。我们连续两年邀请浙江省特级教师、温州大学陈作棉教授来我校举办师范技能讲座。陈老师让师范生现场进行模拟上课,并当堂给予评价和指导,陈老师的评价涉及教学目标是否达成、重难点的把握是否准确、教师话语的应用是否恰当、板书设计是否体现教学思路、教学课件的制作是否合理以及师范生的服饰和教态是否得当,等等。其次,我们邀请舟山教育学院(原舟山市教育教学研究中心)英语教研员陈力老师给师范生进行新课改方面的介绍,陈老师用生动的事例让学生体验我省基础英语教学改革的状况,并结合省级英语优质课评选标准,阐述一节好的英语课所具备的要素以及教师所具备的素质。另外,我们多次邀请我校毕业生丁银艳(现为浙江海亮教育集团国际学校校长助理)给英语师范生做讲座,主题涉及在校期间如何做好生涯准备、如何进行创新教育、如何做一个受学生喜爱的英语教师、师范生教学技能竞赛对师范生今后工作的影响,等等,此外,她还给英语师范生上了"示范课"。丁银艳曾以全省第三的成绩获得第四届浙江省师范生教学技能竞赛二等奖,又是我校的毕业生,而且毕业仅一年就当上了校长助理,连续2年被评为任职学校的优秀教师(每年全校近一个名额),所以丁银艳的讲座能够引起学生的共鸣。

总之,教学名师的讲座很"接地气",能够有效地将"理论"与"实践"对接,并使"理论"走进课堂,激发英语师范生成为优秀教师的信念,为他们今后的专业发展奠定基础。

二、行动研究

所谓"行动研究"(action research)就是对教师教学中的问题进行思考、分析和判断并采取相应行动,以达到改进教学之目的,因此行动研究常常与反思教学相关联。

鉴于此,我们以"问题课题化"为导向,对"英语教学理论与实践"课程进行改革,以期提高英语师范生的教学反思能力。

新课程背景下,国家将中小学教师的专业发展提到历史日程上来,并对教师参加继续教育的学时做了硬性规定,教师的职业能力得到明显提高。然而,大部分中小学英语教学尚未实现从"教书匠"向"研究型"教师的转型。总体而言,我国中小学英语教师的素质与新课程要求距离甚远,与"研究型"教师的要求差距较大。究其原因,主要是理论水平低,科研能力差,不知道如何进行教学研究。在这种情况下,教学的盲目性大于理性,教学效果大打折扣。

虽然师范生在校有专门的时间学习教育教学理论,但由于缺乏职业意识,他们对教育类课程往往不够重视;在教学实践方面,由于课时限制,加之见习、实习时间短,以及实习中教师指导的缺席,导致教学实践课程走过场现象严重。

"英语教学理论与实践"是一门理论与实践相结合的课程,其理论性和实践性都很强。然而,教学中,教师就事论事的情况较为普遍,不能将教学中出现的问题有效地转化为研究课题供范生观察、讨论和研究,也就是说,不能把教师知识内化为师范生的知识体系之中。因此,英语师范生不论是在教学设计中,还是在说课和模拟上课中,其教学活动安排与英语技能培养类型不一致现象较为普遍。由于理论知识欠缺,教学设计往往缺乏必要的理论支撑。另外,在课堂用语的选择、教学活动的组织、教学重点的确定和教学难点的突破方面都存在较为明显的不足,而这些问题又带有普遍性。我们认为,导致这些问题的原因是缺乏"问题"观念,更没有把"问题"上升到"课题"高度加以研究。

我们认为,"'问题课题化'取向的'英语教学理论与实践'课堂教学研究"是解决上述问题,提高学生实践反思能力,形成"研究型"教师潜质的有效途径。

该课题基于教师知识建构论,在教师教育中,教师学习强调教师个人对学习及课堂的理解。现代教育摒弃了传统教育中"教师是纯粹知识传授者的观念",赋予教师多元化的角色,其中研究者成为现代教师的主要角色,它是教师专业发展的原动力。正如吕乐、戴炜华(2007)所言,"教学是研究的过程,教师是研究者,只有作为研究者的教师才能做到职业发展"。教师专业发展的一个标志就是,教师不再被视为外在的、研究者研究的对象,而是一个参与甚至主动行动的研究者,当他们发现问题、遇到困惑、缺乏策略时,不再仅仅依靠外在的研究者,而是自己去探索问题,自己去解决困惑,自己去构建那些策略性知识(杨庆余,2005)。因此,该项目基于行动研究的视角,将"教学问题"转化为"研究课题",并将课题研究成果运用于课堂教学之中,进而促使课题常规化,即培养师范生将教学问题转化成研究课题加以解决并运用于课堂教学之中的习惯和能力。该项目强调教学理论如何有效地在教学实践中得以应用,强调在规范课堂程序和要求的基础上进行适应语境的创新性教学,通过"观察—反思—实践—再反思—再实践"的教学模式,在互动中促进他们合作意识的形成和问题解决能力,进而形成"研究型"教师潜质,为他们在今后的职业生涯中真正成为"研究型"英语教师乃至卓越英语教师奠定基础。

该课题重点集中在改革内容、改革目标和拟解决的关键问题等三个方面。

(一)改革内容

本研究的主要内容是以"教学问题课题化"为导向,改进英语师范生"英语教学理论与实践"课程,注重将教学问题上升为研究课题,并将研究成果运用于课程教学。具体回答如下问题:

①为什么说教学问题课题化是实现英语师范生英语教学理论与实践课程教学质量的关键?

②如何发现教学问题?

③如何将教学问题转化为研究课题?

④课题研究的方法和步骤是什么?

⑤如何实施"问题课题化"取向的"英语教学理论与实践"课程教学?

(二)改革目标

本改革的目标以建构主义为指导,强调教师知识的获得是在互动活动的过程中协商、建构而成,教师的教学活动本身就是不断反思的研究活动。本研究以"问题课题化"为取向,强调在英语师范生培养过程中创设良好的研究环境,观察教学问题,形成研究课题,选择有效的研究方法,确立合理的研究步骤,实施有效的实证研究,进而实现以"问题课题化"为导向的"英语教学理论与实践"课程教学改革,提高课堂教学质量,为培养符合时代特征,具有研究潜能的中学英语教师做准备。

(三)拟解决的关键问题

①进一步明确研究目的,提高认识。明确"研究型"教师是新时代的呼唤,而"问题课题化"取向的"英语教学理论与实践"课程教学改革是培养具有研究型教师潜能的师范生的保障。

②如何将问题转化为课题。课题组成员要分工协作,指导师范生对教学问题进行认真梳理和分析,帮助他们将有价值的问题转化成为研究课题。

③成立学生研究小组,明白课题研究的基本方法、步骤,并能将研究成果用于实践教学。

到目前为止,该项研究尚在有条不紊的研究和实施之中,并已取得阶段性成果。

三、项目研究

我们立足教育研习的导向作用,在职前英语教师中广泛开展教育研究活动,提高了学生的教育研究能力。

首先,我们鼓励学生积极申报我校每年出台的共青团大学生科技创新项目,这些项目有专门的教师指导,学校提供一定的经费资助。近年来,我校有10余名英语师范生主持并完成了该项目的课题研究,如高雯雯的"在新课程标准下的中学生英语学习方法的研究"、褚婷婷的"初中英语'三本自主学习'实验研究"、郭易鑫"非英语专业大学生课外英语听力训练状况及提高策略"、汪含昱的"基于服务性学习的英语师范生职业意识与教学技能的培养"、葛栋娜的"中小学教师的非智力因素与学生心理健康的关系研究"、屠睿捷的"英语听力教学方法初探"以及林晓佩"小学英语语音教学策略和行为分析",等等。通过对这些课题研究实施,学生一方面对教育问题有了更深刻的认识,另一方面掌握了教育研究的基本方法和步骤,并初步形成了问题意识和研究意识。

其次,我们要求学生立足课堂,对他们的试讲进行观察和反思,以学习共同体(学习支持小组)的形式,让授课学生进行课前或课后说课,着重说明该教学设计的意图和理论依据,然后同伴指出不足,并给出改进方案。对典型的教学问题,我们将其升华到课题层次,组织学生对其进行专题研究。在反思过程中,我们注重利用自动录播系统的优势,让学生反复观看某一行为,并结合优秀英语教师视频,进行教师话语分析和对比研究,让学生观察优秀教师的语言特点和非言语行为以及处理突发事件的方法,从而让他们领略优秀教师的风采,为他们的实践教学提供"镜像学习"的参照。

除了对教育教学问题进行研究之外,我们还要求职前英语教师将研究范围扩展到更广泛的领域,如虞炯霏的"舟山自由贸易区背景下舟山高校商务英语人才培养研究"、林望的"浙江舟山群岛新区旅游业英语人才培养方案的研究"、李秋叶的"舟山市'渔村风情'英文推广介绍方案研究"、张丹阳"舟山自由贸易区形势下中外商业禁忌的对比研究"以及李雅婷"文化差异下舟山景点翻译误区及纠正方案",等等,进一步拓展了学生的研究思路和范围。

总之,通过课题研究,学生不仅掌握了教育研究的方法、过程,提高了实际操作能力,更重要的是,规范了他们的学术行为,净化了他们的学术研究思想,为他们今后避免学术不端行为会起到一定的预防作用。

四、竞赛激励

对英语职前教师而言,我们主要通过校级和省级师范生教学技能竞赛激励他们掌握教育教学理论和学科教学论知识,熟悉中学课程标准和中学英语教材,尤其是要创造性地开展实践教学活动,提高教学的有效性。

多年来,我们利用配有自动录播系统的现代化教室进行师范生教学设计、课件制作、即兴讲演和模拟上课等环节的训练。我们让学生对照录像反思自己的教学,这对规范教师行为和教师语言能够起到良好的反馈作用。

竞赛能够有效地激发师范生进行教学实践的动机,使他们全身投入到教学实践之中。如当年丁银艳为了准备浙江省师范生教学技能竞赛,在教育实习期间讲了20节课,听了90多节课。所以,竞赛可以促进学生理论联系实际,对他们提高教学实践能力能够起到良好的推动作用。

五、建立学习共同体

合作学习的分组方法是根据英语师范生的学习基础、性别、性格等差异,将他们进行异质分组,形成学习共同体。这样分组的好处在于,有利于优势互补,鼓励互帮互学,培养合作精神。

在教学评价时,以学习小组为单位计分,促使学生在训练过程中积极、主动地反思自己和同伴的教学,并相互指出需要改进的地方。教师对讨论积极、主动的学习共同体及时给予鼓励、加分,从而更好地发挥学习共同体的作用,使之真正成为教学观念更新、教学过程优化、教学方法合理、教学信心增强、教学问题得到及时反思与矫正以及平等互尊、相互鼓励的师范技能学习协作体。

实践证明,学习共同体能够使师范生在教学实践过程中得到及时反馈,而且反馈双方都受益,从而提高了教学反思效果,最终使他们的教学实践能力得到迅速提高。

第四节 评价研究

职前英语教师在就读院校学习期间其教师知识水平如何评价?其评价标准和依据又是什么?所采用的评价方式是否有利于他们的终身专业发展?基于上述问题的思考,我们认为,对教师技能的评价应指向学生未来的专业发展目标,即

"研究型"教师的培养。鉴于此,我们从下列几个方面对评价方式进行了研究和实践,收到一定的效果。

一、常见的评价方法与功能

1. 评价方法

评价的种类繁多,其功能各异。根据评价目的的不同教育评价课分为诊断性评价、形成性评价和终结(或称总结)性评价。

(1)诊断性评价

诊断性评价就是为了了解学生及他们的知识储备、技能和能力水平、学科态度和抱负水平以及导致他们成功和失败的原因等进行的查明和识别的评价活动。

(2)形成性评价

形成性评价是在进行过程中,为引导该项教学前进或使教学更为完善而进行的对学生学习结果的确定,其目的主要是利用各种反馈改进学生的学习和教师的教学,使教学在不断测评、反馈、修正或改进过程中趋于完善,从而达到教学的终极目标。

(3)终结性评价

终结性评价也叫总结性评价,是对学生在某个领域或某个主要部分所取得的较大成果进行全面的确定,以便对学生的成绩予以评定或为安排学生的学习提供依据。终结性评价着眼于学生对某门课程整个内容的掌握,注重测量学生达到该课程教学目标的程度。如期中、期末考试和毕业会考等。

根据评价参照标准的不同可分为相对评价、绝对评价和个体内差异评价。

(1)相对评价

相对评价是一种在评价群体之内确定评价标准,然后利用这个标准评定每个评价对象在集合中的相对位置的评价类型(黄甫全,2006)。

(2)绝对评价

绝对评价是一种在评价群体之外,预定一个客观或理想的标准,并运用这个固定的标准去评价每个对象的评价类型(黄甫全,2006)。

(3)个体内差异评价

个体内差异评价是对同一评价对象的不同方面或某一方面的前后变化进行比较的评价(黄甫全,2006)。

根据评价主体的不同可分为自我评价和他人评价。

(1)自我评价

自我评价也叫内部评价,是评价者对自己所做的评价。

(2)他人评价

他人评价也叫外部评价,是外部评价者对评价对象进行的评价,如教育行政部门进行的评估检查、督导评价、专家评价、同行评价和社会评价等。学生评教也属于他人评价范畴。

近年来,教育性评价和发展性评价走进人们的视野,为促进评价改革、完善评价体系带来了新视角,注入了新元素。

(1) 教育性评价

教育性评价视评价为教学中一个不可分割的组成部分,强调评价应该是为了教学(不只是为了测量)而精心设计的,用以向学生揭示什么是有价值的工作(向学生安排真实性任务);评价应该向所有学生和教师提供有意义和有用的反馈,而且也能确实地评价学生和教师对反馈的使用程度(Wiggins,2005)。也就是说,教育性评价是一个着重真实的任务和不断的及时反馈的评价体系,旨在改进学生的表现,而不是审计学生的表现。

(2) 发展性评价

发展性评价涉及学生和教师评价两个方面。前者称为发展性学生评价,后者称为发展性教师评价。

所谓发展性学生评价就是以促进学生的全面发展为根本目的的学生评价理论和评价体系。其特点如下:基于一定的培养目标,并在实施中制订明确、具体的阶段性发展目标;其根本目的是促进学生达到目标,而非检查和评比;注重过程;关注学生发展的全面性;倡导评价方法的多元化;关注个体差异;注重学生本人在评价中的作用(周卫勇,2002)。

所谓发展性教师评价就是促进教师专业发展的评价理论和体系。发展性教师评价淡化了评价的甄别和评比功能,强调评价对教师教学的改善和促进作用。

2. 评价功能

(1) 诊断性评价、形成性评价和终结性评价

诊断性评价的功能主要在于确定学生的入学准备情况,决定对学生的适当安置,以及识别造成学生学习困难的原因。

形成性评价的功能主要在于改进学生的学习,为学生的学习进步强化学生的学习以及给教师提供教学反馈信息。

终结性评价的功能在于评定学生的学习成绩,预言学生在后续的学习中成功的可能性,确定学生在后续学习中的学习起点,证明学生掌握知识、技能的程度和能力水平以及对学生的学习提供反馈。

(2) 相对评价、绝对评价和个体内差异评价

相对评价重视区分个体在群体中的相对位置和名次,适应性强,应用面广,适合以选拔为目的的评价活动,但评价结果并不必然代表评价对象的实际水平,体现的只是个体在群体中的相对位置,容易导致激烈竞争,对教学产生负面影响。

绝对评价可以在很大程度上反映被评价者的客观水平,适用于以资格鉴定和水平达标为目的的评价活动。在实际工作中,确保标准的稳定性、客观性和准确性,是提高绝对评价科学性的关键(黄甫全,2006)。

个体内差异评价关照评价对象的个体差异,并关照他们的发展变化,使他们避免竞争压力,但没有客观标准和外部比较,难以掌握评价对象的真实水平(黄甫全,2006)。

(3)自我评价和他人评价

自我评价能够保持评价对象的自尊心,激发他们的自信心,增强他们自我评价的意识和能力。自我评价没有外在压力,可以披露问题的本质,做到及时反馈与矫正。但自我评价缺乏外部参照系,不便比较,主观性强,评价结果的信度较低。

他人评价从外部反映评价对象的情况,比较客观,信度较高;但他人评价的组织工作较为复杂,费时费力。

(4)教育性评价

教育性评价将评价置于教学的中心地位,注重评价与教学的密切联系,强调真实性任务与评价密切联系,强调通过"表现—反馈"循环方式来促进学生的学和教师的教。

(5)发展性评价

发展性评价关注学生的学和教师的教,旨在促进学生的全面发展和教师的专业发展。因此,发展性评价注重过程,强调进步,倡导评价主体的多方参与和合作,尊重师生个体差异,注重评价主体的自我反思。

二、建立优质教学评价体系

不同的评价方式往往侧重不同的评价目的,并表现出不同的评价功能。传统的教育评价注重对学生表现的审计,强调对学习结果的判定,忽视教学过程中评价对教学的促进作用。新课程倡导形成性评价与终结性评价相结合,注重从重视"结果"转向重视"过程"的评价,注重从单一的学业评价转向综合的素质评价,注重从单一的教师评价转向学生、同伴与教师相结合的多元评价主体的参与。而教育性评价和发展性评价预示了教育评价的未来趋势,其目的在于促进学生的学和教师的教,注重评价与教学相结合,强调多元评价主体的参与、合作,注重学生的全面发展和教师的专业发展,为我们建立优质教学评价体系奠定了基础。然而,优质教学评价并不在于评价的形式如何,而是在于评价的目的是否符合新课程要求,能否促进教与学的改善。因此,根据不同的评价目的和任务,我们可以选择不同的评价方式。例如,师范生入学时,我们了解他们的英语语音状况,并以此进行正音训练,那么诊断性评价就是合适而有用的方法;在英语写作教学中,学生个体、同伴和教师相结合的评价,即自我评价和他人评价相结合的方法更为有效,并注重过程评价与结果评价的融合。然而,对英语师范生专业发展的评价应该立足于他们教育信念的建立、语言观和教学观的树立、教学目标的确立、教学策略和方法的选择、教学任务的设计、教学事件的处理、教学活动的实施以及教学反思、反馈与调整等方面。教学工作的复杂性决定了教育评价的综合性特征。韩刚(2008)认为,"发展性评价"与新课程评价相一致,是一种适合于英语师范生的新课程评价,他将该评价的功能归纳为"诊断"、"引导"和"建构"三种。

1."诊断"

"诊断"是几乎所有评价都共有的功能之一,即通过某种形式的学习检查,帮助学生了解自己的学习情况,发现学习中的问题,促进学生对自己学习计划和学习策略进行适当调整,以便取得更有效的学习效果。对师范生而言,"诊断"的内容涉及两个方面。一是对师范生的学科知识和教学技能进行的诊断性评价,二是对师范生的教学思维能力进行诊断。后者通过观察、交谈和自述等方法能更有效地了解师范生对语言观、教学观和教师观的认知情况。

2."引导"

"引导",即对师范生外语教学理论和方法的引导:通过各种课堂教学分析与评价活动,帮助师范生了解有效外语课堂教学标准及其内涵,包括新的教学理念、策略和方法,促使师范生用这些新的教学标准来反思外语教学问题、规范教学行为,同时也了解自己的发展现状:一方面了解自己的专业发展优势和成绩,从而获得成就感和自信心;另一方面了解自己的教学问题和缺陷,并学会将教学问题上升为课题加以研究和解决,以有效促进自己的专业发展。

3."建构"

"建构",指师范生对有效外语教学的认知过程。师范生作为评价主体参与教学评价实际上是他们学习外语教学的一部分。通过亲身体验评价活动,他们不但了解和理解了优质教学评价的理念、方法、过程、策略和手段,而且可以在体验这些新的评价方法、策略和手段的同时,通过与教师和同伴的交流和协商,更深入地了解课堂教学的各种内在因素及其关系,学会正确地描述和诠释教学的过程和动机,与教师或同伴一起达成"有效外语教学"的共识,这种经历对他们形成反思性实践教学习惯将产生深远的影响。

可见,这种基于"诊断"、"引导"和"建构"的发展性评价不仅包含了教育评价最本质的因素——"反馈"与"矫正",而且还有助于师范生将抽象的外语教学标准具体化,并逐渐转化为一种自己的理解,形成自己的教育信念。

三、优质教学评价的特征

我们这里所说的优质教学评价,并不是摒弃传统评价基础上的另起炉灶,而是整合传统评价中合理、有用的成分,使其凸显教学评价的教育学和发展性。对英语师范生而言,优质教学评价不是看其名称如何,而是看其能否促进师范生的学科知识习得、教学技能提高、对教育问题的认识以及教育信念和良好反思习惯的形成。因此,优质教学评价应该具有过程性、教育性、发展性和多元性特征。

1. 过程性

优质教学评价的过程性特征表明,教育评价不仅关注结果,而且更强调形成结果的过程。这就要求,教育评价的频率要高,要经常进行,使之成为教学不可或缺的组成部分,即在教学中实时渗透评价,在及时评价中改善教学。例如,在师范生试讲过程中,对他们可能出现的问题可以随时"叫停",令其"重演",直至达到"理想标准",因此,过程性体现了及时反馈与矫正的理念,能有效促进教学改善。

2. 教育性

优质教学评价的教育性特征表明,教育评价要具有真实性和反馈性。真实性主要指评价环境和评价任务要尽可能接近现实,以便能了解学生把所学的知识和技能用于实际的真实表现;反馈性主要指在评价过程中要给学生提供获取和利用可了解自己表现的各种机会,从而能根据评价目标对自我表现进行自我评价和自我调整,逐步完善自己的表现(Wiggins,2005)。

3. 发展性

发展性是优质教学评价的根本目的。教育评价不仅要关注师范生的教学技能,更要关注作为未来教师的师范生的"人的发展"。因此,通过评价,师范生不仅要了解自己(优势和不足),还要理解作为教师的自己(教师角色),进而树立正确、先进、科学的语言观、教学观和教师观;通过评价,师范生还要明白"教师工作即研究"的观点,理解不断的实践、反思与调整,是促进他们专业发展的必经之路和有效途径。因此,发展性也体现了注重过程性,淡化了教育评价的甄别功能,强调评价对师范生专业发展的促进作用。

4. 多元性

多元性也即开放性,一是评价主体多样化,即自我评价、同伴评价(小组评价)和教师评价相结合,校内、校外相结合;二是评价形式多样化,即阶段性评价和终结性评价相结合,诊断性评价、教育性评价和发展性评价相结合;三是评价内容多样化,即学科知识、教学技能、教育态度与信念、反思方法与能力、创新能力以及教育研究能力都成为评价的重要指标。

四、评价实例

1. 对英语师范生教育信念的评价

正确的教育信念或教师信念往往是师范生坚定教师职业信仰,追求教学卓越的力量源泉,也是他们今后成为教学名师的重要因素。师范生教育信念的差异不仅反映他们对教师职业的认知状况,而且直接影响他们对教育课程的学习投入程度。对英语师范生的教育信念作出恰当的评价,可以掌握他们对教师职业和英语教学的理解状况,并据此对其施加有的放矢的教育,以便使他们树立正确的教育信念或教师信念,有效进行教师教育课程的学习。

我们在进行"英语教学理论实践"课程教学的第一节课,让英语师范生回答"你为什么要选择师范专业?"这一问题,以了解他们的教师信念。下面我们选择三位有代表性的学生的教育信念进行评价。

同学 A：

说实话，当初选择英语师范专业并不是我自己的愿望，是家长的意愿，是在我父母强烈要求下我才填报师范专业的。

同学 B：

我填报师范专业是我自己的愿望。因为教师是一个受人尊敬的职业，现在教师的地位越来越高，工作比较稳定，经济待遇也不错。

同学 C：

我选择师范专业完全是我自己的愿望。我从小就想当老师，因为教师是知识的象征，是育人的职业，而育人的职业是太阳底下最光辉的职业。另外，我很喜欢小朋友，他们天真活泼，跟他们在一起永远感到年轻和快乐。

这三位同学虽然都读了师范专业，但他们的教育信念差别极大。同学 A 对教师职业几乎没有认知，因此其教育信念是缺失的。同学 B 虽然自己选择了师范专业，但其对教师职业的认知非常肤浅，主要停留在工作环境和工作待遇方面，即对自己的益处。同学 C 对教师职业有较为深刻的认知，对教育的本质有所了解，并与其兴趣相一致。可以说，该同学的教育信念比较坚定。

2. 对英语师范生教学设计的评价

Lesson Plan
NSEFC Module 5 Unit 1
Great Scientists

Teaching ideology

National English Curriculum for English is designed to develop students' overall ability, which pays more attention to the students' comprehensive development of language skills, language knowledge, affects, strategies and positive attitude towards English, enabling the acquisition of the good pronunciation and intonation and laying a good foundation for further study. Based on the understanding of reading as an interactive process, a reading class is mainly divided into three stages, which are pre-reading, while-reading and post-reading. Much emphasis should be laid to the cooperative language learning and Task-based language teaching.

Analysis of the teaching material

This teaching material is the reading part from *New Senior English for China* Module 5 Unit 1. This unit is concerned with the advances in science on which our material comfort and lifestyle depend. This passage mainly talks about how John Snow defeats "King Cholera".

Analysis of the learners

The students are from Grade One in Senior High school. As for high school students, they have achieved certain English level and obtained the ability to get the main idea of the passage. Besides, their senses of cooperation and competition have been strengthened. Due to their activeness and curiosity, it is easy to activate Ss to express their own opinions. However, some new words and phrases may cause difficulty for them to learn. And they are in the stage changing from the concrete thinking to the abstract one; therefore, their ability of analysis is still limited. Thus the teacher should play roles of controller, assessor, organizer, participant, prompter and resource provide.

Learning objectives

1) Language knowledge

- Ss can master the following words and phrases:

New words: disease, draw...

New phrases: draw a conclusion, the way of doing...

2) Language skills

- Ss can develop their ability of reading and get the training of skimming and scanning for relevant information accurately and quickly.

- Ss can enlarge their knowledge and train their ability of communication and creativity.

- Ss can summarize the whole passage with the help of the clues.

3) Affective objectives

- Ss can realize how to prove a new idea in scientific way.

- Ss can involve in the activities to improve their interest in expressing.

- Ss can increase their spirit of learning through discovery and autonomous study.

4) Cultural awareness

- Ss can broaden their horizons by knowing about the correct order of proving a new idea.

5) Learning strategies

Cognitive strategy: Ss will use their memory and thinking skill to help their English learning.

Control strategy: Ss will do self-assessment and adjust their learning method.

Resource strategy: Ss will take advantage of the dictionary, computer and any possible resource for more information about the topic.

Communicative strategy: Ss will learn more communicative skills by doing the group work and use English to solve the problems in life.

Learning focuses and anticipated difficulties

1) Language focuses

• To train the Ss ability of predicting, skimming, scanning, summarizing and getting to know the purpose of writing this passage.

• To cultivate the ability of autonomous study.

• To teach them new words and phrases.

2) Anticipated difficulties

Ss may have difficulty in developing their communicative competence, especially reading and speaking skills by performing tasks, such as talking about the steps of doing an experiment. Besides, it is difficult for them to grasp the structure of the text and the author's intention.

Teaching method

In this lesson, I will thematically adopt the Task-Based Teaching Approach and Communicative Teaching Method. Combining the communication and focused learning will help Ss to improve ability of reading skills. In the teaching periods, the class is mainly divided into five parts, which are getting ready, focusing on main facts, reading between the lines, responding to the text and assignment.

Teaching aids: Multimedia devices and PPT documents

Teaching procedure

Step1: Getting ready(5′)

Activity1: Greetings and free-talking

T: Tell Ss some information about a scientist and let them guess who he is.

He has made a famous kite experience.

He learned a lot from it and invented lightening rob(避雷针).

—Benjamin Franklin

[Transitional language]: "As I tell the information about a scientist, please guess who he is. You can stop me and say 'Bingo! It's XXX!' There will be no punishment for these who guess wrong, but the student who gets the right answer will be awarded with the opportunity to hold the same game later on."

Ss: Listen carefully and guess.

Arrange the words in an organized way and let others guess.

> The greatest scientist in the 20th century
> The Theory of Relativity
>　　　　　—Albert Einstein

> Electric bulbs
> ＞1000 inventions
> 　　　　—Thomas Edison

> Radium(镭)
> Nobel Prize twice
> 　　　　—Marie Curie

> Father of Hybrid Rice
> Put an end to hunger
> 　　　　—Yuan Long ping

[Aims]

To get familiar with the students to get rid of nervousness.

To activate their existing background knowledge.

To warm up to stimulate students' curiosity and interest in this topic.

Activity2:Question bombers

T:Give Ss the following question—

"What are the similarities of these scientists?"

Ss:Have a discussion to give a list of adjectives.

T:Ask the question

"Do you know how to prove a new idea in scientific research?"

Let Ss put the following pieces of paper into right order.

> Find a problem　　Collect results　　Think of a method
>
> 　Make a question　　Find supporting evidence
>
> 　Draw a conclusion　　Analyse the results

Ss:Try to put them into correct order.

[Aims]

To increase the students' learning motivation.

To know some background information and lead into the reading passage.

Activity3:Prediction

T:Let Ss predict the contents of the text.

[Transitional language]:"Boys and girls, when you see the title:John Snow defeats King Cholera, do you have any questions?"

Ss:Give questions.

Example:Why is "Cholera" called the king Cholera?

Who is John Snow?

[Aims]

To help students to be fully prepared for going into intensive reading.

Step2:Focusing on main facts(20′)

Activity1:Skimming

T:Divide Ss into several groups of 7.

Each student in every group is only given a part(one paragraph) of the complete article and read alone.

[Transitional language]:"With these questions, let us do together to find the result!"

Ss:Read alone.

One minute later, they are required to exchange their own information and other group members.

Have a discussion and decide the order of the text according the previous activity—

How to prove a new idea in a scientific way?

[Aims]

Develop students' independent skimming ability for reading.

To make students get familiar with the main ideas for respective paragraphs so as to have a better understanding of the whole passage in structure.

To help students reinforce some relevant vocabulary and introduce two new key words.

Activity2:Scanning

T: Ask Ss to find the relevant information referred to the following questions.

Who is John Snow?

What kind of disease does Cholera belong to?

How terrible is it?

Ss:Read carefully and find the relevant information as quickly as they can.

[Aims]

To develop students' reading ability for details.

To help students have a good understanding of the topic.

Activity3:Message-based activity

T:Ask Ss to fill in the following form.

Scientific Report by John Snow
The problem
The causes
The method
The results
Idea 1 or 2? Why?
The conclusion

Ss:Read carefully and find the relevant information.

T:Give the questions as follows—

What is the function of the map?

What does John Snow suggest?

Ss:Do a pair work of discussion.

[Aims]

To develop students' ability to guess the meaning of new words or phrases from the context.

To prepare students for discussion and topic discussion below.

Activity4:Enjoying beautiful sentences

T:Ask Ss to share the sentences they are favored.

Analyze the difficult sentences as follows.

Ss:Have a taste of the beautiful sentences.

[Aims]

To help students to have a taste of the accuracy and beauty of the English words.

Activity5:Opinion-gap activity

T:Give Ss the following question—

What can you learn from John Snow's experience?

Ss:Think hard and try to speak up their own opinions.

[Aims]

To develop students' speaking skills.

To help students to receive some moral education and establish some positive attitudes and methods of the material.

Step3: Reading between the lines(8′)

Activity1: Vocabulary challenge activity

T: Ask Ss to finish Post-reading—Exercise2: Complete the following close.

Ss: Try their best to finish the exercise by using their memory and their own understanding.

[Aims]

To highlight the lesson.

To make sure students can apply the key words and expressions in this lesson correctly.

To help students to develop points and prepare for the writing.

Activity2: Discussion of the text organization

T: Give Ss the following question—

"What is the style of this reading passage?"(A report)

Ask Ss to identify the differences between "report" and "description".

> Report:
> Formal language with few adjectives
> Not emotional
> Only one main character
> Factual
> Structure according to experimental method

[Aims]

To develop students' logical mind and help them to be critical readers.

Step4: Responding to the text(10′)

Activity1: Situational activity

T: Invite one student to be John Snow, who is experiencing a press conference. The rest ones are journalists.

Ss: Try to make conversations.

[Aims]

To cultivate students to be imaginative and creative sentence builders.

Activity3: Interpretation-gap activity

T: Ask Ss the question as follows—

"Is our daily experiment the similar?"

Ss: Have a discussion and give an example.

[Aims]

To develop students' ability to organize ideas logically and realize the importance of coherence.

Step5: Assignment(2′)

Write a composition of 120 words about your idea of how to conduct a new idea.

Blackboard design

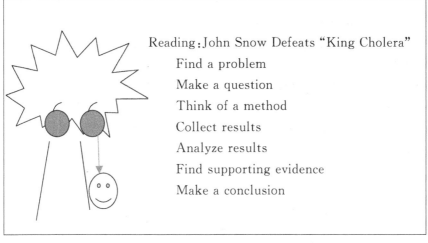

Reading: John Snow Defeats "King Cholera"
Find a problem
Make a question
Think of a method
Collect results
Analyze results
Find supporting evidence
Make a conclusion

教师评价：

这是一个内容完整、格式规范、富有创意的英语教学设计文本（教案）。

该教案内容完整，包括教学理念分析、教材分析、学生情况分析、教学目标、重难点、教学方法、教学过程、时间安排和板书设计。

格式规范体现在教学理念分析与本课教学内容（阅读课）相联系；教材分析说明了该教学材料的来源和重要性；学生情况分析符合高中一年级学生认知特点和现有基础，并倡导教师据此实施多元化角色；教学目标充分体现英语课程标准要求，即语言知识、语言技能、情感态度、文化因素和学习策略，尤其是从"认知策略、控制策略、资源策略和交际策略"四个方面凸显了学习策略的重要性，教学目标的主体（学生）使用正确，行为动词使用得当，便于对目标达成情况进行检查；重点着重学生的预测、略读、寻读和归纳能力的培养以及对写作目的的理解，此外，对学生自主学习能力和本课生词、短语也作出相应要求，符合阅读课程的特点和要求；难点分析到位，即执行任务时的口头表达能力、进行实验的具体步骤，以及课文结构和作者意图成为本课的难点。教学方法写作得当，体现了新课程理念，即突出学生体验、参与和进行语言实践的任务性教学途径；教学过程翔实，具有创意，注重阅读技能的培养,注重学生交际能力的培养,如设置"情景活动"、"观点差活动"和"理解差活动",注重师生互动和生生互动。此外,格式规范还体现在本教案文字、图形、表格交替使用,排版整齐、醒目,便于阅读。

富有创意,表现在每个教学步骤都提供了过渡性语言,以增强教学过程的连贯性;每个步骤都提供了设计"意图",体现了该生对教育教学理念的熟练掌握和灵活运用能力。不像大多数板书设计,该板书设计不是将main idea或句型、词汇作为板书的重要内容,而是将"实验"的步骤作为板书内容,即突出了教学的重点,又体现了教学的思路,对学生掌握语篇结构和语义成分、培养语篇能力具有积极意义。这是本教案的又一创新之处。

然而,该教案也有需要完善之处,如教材分析过于简单,没有具体说明该教材在本单元中的地位和作用;反馈和评价环节有待加强。

总之,瑕不掩瑜,该教学设计较好地体现了新课程教学理念,符合阅读课特点和具体教材内容,符合英语英语学习规律,注重学生的语言实践和学法指导,体现了教师角色多元化,可谓英语师范生优秀教学设计的范例。

3. 对英语师范生说课的评价

下面是浙江海洋学院外国语学院英语师范生何利娜同学参加浙江省第四届师范生教学技能竞赛时说课实录。

Where did you go on vacation?

Good evening, Ladies and Gentleman.

I'm glad to present my lesson here. The material I'm dealing with is a dialogue from Unit 10 in Grade 7 in middle school from the English book *Go for it*. The topic I'm going to talk about is *Where did you go on vacation?* It is often talked about in our real life. Ss are so familiar with it. So it is not difficult for them to learn in this unit. But Ss in middle schools have vague ideas about English learning. Of cause, they have certain foundation of English learning in primary schools but they are not good at speaking in English. So as English teachers, we should focus on these points and try to help their English learning.

After learning the text, Ss are able master some new words and phrases, such as vacation, stay at home, go to the beach and so on. What's more, Ss are able to improve their listening and speaking skills. Ss are more willing to join in class activities and they can know some knowledge of talking about past events in foreign countries.

In order to make my Ss fully understand me, I will adopt Communicative Teaching Approach, Task-Based Teaching Approach and so on. What's more, I will help my Ss try to think and speak in English in class. Besides, I will use multimedia, ppt and the blackboard to help ma lesson better. Learning is as important as teaching, so I will encourage my Ss to learn through cooperation with classmates. Ss are able to use English to solve the problems in the real life.

Based on the analysis of teaching materials and learning condition and so on, I will set following teaching procedures:

Step 1 Greeting and warming up. I will greet the whole class as usual and plays a game with Ss. It is a small dialogue between the pleasant goat and the big big wolf. Because Ss are so familiar with the two characters on TV, they are more willing to open their mouth and talk with classmates. I will take the chance to teach them some new words and phrases. Of cause, I will draw some simple pictures on the blackboard because Ss can learn it better with the pictures. At the same time, I will lead the topic today *Where did you go on vacation?* Then I will do the pair work between Ss and me because Ss can learn from what I say and I may correct some mistakes they will make. After that, I will let Ss do the pair work by themselves. It is an effective way for them to learn from each other through cooperation.

After the pair work, the second step is guessing game. I will show Ss a series of pictures with half covered and let Ss guess where he or she went on vacation. The guessing game can help Ss to develop their wild imagination and train speaking skills. After the pair work and guessing game, it is not difficult for Ss to do the task. Therefore, I will let Ss finish the task on page 59 Section A 1a and 1b (listening task). Doing task is a necessary way for Ss to consolidate what they have learnt in class.

After checking the answer, the next step is group work. First, I will let them discuss about the topic "Where did your parents go on the thanksgiving day?" Ss love their parents and care their parents, so they are more willing to talk about the topic with group members. After several minutes of discussion, I will invite some representatives to go to the stage and give a report. Making a report is a significant way for Ss to output the knowledge what they have learnt in class and it can increase their confidence in front of the whole class.

Of cause, after their presentation, I will praise their good performance first. Then I should point out some mistakes they make, for example, grammatical mistakes, pronunciation mistakes and so on.

The last step is homework. The homework is not finished by one person. It should be finished by group members. They should make a survey first about the topic "Where did your best friend go on vacation?" Then they should write a short passage according to what they have surveyed. After writing the short passage, group members should correct and evaluate for each other. It is an important way for Ss to learn how to correct and evaluate through cooperation after class. That's so much for my presentation. Thank you for your listening.

教师评价：

这是一份不错的说课稿，其说课的因素较为齐全，语言连贯，教学过程的呈现翔实，教学活动安排的理由说明充分。

该说课稿内容包括说教材、说学情、说教学目标、说教法、说学法、说教学过程和作业布置，而且注重检查、反馈和矫正，上述内容定位准确，呈现清楚、到位，尤其注重说课的理论性，即在主要的语言活动之后，说明了该活动的理论依据。

该说课稿以第一人称"I"为讲述者，使听者感到亲切。全文使用英文说课，过渡自然、语言连贯、流畅，层次清楚。

但是，该说课稿也存在不足，如缺乏板书设计的说明。

说课是一种教学教学活动，是教师研究教学、探讨教学、分享经验和改进教学的有效途径。说课不拘一格，不强求统一的格式或语言，只要能够达到研究教学、启发教学和改进教学之目的都是可以接受的。说课重在理论阐述，因此对师范生提出了更高的要求。鉴于此，该说课稿达到了说课教研的目的。

4. 英语师范生对自己试讲的评价

我授课的对象是七年级，因为所在学校处在城乡结合部，所以所授班级的学生差异较大，两极分化很严重。第一课授课的内容是 Unit 3 What color is it? 这单元主要是小学和初中的过渡部分，大部分内容学生已经初步了解。主要复习 S 至 Z 的发音和书写要点，以及掌握各种颜色的单词。操练的句型为"What color is it?"和"It's..."。主要通过 PPT 展示、播放文本内容等形式展开。在课程设计上，我以"游戏通关"的形式展开。如第一关设计寻找校园里的字母；第二关选取热门小游戏"看看谁最色"，使学生寻找不同颜色；第三关为 role-play，在教授新句型的基础上，要求学生反复操练句型。由于学校正在搞小组建设，班级是以分小组的格式排座位的，所以班级竞赛氛围较为浓厚，学生也很感兴趣。但七年级学生普遍有从众的表现，齐声回答问题很出色，但轮到个体却表现差强人意。我很难在班级上看出学生的具体掌握程度。另外，因为没有先前的经历，学生在 role-play 过程中普遍没有"表演意识"，都不够自信，需要再以后教学中加以强化。另外，我在上课时间安排上也有所欠缺。没有将大部分时间用于新句型的操作，前面 warming-up 部分时间花费过多，学生对新句型的掌握程度不够（本文来自 L 同学）。

L 同学对自己教学试讲的评价事实上属于教学反思的范畴。反思不仅包括教师教得如何，而且还要包括学生习得如何。在教师教学方面，应该反思教学目标是否达成、重点是否突出、难点是否突破、教学活动安排和时间分配是否合理，采用的教学方法是否有效；而在学生学习方面，应该反思学生参与课堂活动积极性如何、学习策略使用如何、知识技能训练的效果如何,等等。鉴于此,L同学的教学反思缺乏对教学目标达成、重难点突破等方面的评价,也缺乏对教学活动(游戏)效果的评价。当然,该同学对学生情况的分析比较到位,也认识到时间分配不合理。

可见,师范生如何规范有效地评价自己的课是他们今后应该关注和加强训练的重要内容,因为只有对自己的教学进行客观有效的评价,才能真正起到反思目的,达到改进教学、提高学习效果之目的。

第五节　多模态化与职前英语教师专业发展[①]

职前英语专业发展涉及多种知识,除英语学科知识外,还包括教育心理学、课程与教学论、教学实践以及教育科学研究等知识,我们可以把他们通称为教师知识。教师知识的形成不是在单一的模态中进行的,而是在多种媒体共同协调下的互动交际活动中建构的,即教师知识的建构具有多模态性。多模态教学比单模态效果更好。正如张德禄、王璐(2010)所言,"一种模态不足以表达清楚交际者的意义,从而利用另一种进行强化、补充、调节、协同,达到更加充分或者尽量充分表达意义,让听话者理解话语的目的"。

一、教育理论课程教学中的多模态化

传统的教师讲、学生听的单一模态的教学方式难以激发学生的兴趣,不利于学生对知识的记忆。如果教师克服单一的"讲—听"或单一的纸质阅读模态,而是采用多模态进行教学,调动学生多种感官,使之协同感知学习内容,就会强化所学知识,提高教学的有效性。例如,在讲授斯金纳的"尝试错误的行为主义学习理论"时,教师不是用单一的口述方式来讲解笼子里的猫是如何得到鱼的,而是通过PPT媒介,用配有声音和动作的卡通猫来再现这一过程,定会收到事半功倍的效果。教育理论对学生来说往往是枯燥的,而单一的教学模态难以改变学生上课昏睡的状况。又如,课堂突发事件(crucial event)是英语教学法课程涉及的内容。如果教师口述,或仅用文本材料,可能导致对意义的非完全理解,甚至会误解突发事件对教学的启示,因为与语言有关的环境对话语意义具有很强的解释力。例如,教师可以录制一个英语课堂教学短片。影片里课堂秩序井然,学生注意力集中,教师用英语提了一个问题,并要求学生讨论2分钟后回答,同时教师在教室里巡视。当教师走近一对学生时,突然其中一个问教师:"What did you ask us to do, Miss Wang?"短片到此结束。这时,教师可以组织师范生讨论,假如你是Miss Wang,你如何反思这句话?反思内容可能包括学生听讲认真与否、教师教学指令

[①] 参见罗毅,《多模态视阈下职前英语教师专业发展考量》,《浙江海洋学院学报》,2014年第2期。

适度性、学生英语水平以及目标语或汉语之间的选择等。关于这些问题的回答，短片提供的信息显然要多于教师的口述或文本信息。正如 Kress 和 Van Leeuwen(1996)阐释的那样，只有更好地理解面部表情、动作举止、影像、音乐等语言的所有伴随物，才能更好地理解语言。正如了解其他语言能够打开自己语言的新视角一样，其他符号模式能够打开语言的新视角。所以，多模态为教育理论课程的教学打开了新的视角。

二、教育实践课程教学中的多模态化

实践教学的目的是培养师范生的课堂教学能力，包括教学设计、课件制作、试讲以及课堂管理能力等。传统的粉笔＋黑板的单一模式已不能适应现代课程对教学的要求，实践性课程的教学也应体现多模态化。

1. 教学设计中的多模态化

教学设计能力是教师基本教学素质的重要反映，而良好的教学设计能力是有效教学的前提。因此，教学设计历来是师范教育的重要内容，并在实践课程中占有重要地位。这也是国家教师资格证考试和师范生教学技能竞赛将其列入重要内容的原因所在。传统的教案，文字通篇，既不美观，又无特色，重点不突出，使用不方便，难以满足现代英语教学之要求。新课程对教学设计也提出了新的要求。教学目标内容在原来的语言知识和语言技能的基础上增加了情感态度、学习策略和文化意识。这就要求教学设计在内容上要充分体现新课程内容目标要求，在教学设计的形式上也要多样化。虽然教学设计是视觉模态，但文本上除了文字之外还应有线条、表格、图形、符号、底纹、背景等，文字也应在字号、字体、粗细、颜色方面有所区别。这样的多模态的教案不仅美观悦目，便于使用，而且有利于发挥施教者的创作能力。

2. PPT 制作中的多模态化

PPT 在当今中小学英语教学中普遍得到使用，大有"辅助教学"向"主导教学"转变之势，因此 PPT 的制作质量直接影响着英语教学的质量。近年来，师范院校和教育部门越来越重视师范生的 PPT 制作能力。例如，浙江省高等学校师范生教学技能竞赛一直将 PPT 制作作为竞赛项目之一，而且从第六届起，在模拟上课与板书项目中也首次将 PPT 的使用作为评价指标。胡壮麟、董佳(2006)将 PPT 视为新的语类，即超文本的多模态语篇，是语言、图像、声音、计算机、电子投影仪、屏幕和参与者的有机结合体。然而，一些教师将教学课件仅仅视为黑板的替代物，即每张 PPT 挤满了语法例句或练习题、复习题，以求"大容量"、"高效率"。其实，PPT 的主要功能是使课堂教学多模态化，即运用文字、图形、动画、声音、音乐、颜色等多种符号资源，达到强化、协同、互补和连贯作用，使意义得到准确、完整的表达，提高教学效果。如，我们在 PPT 上呈现"It was a rainy night, and an old man was pulling a cart full of wood uphill"这句话时，可以将第一个分句的 PPT"动画方案"设计为"下降",将第二个分句的 PPT"动画方案"设计为"上升",配上"雨声"的音乐。这样,这句话的意义就得到强化、协同。又如,我们要书面表达"I want to invite you to drink beer"这句话时,在 PPT 上可用啤酒瓶和啤酒杯的图像替换 to drink beer 部分。这样,文字和图像的信息得到互补和强化,意义的表达也更加形象、直白和深刻。

3. 试讲中的多模态化

试讲,也称模拟上课或实践教学,在英语师范生实践课程中占有最主要地位。试讲既是实践教学的手段,也是教学能力评价的手段。作为实践教学手段,试讲可以使师范生了解英语课程,理解英语教学,增强教学信心,提高教学悟性,实践教师角色,提高驾驭课堂的能力。作为教学能力评价手段,试讲可以判断一个人是否具备从事教学工作的资格,是否具有做教师的潜能。因此,一些高校非常重视试讲,并将试讲成绩作为学生能否参加教育实习的条件,也就是说,如果师范生的试讲成绩不合格,就没有资格参加教育实习。然而,在试讲中,尤其在语言的呈现过程中,师范生较少借助语境多样化地呈现词汇或语法,而是直接把所学词汇或语法例句板书在黑板上,这就谈不上交际活动的开展和语感的培养。其实,师范生完全可以利用图片、图线、简笔画、动作、语境以及 PPT 等多种符号资源进行语言呈现活动,提高教学效果。

4. 课堂管理与多媒体

课堂管理能力是教师能力的重要组成部分,是有效教学的保证。其实,课堂管理与试讲(实践教学)属于同一过程的不同层面,二者密不可分。脱离教学的课堂管理将是无本之木,缺乏课堂管理的教学则无效果可言。有些教师个人素质良好,但教学效果不佳,这很可能是课堂管理出了问题。管理是教师应该实施的角色之一,良好的管理有利于班风、学风的建设,有利于学生良好学习习惯和道德风尚的形成。这就要求,教师作为管理者,对课堂管理不应该总是使用单一的语言模态,而应该经常变换模态,促使学生的听觉、视觉、触觉相互作用,实现多模态功能。如在英语课堂上,一位学生在玩手机,教师采用的方法可能有:①用语言训斥或提醒;②把手机收掉;③边讲课,边走近该生,并用手轻敲一下该生的课桌;④教师突然停止讲课,目视该生;⑤让该生回答问题。显然,对该生而言,方法①是听觉单模态;方法②是视觉单模态;方法③是听觉和视觉的多模态;方法④是听觉、视觉多模态;方法⑤由听转向说的多模态。需要说明的是,方法④的"沉默"也具有意义的表达功能,可达到"此时无声胜有声"之效。显然,方法③、④、⑤较方法①、②好,因为前者是多模态的。现代中小学英语课堂不是单纯教师讲、学生听的单模态课堂,教师的角色由单一走向多元,即由传统的知识灌输者变成了课堂组织者、管理者、促进者、提示者、资源提供者、真实语言使用者、评价者,等等。学生已不再是接受知识的容器,而是学习的主体。英语学习不再是学生被动地学,而是他们在积极的交际活动中建构意义。师生角色的转向,必将带来了教学方法、教学手段、教学活动的多样化,即英语课堂的多模态化。因此,课堂教学与管理必须以真实课堂为蓝本,在模拟真实课堂的过程中有效实现多模态化,充分发挥多模态对意义的强化、协同、互补功能,即在英语教学过程中教师利用移动、手势、动作、黑板、PPT、实物等来提高教学效果(张德禄,王璐,2010)。

三、教育研习中的多模态化

教育研习是职前教师在其培养过程中对他人或自己的教学实践行动所进行的探索和研究。教育研习贯穿于师范生的整个受教育阶段,包括教育的见习和实习阶段。

语言教学是一项以理论原则为指导的解决问题的活动,它是一种实践性的研究活动,其目的是为在过程中发现的问题寻求解决方法(Widdowson,1990)。实习生(student-teacher)从自己的实践研究中受益匪浅,因为他们将其智慧、学术知识以及个人经验聚焦在实施基于课堂的研究上(Steinberg and Kincheloe,1998)。

教师学习不是对书本知识概念的简单识记,而是通过探索性实践和积极反思途径所形成的知识内化和建构。因此,"研习"成为促进职前英语教师专业发展的一个重要机制。通过"研习",师范生能够预测、反思和解决教学问题,了解教学、理解教师职业、增强教师职业意识。研习能力是决定教师个体能否从"教书匠"转向"研究型教师"的关键因素,也是师范生必备的一种高层次能力。

教学观察是教育研习的前提。教学观察包括文本观察、录像观察和课堂观察。文本观察包括阅读、分析教学设计、教学案例。录像观察是指观看教学录像。课堂观察是指随堂听课。不同的观察方法有其优点和不足。文本观察可以清楚地反映教学内容、进行目标、重难点、教学方法、教学手段和教学程序等,对师范生了解教学设计规范和要求提供了范式,缺点是模态单一、缺乏互动教学情景。录像观察是真实课堂的记录,且有反复观看、定点研究的优点,但缺乏真实课堂感受,难以引起观察者的共鸣。课堂观察能使观察者真实地感受课堂,理解教学的含义,但时间、场所和观察次数会受到一定的限制。

现代教育技术的发展使教学观察的方式更具多模态性、及时性、自然性和真实性。师范生可以走进真实课堂,可以观看优秀教师的录像,可以观看现场网络直播,还可以利用自动录播系统录制和观看他们自己的教学实况。

现代教学理论认为,教师反思自己的实践教学是促进其专业发展的重要途径,而教学观察又是反思的客观依据。Johnson(2007)认为,教师,作为反思实践者,对一系列影响教学的因素进行思考,获得认识,形成主张,并把自己的理念实施在教学中。师范生的教学反思也具多模态化,可以是自我反思、同伴反思和教师反思。反思方法可以是与老师交流、与同伴讨论、记教学日志等。

教师话语(teacher talk)是教育研习的主要内容。教师话语主要指课堂教学指令,是教学的管理语言。课堂指令的功能是实施教师角色任务,即对教学和活动起到下达、组织、控制、参与、帮助、提示、示范、评价的作用。教师话语包括语言和非语言。英语师范生分析教师(包括他们自己)的语言类话语时,应着重其英语语音、语调是否准确,用词是否得当,语法是否正确,口语是否流利,意义表达是否清楚,语言难度是否符合学生实际,等等。其次,要分析教师的非语言行为,如手势、目视、动作、等待时间,等等。再次,要分析教师的教学方法、教具、教育技术使用情况等。另外,还要分析提问的类型、教学风格。最后,要分析教学评价语言的使用。

教师话语或称教育话语,是课堂教学的工作语言,它体现着教师的教学风格和特色。英语课堂教学效果在很大程度上取决于教师话语的使用情况。如今,教育话语正在从传统的"教师—学生—教科书"的媒介模型转变至更为复杂的形式,不仅有赖于软件设计师的创造性工作,就连教师自己也成了这些新话语形式的开发者(胡壮麟,2007),这就要求师范生不仅要分析教师(教育)话语,而且要多模态化地开发和使用教师话语。

综上所述,多模态在语篇分析和外语教学领域中已经得到较为广泛的应用,但在教师教育领域应用甚少,尤其是在职前英语教师教育中尚无可以借鉴的经验。多模态在职前英语教师教育中有着广阔的应用前景,希望更多同仁从不同视角对其进行更为深入、全面的研究,优化职前英语教师的培养途径,更好地促进他们的职业发展,形成"研究型"教师潜质。

第六章
新模式实施过程中的问题与对策

在明晰教育研习导向的英语师范生教学模式创建和实施过程中的相关问题的基础上,我们提出了应对策略,以解决认识、研究动机以及英语学科能力、教学能力训练方面的问题。

第一节 新模式实施过程中的相关问题的思考

一、新模式能否得到有效落实

新模式基于教师观、语言教学观和教师职业观的发展和演进,认同教师知识学习的技能性、建构性和终身性,强调教育研习在职前英语教师教育过程中的主导作用,试图形成多元化的促进英语师范生专业发展的教师教育有效机制,以促进英语师范生全程参与,注重课堂教学与课外实践相结合、实践与反思相结合,尤其注重形成性评价和多元化评价的作用。然而,新模式能否得到有效落实是我们在其创建过程中首先考虑的问题。其实,教育研习已在一些高校尝试,但由于认识上的问题或时间问题,缺乏系统的成果。我校作为一所省属海洋类高校,师范教育并非重点,在这种情况下,实施新模式学校是否支持,学生能否适应,这些问题关系到新模式能否得到有效落实。为此,我们决定先在学生自愿报名的基础上以小组的形式进行实验,然后逐渐扩大实验范围,确保新模式得到有效落实。

二、新模式能否真正提高学生的教学能力

提高学生的实践教学能力是我们实施新模式的主旨。然而,新模式能否真正提高学生的教学能力是我们当初必须面对的重要问题。通过重温英语课程标准和国家中长期教育发展纲要对教师人才规格的要求,我们认为具有创新精神的研究型教师的要求与我们新模式的功能具有高度的一致性。也就是说,新模式有利于该目标的达成。因为以教育研究为导向,强调师范生的教学实践与教学反思紧密结合,利用多种途径培养师范生的研究能力能够有效促进他们的专业发展,有利于形成研究型教师的潜质。鉴于此,我们认为,基于有效导向的新模式对实现职前英语教师培养目标,提高他们的教学能力具有较为明显的优越性。

三、新模式中教师和学生角色地位如何

与教师是纯粹的知识灌输者、学生是知识接受者的传统教学模式不同,新模式强调教师的多元角色和学生的主体地位。新模式中,教师在课前充当计划者(planner),决定授课的内容、采用的教学方法以及所要达到的目的;教师在课后要充当评价者(evaluator),评价教学目标的达成情况。在上课之中,教师根据教学内容、教学活动和学生反馈的不同,充当不同的角色,如组织者(organizer)、控制者(controller)、评估者(assessor)、提示者(prompter)、促进者(facilitator)、帮助者(helper)、参与者(participant)和示范者(demonstrator),等等。学生的主体地位体现在整个过程中学生自始至终都要参与教学实践、反思自己和他人的教学活动,并作出评价。尤其强调学生在评价过程中的主体地位。例如,反思过程中学生要对自己的教学实践进行自评和小组互评。这样,学生的主体地位得到彰显,学习的积极性得到提高,也有利于创新教学活动。

四、新模式能否发挥研究对教学的促进作用

师范生对教学"好坏"的判断标准往往来自自己中学时期对教师教学的感受,也就是说,师范生的中学老师的教学风格在他们的记忆中打上了深刻的烙印,甚至会影响他们未来的教学生涯。众所周知,中学教师的教学水平良莠不齐,特别是那些来自教育相对不发达地区的师范生,很难体验到真正的"优质课"。即使是来自教育相对发达地区的师范生,其中学时期所经历的教育模式随着新课改的实施与推进也正在发生变革,所以师范生心目中的"好课"标准实际上已经过时。而教育研习就是要给师范生提供先进的教学理念、有效的教学方法、充分的教学实践机会,在教学中遵循语言学习规律、重视语言实践和综合语言能力提高,通过多种途径让英语师范生接触和感受现代英语优质课程资源,建立"优质课"标准,并将其作为教学实践的参照系。更重要的是,教育研习强调英语师范生教育过程中的不断反思与变化,将教学问题视为课题加以研究和解决,进而达到改进教学之目的。

五、新模式能否保证同伴小组互评落到实处

为了保证同伴小组互评落到实处,我们在课堂教学和评价两个方面提出了具体要求和规定。上课时,我们首先抽查一至二个小组,让他们就小组互相评议的情况对全班同学进行汇报,并指出本次学生教学实践中主要存在的问题和改进措施。第二,学生上交听课单时必须附上小组意见。第三,小组意见与该小组平时成绩挂钩。第四,对优秀的或具有创新性的改进措施在班级进行展示或演示,供大家共享。通过上述方法,不仅可以保证同伴小组相互评,而且可以保证他们认真、仔细地评价,使小组成员在互评中不断提高认识,并从中受益。

第二节 新模式实施过程中认识方面的问题

一、为什么要实施教育研习导向的教学模式

第一,我校的英语师范生的教学和科研能力多年来未能提高,长期轻视实践、忽视研习的做法已经不能适应时代对人才素质培养的要求,其弊端显而易见。第二,新课程改革以及国家中长期教育发展纲要对教师质量提出了新的更高要求,师范教育必须要积极适应这一要求。第三,在国家要求提高教学质量的大环境下,我校有幸成为我省首批省级教师教育基地,为教师教育改革奠定了基础。第四,我校相继出台了提高本科教学质量一系列措施和支持条件,优化了微格教室,添置了自动录播系统,为实施新模式提供了便利。在这种情况下,我们认为无论是在理论准备方面还是在实践基础方面,在我校已经具备实施新模式的基本条件,所以应该进行这方面的尝试。

二、教师与学生的观念与认识的问题以及转变

长久以来,我校师生习惯了"老三门"的课程体现,如果要对英语师范生教育模式进行改革,采用教育研习导向的新模式,教师与学生的观念与认识方面需要有一个转变过程。也就是说,部分教师对新模式的理论基础不够了解,甚至对需求分析、服务性学习和行动研究的概念感到陌生,对实施新模式的意义认识不足,甚至担心新模式能否取得成功。我们认为教师对自己熟悉的教学方法的依恋,对新方法、新模式缺乏认识是可以理解的。我们不能以行政命令的形式强迫教师采用新模式,这样不利于新模式的推行,会影响新模式实行效果,甚至会导致实验的失败。

鉴于此,我们首先于2010年秋在英语师范生中以研究小组的形式,本着学生自愿的原则,进行了为期一年的教改实验研究,由教师教育学院罗毅老师执教。实验期间,邀请浙江大学盛群力教授、杭州师范大学马兰教授定期进行理论和学术指导,同时邀请我校英语教学法教师进行课堂观摩,参与任课教师的教学设计说明(说课)和评课活动。一轮实验之后,我们对新模式教学进行了总结,并听取了参与该实验的学生意见。次年,两位任课教师加入到新模式的教改实验,并取得初步成果。

三、相关问题的理论基础与思考

基于对教师学习知识观、经验观、技能观、建构观的认识,我们认为英语师范生的培养与一定的理论有必然联系。知识的学习、经验的积累、技能的形成都离不开学习者亲身的体验、参与和实践,同样师范生教学经验的获得离不开与学生、教材的互动,离不开对教学问题的发现和解决。据此,我们认为体验教学理论和

建构主义为教师教育提供了理论支撑,是具体的教学反思和行动研究的理论基础。

体验教学是在教学中教师积极创设各种情境,引导学生由被动到主动、由依赖到自主、由接收性到创造性地对教育情境进行体验,并在体验中学会避免、战胜和转化消极的情感和错误的认识,发展、享受和利用积极的情感和正确的认识,使学生充分感受蕴藏于教学活动中的欢乐与愉悦,从而达到促进学生自主发展的目的。在教学中,体验是一个过程,是学生亲身经历某一活动或情境的过程,是形成新的情感、态度、价值观并产生新行动、新选择的过程,是学生心灵与外部世界沟通的一种张力。在体验中,学生主要通过感知、想象、移情、深思、感悟等多种心理活动的交融、撞击,激活已有认知,产生新的认知并内化为自我的感悟,再使感悟上升为个性化的知识经验。体验既是一种活动的过程,也是活动的结果(常咏梅,2012)。

建构主义有两个层面,一个是个人建构主义,源于瑞士著名心理学家皮亚杰(Jean Piaget)的"发生认识论"。这一理论试图揭示人类学习过程的认识规律,阐述学习如何发生、意义如何建构、概念如何形成以及影响学习的主要因素。另一个是社会建构主义,源于维果茨基(Vygotsky,L)的认识论观点。与皮亚杰维不同,维果茨基强调儿童知识的建构是在社会文化环境中进行的,因此,体验、互动、协商成为教学活动的重要形式。所以,学者们将维果茨基的学说视为社会建构主义。此外,美国著名心理学家布鲁纳(J. S. Bruner)也对建构主义做出重要贡献,提出了以"学习者为中心"(learner-centered)的教学理论,提倡"发现式学习",反对传统的灌输式教学模式,认为学生应该在老师的指导下自己去发现、去建构知识;教师应该从教员(instructor)角色转变为"促进者"(facilitator)、"引导者"(guide)的角色。奥苏伯尔(D. P. Ausubel)的认知学习理论对建构主义也贡献颇大。奥苏伯尔提出了"意义学习"(meaning learning)论,认为对学习影响最大的是学生大脑里已经有的知识,教师组织教学应该以学生已有的知识为基础。

建构主义对英语教学的启示:

(1)要转变教师角色

在英语教学中教师要改变传统的灌输型教学模式。老师如果能改变角色定位,由原来权威型的教师,变为学生的服务者,为学生创造良好的学习环境,提供丰富的信息,与学生平等对话,组织学生在有条件的情况下多进行小组合作学习,鼓励学生增强自信心,学生就有可能由被动的知识接受者转变成主动的知识建构者。

(2)鼓励个性化学习

学习的过程应该是在已有的知识经验的基础上的建构新知识的活动。学习不是简单的输入、储存和提取过程,而是新、旧知识双向的互动过程。如果新知识与旧知识一致,新知识就被同化,增加到已有的知识体系中去;如果新知识与旧知识有冲突,旧知识就会顺化,从而改变了已有的知识体系,扩大知识储备。学习者原来的知识和经验各不相同,他们学习新知识的过程也必然不一样。老师不仅要做到因材施教,还要鼓励学生根据自己的实际情况选择适合自己的学习内容、学习方法和学习速度。在学习新知识的过程中,鼓励学生多思考,考虑新、旧知识之间的联系;多交流意见,多提问题,在协作中学习,在会话中促进自己的思维,开阔思路,加速建构意义的过程。

(3) 为学生创造轻松的又有挑战性的学习环境

教师承认了学生的平等地位,才能建立民主的课堂,承认学生是学习的主体,才能为学生提供各种服务、帮助。此外,教师还要为学生提供尽可能丰富的语言信息,比如收集适合学生现有水平的英语读物,在网络上搜索适合学生的声像资料,通过学习提高老师课堂英语输入的质量等。有了轻松的学习气氛,有了丰富的信息资源,学生的思路就很容易被打开,进入创造性的意义建构过程。

(4) 培养学生的自主学习意识和能力

学生的思路被打开进入了积极的学习过程后,可能受到内外很多因素的干扰。内部因素有疲劳、兴趣转移、健康状况、性格特征、学习方法、智力水平等,外部因素如噪音、同学的干扰、天气等。

培养学生的自主学习意识和能力是摆在老师面前的一个艰巨的而又意义深远的任务。教育不仅是教知识,更是培养人,培养积极向上的人。我国教育的一个薄弱环节是不重视学生自主学习意识和能力培养。老师应该向学生介绍如何对自己的学习负责,如何计划好自己的学习活动,如何在学习的时候自我监控,抵制来自内外的干扰,如何根据学习内容的变化调整学习的方法,如何及时地评估自己的学习,并根据评估的结果调整学习计划。这就是现在常提到的元认知策略的训练。通过元认知策略的介绍,提高学生的自主学习意识。

(5) 注重形成性评估

由于学生的基础不同、兴趣不同、智力优势不同,用静态的终结性评估,用一张相同的试卷来评价所有的学生,就很难与自主性学习、个性化的学习形成合力,不能起到激励学生的作用。形成性评估给老师、评估者更多的自由和责任。老师要在学生学习的过程中观察他们学习的方法、他们的进步、他们运用语言解决交际任务的能力,并以此作为评价的重要依据。这样可以淡化评价的甄别功能,突出评价促进教师的教和学生的学之宗旨(桑切克)。

我们认为,建构主义对英语教学的这些启示同样适用于对英语教师的教育情景,即教师角色转变有利于和谐师生关系,在轻松愉悦的环境里建构教师知识;鼓励个性化学习有利于师范生比较新旧知识,加强教学经验交流与反思,形成新的经验;为学生创造轻松的又有挑战性的学习环境有利于英语师范生减轻心理压力,开展教学创新;培养学生的自主学习意识和能力是英语教师教育的目的之一,也是他们应该达到的重要素质指标,师范生的自主学习意识和能力的形成有利于他们制订和调整教育知识学习计划、改进学习效果;注重形成性评估有利于英语师范生及时获得对教学的反馈信息,并据此进行教学改进,提高教学质量。

第三节 如何激发学生的教学研究动机

一、问题驱动

问题驱动就是以建构主义为指导,强调教师知识的获得是在互动活动的过程中协商、建构而成,教师的教学活动本身就是不断反思的研究活动。问题驱动以问题课题化为取向,强调在英语师范生培养过程中创设良好的研究环境,观察教学问题,形成研究课题,选择有效的研究方法,确立合理的研究步骤,实施有效的实证研究,进而实现以问题课题化为导向的英语师范生教育课程改革,提高课堂教学反思质量和问题发现与解决能力,进而激发他们的学习兴趣和研究动机。

二、新模式的灵活运用

新模式虽然体现了较强的系统性和完整性,但在实施过程中并不要求每个师范生必须参与所有的活动项目,对一些项目,如服务性学习、教师技能竞赛、项目研究等,学生可以有选择地参与,这样新模式给学生开展教育研习活动留有较大的选择空间,也便于他们把精力集中在自己感兴趣或擅长的项目上,发展学生特长。

三、自动录播系统的利用

利用自动录播系统反思和评价师范生所教课程,可以多模态化地再现课堂情景,便于反复观看、记录和讨论,从而为反思教学获取真实、准确的课堂数据,进而达到改进教学之目的。与普通录像相比,自动录播系统在录制课堂情景的同时可以把对学生和教学造成的影响降低到最低限度,甚至完全可以避免影响,在自然状态下进行。师范生利用自动录播系统回顾自己的课堂教学,可以发现平时注意不到的、习以为常的、不利于教学的行为或语言,可以发现组织教学的得体性、课堂提问的层次性,进而为规范、改进和创新课堂教学提供依据。

四、研究过程的指导与帮助

教育研习本来就是教学研究活动,教学研究需要一定的方法和程序,更需要师范生的逻辑思维和抽象能力。教学研究是中学教师的薄弱环节,同样也是英语师范生的弱项,因此,在教育研习过程中,教师要及时给予师范生指导和帮助,不仅教会他们从事教育研究的方法,而且还要在具体选题、问题筛选、课题提升、教学实验、论文写作等方面给予更多的帮助,尤其是要鼓励师范生参与教师自己的课题研究,引领他们掌握系统的研究方法,经历研究过程,总结和推广研究成果,为学生自己独立从事教学研究活动奠定基础。

第四节 如何在新模式中训练学生的英语学科能力

英语学科知识与能力是英语师范生从事教师工作的前提和基础,因此无论如何强调学科知识和技能的重要性都不过分。然而,涉及学科知识与能力的内容很多,由于篇幅所限,本书仅讨论与教师工作相对密切的几个方面,或者说英语教师更应提高的几个方面。

一、语音问题及对策

英语教师,尤其是中小学英语教师,应该具有良好的语音能力。中小学英语教师是学生的英语启蒙老师,其语音的好坏对学生的英语学习造成直接影响,甚至是终身影响。对此,我们非常重视英语师范生的语音问题。在英语师范生入校的一个月内,我们对每个学生进行英语语音诊断,根据不同情况进行矫音、正音和语音过关,对不能达标者,劝说他们离开师范专业。另外,在师范教育阶段,始终重视语音教学和训练,并通过朗读竞赛、英语演讲比赛和英语沙龙等活动给他们提供更多的语言实践机会,切实提高他们的英语语音能力。

二、口语问题及对策

英语教师的英语口语是他们的教学语言,英语口语能力的强弱不仅影响教学活动的顺利开展,而且也对学生的英语口语产生直接影响。流利、标准的口语能够给学生带来美感,激发学生英语学习的兴趣,对学生学习能够起到示范和镜像作用;而生硬、蹩脚的口语,不仅体现不了英语的节奏美,反而会使学生乏味,甚至会误导学生。鉴于此,我们首先从规范英语课堂用语做起。我们对常用英语课堂用语进行了梳理和补充,针对不同英语学习者对其进行归类,要求英语师范生熟练掌握,流利运用,并能够根据学生的英语水平恰当地选择。这样,久而久之,师范生形成了讲流利、标准英语的习惯,提高了英语口语能力。另一方面,这也避免了英语师范生临时编造一些超出学生理解范围的英文语句来"粉饰"课堂的现象。

三、语法问题及对策

英语语法是英语师范生应该掌握的重要知识之一。作为未来的英语教师,英语师范生必须具备扎实的英语语法知识。对于英语语法,英语师范生不仅要知其然,而且还要知其所以然。因为只有知其所以然,他们将来才能在解答学生的疑难时不至于总是用"习惯用法"来搪塞。

我们非常重视英语师范生的语法学习,专门为他们开了为期一学期的英语语法课程,并在教学中采用不同的语法教学方法,如演绎法、归纳法和发现法等,让师范生体验各种方法利弊,以便他们今后在教学实践中灵活运用。尤其重要的是,我们时时不忘利用课堂资源(如动作、手势和学生资源等),进行语法教学,提高了语法教学的生动性和有效性,也为英语师范生从事英语语法教学提供了有益的范例。

四、语篇问题及对策

语篇能力是英语学习者必须掌握的能力之一,更是英语师范生应该具备的高层次能力。英语语篇能力是当下我国中学英语教师的薄弱环节,也是高校英语教育的薄弱环节。究其原因,不像综合英语能力或跨文化交际能力,语篇能力目前在高校英语教学中还没有得到合理的定位,甚至很少将其视为英语学习必备的能力来要求。英语教师具备较强的语篇能力有利于深入解析英语语篇结构,帮助学生建构和解读各种语类的英语语篇,提高语篇能力。为此,我们在阅读和写作教学中注重语篇的体裁分析和主位-述位结构分析,提高英语师范生的谋篇能力和文本解读能力。更重要的是,我们基于功能语言学的语言潜势理论,对英语师范生的英语写作教学进行改革,实施了为期七年的过程—语类英语写作教学实验研究,收到良好的效果。具体见下面写作问题及对策。

(一)写作问题及对策

写作能力低下是我国中学英语教师的又一普遍存在的现状。努力提高英语师范生的英语写作能力是教学大纲的要求,也是英语师范生专业发展的要求。为此,我们进行了成功的英语写作教学改革实验研究。

该研究的教学理念是通过学生全程参与写作互动,体验语言的建构过程,归纳不同体裁语篇的语义结构,使学生能够识别语篇结构,形成语篇图式;通过语料库使用,拓展学用渠道,扩大语言输入,培养学生自主学习能力;通过识别作者与读者的关系,培养学生的读者意识,提高文章的得体性;通过小组合作学习,体现互帮互学,促进情感交流,培养合作精神;通过读写结合,培养综合语言运用能力。通过建立多元化评价体系,淡化评价的甄别功能,提高评价对教与学的促进作用。

该研究的教学目标与英语专业八级考试的写作标准相一致,即内容充实,语言通顺,用词恰当,表达得体。

该研究的教学程序即过程—体裁英语写作教学程序,由七个教学环节组成。这是一个以学生为中心的强调学生的认知和体验的课堂教学新模式,其中每个课堂环节均有明确的教学要求和目的。

该研究的教学手段立足于省教师教育基地建设的区域数字化英语写作教学平台和省级精品课程网站,其中区域数字化英语写作教学平台由4个可以同时容纳200名学生的外语自主学习教室组成。该教学手段凸显了现代教育技术在英语写作教学中的优势,将传统的强调词、句等语言知识的纸笔式英语写作教学转向重视语篇层次的数字化英语写作教学。

该研究的特点是：①教学内容应用化。我们在教学内容的安排上，扩大了常用应用文体选择范围，加大了教学力度，注重体裁选择的实用性，以满足社会的需要。②教学模式过程化。我们以体验式教学理论和体裁教学法为理论指导，设计了由七个教学环节组成的重视学生体验、强化写作过程、凸显语篇交际目的的过程一体裁英语写作教学模式。③教学环境网络化和教学资源整合数字化。这是本项教改最具特色的一点。我们在计算机网络教室借助于数字化教学软件系统进行写作教学等各个教改环节，并将封闭性的区域性学生习作素材库提升为开放性的优质资源语料库，从而实现教育部所提倡的网络环境下的优质教学资源的免费共享。

该研究产生了良好的社会效益，被列为浙江省新世纪教改项目和浙江省精品课程，并于2013年获得浙江海洋学院教学成果一等奖，2014年获得浙江省高等教育教学成果二等奖。

（二）教育英语问题与对策

英语师范生需要学习教育类英文文章或著作，教育类英语属于专门用途英语，而师范生在校期间学习的是通用英语（general English），因此，他们应该学习专门用途英语中的教育英语；一方面要学习教育方面的术语，另一方面要掌握教育英语的语类结构，包括科研论文和教育学术报告语类结构，以提高英语师范生的科研论文写作能力。

其实，科研论文写作能力低下不仅限于英语师范生，我国中小学英语教师也是如此。他们科研论文写作能力低下表现在下列几个方面：

①语言基本功差。写作，不论是汉语写作还是英语写作，都需要扎实的语言功底。就论文写作而言，目前我国大多数中小学英语教师和英语师范生无论是英语还是汉语，都存在基本功薄弱的问题，与论文写作的要求还有一定距离。

②书面语言能力差。许多中小学英语教师不知道书面语与口语的区别，不了解不同语篇结构的差异，写出来的语言虽没有明显的错误，但不是论文语言。造成这种状况的原因虽然是多方面的，但主要是他们阅读科研论文的数量有限，实践写作的机会太少。

③缺乏理论基础。不少中小学英语教师所写的论文多是经验性的、感想式的，缺乏教学理论支持，这样的论文既没有理论高度，又缺乏论据，只是经验之谈。这样的文章很难登大雅之堂，在校内作为经验交流尚可。

④缺乏教学研究支撑。一些中小学英语教师出于职称评定需要，不得不写论文。这种为写论文而写的论文，不是建立在自己所进行的教学研究基础上的，而是仅仅基于阅读他人论文或靠自己的经验而写出的论文，往往是空洞的、无新意的、缺乏实证研究的，这种论文对改进教学、提高教学质量，没有任何意义，因此很难公开发表。

⑤缺乏对科研论文的语类结构和写作要求的了解。中小学英语教师和英语师范生对英语科研论文的语类结构和写作要求了解甚少,甚至写不出像样的摘要和结语。

为了加强英语师范生的教育英语能力,我们专门为他们开设了"英语科技论文写作"课程,同时给他们提供有关教育或语言教学方面的英文文章,让他们更多地接触教育英语文体。此外,引导他们对教育类英语文章的摘要和结语进行分析,使他们了解它们的语义成分和写作标准,为阅读和写作英语教育论文乃至毕业论文奠定了基础。

第五节 如何在新模式中训练学生的教学实践能力

一、语音教学问题与对策

语音与词汇、语法及语义等有着紧密的关系,它在整个英语教学中占据着相当重要的地位。然而,师范生乃至新手教师在语音进行方面存在诸多问题,如机械性训练多,意义性训练少,分离性训练多,在语流中训练少,发音要领讲解多,比较少,等等。在一些中小学里,教师让学生抄写和背诵音标的现象较为普遍,这是缺乏语音教学理念和方法的具体表现。

对于英语教师来说,要教好语音,除了要有过硬的英语语音知识外,还应具备教语音的技巧和方法,变枯燥无味的机械性语音教学为生动有趣的交际性课堂活动,调动学生学习英语语音的积极性和主动性(舒白梅,2005)。

然而,师范生对语音的认识比较肤浅,他们往往用发音(pronunciation)来概括语音的含义。其实,英语的语音是一个体系,包括音素、词句重音、连读、节奏、语调、音变等方面。中学英语语音教学任务不是让学生掌握音系学理论,而是培养学生运用语音的基本知识和技能,发展英语听说能力。

语音教学应遵循如下三条建议:

①以模仿为主,必要时,适当讲解发音方法的有关理论,以指导学生更有效地掌握正确的发音方法。从模仿入手,教师的示范十分重要。要学生发音正确,教师的发音首先要正确。教师不仅要注意在教一个具体语音项目时起到良好的示范作用,还应该在整个教学过程中处处给学生以好的语音影响。除模仿外,教师还必须适当地给学生讲解某些对其比较难模仿的音的发音部位和方法。在模仿的基础上,加以理论讲解,可以帮助学生掌握发音要领,具体把握发音的限度。

②在语流中学习语音,即让学生在学说话的过程中,掌握语音、语调、逻辑重音等,使语音教学有机地与实践相结合起来,以便更好地帮助学生学好语音。在语音教学中,教师要注重以语流训练为主,单音训练和语流训练相结合,从而让学生从整体上接受良好的语音训练,培养好语感,并学到纯正、地道的英语(舒白梅,2005)。

③适当对比。对比包括英汉对比和英英对比,通过对比学生让分清英汉语之间的差别和英语语音内部的差别,以确定难点,重点突破。

此外,我们认为语音还应该在意义中学习。学习英语语音不能总是停留在模仿性训练阶段,而是要在模仿之后将音和义结合起来,把机械性的操练变成有意义的语言实践。那种纯粹的背诵、抄写或默写英语音素的做法是不可取的,因为它是在脱离意义的情况下单纯地为训练语音而训练语音。

在意义中学习语音的做法就是注重语音所构成的单词意义,并强调词不离句,句不离篇。也就是说,语音训练应该自下而上,注重音、词、句、篇之间的语义联系,强调语音学习过程中的"音"与"义"的结合,体现意义学习。

例如,在学习音素/i:/时,学生在模仿和听老师讲解发音要领之后,就要训练/i:/在单词中的读音,即音不离词,如"Peter"、"piece"、"meat";然后在句子中练习,即词不离句,如 Peter need eat meat each meal。所谓句不离篇,就是将带有某一音素的词的句子组成一个意义完整的语段。

又如音素/e/:单词——"better"、"best";句子——"Teddy's red pen is better than Betty's, and Meck's is the best of all";语篇——"Good, better, best. Never let it rest. Till good is better, and better best"。该语篇是个顺口溜,其层次大于句子,因此更具交际性,也能产生更好的效果。

总之,语音教学应该模仿领先,注重在语流中和有意义的语境中学习,必要时适当进行英汉的发音比较,尽量避免过多的机械性的无意义的语音操练,以提高学生学习语音的兴趣和效果。

二、词汇教学问题与对策

词汇是语言的建筑材料,离开词汇无语言可言。英语界前辈许国璋教授曾说,从某种意义讲,一个人的英语词汇量越大,他的英语水平就越高。这足以说明掌握英语词汇的重要性。然而,英语师范生在进行词汇教学时往往存在下列问题:一是缺乏词汇的呈现过程,直接将要学习的词语写在黑板上;二是只注重词语的"字面意义"(denotation),忽视词语的"内涵意义"(connotation);三是不会借助直观教具或教室里的资源组织教学;四是就词论词,不注重词语的固定搭配及其同义词、近义词、反义词和近音词比较,等等。

英语师范生应该掌握多种词汇呈现、巩固和记忆的方法,帮助学生提高词汇学习效率。

常见的呈现词汇方法有(王蔷,2006):

①用实物、图片、录像片段等生动形象的直观事物呈现词汇;

②用肢体语言和表情呈现词汇;

③在语境中呈现词汇;

④在情景中呈现词汇;

⑤用同义词或反义词来呈现词汇；
⑥用上下义关系来呈现词汇；
⑦用构词法及常见的词缀呈现词汇；
⑧用解释与举例的方法呈现词汇；
⑨用词块(chunks)呈现词汇；
⑩对易混淆词汇进行对比及常见错误分析。

常见的巩固词汇方法有(王蔷,2006;程晓堂,2002)：
①看图片猜单词；
②排列字母组成单词；
③用读音规则记忆单词；
④单词归类；
⑤联想的方法；
⑥找出同义词或反义词
⑦利用构词法巩固词汇；
⑧用词造句巩固词汇；
⑨句子接龙或扩写句子；
⑩扩大阅读巩固词汇；
⑪加强作文练习巩固词汇。

词汇教学的另一个目的就是培养学生的词汇学习策略,为他们有效地进行词汇学习提供策略和方法上的支持。

常见词汇学习策略有(王蔷,2006)：

(1)定期复习

定期复习是巩固词汇的有效手段。德国心理学家艾宾浩斯的遗忘曲线图证明,遗忘是有规律的,而且是先快后慢,刚记住的材料,最初几个小时内遗忘的速度最快,到24小时时几乎只剩四分之一。如果几天不复现,记忆将受到抑制,甚至完全消失。及时、定期的复习在词汇习得中起着举足轻重的作用,因为对单词每一次的复习都会促进单词的记忆。学生应该进行分散复习,而不是只进行一次长时间的复习；此外,学生要善于利用零散时间,对自己不熟练的词汇随时、间隔复习,从而保证单词的习得效果。

(2)根据语境猜词

通过语境猜词就是根据一个词所处的具体的语言环境,运用有关线索,如同义词、反义词、上下义词、举例、定义等推测词义,也可以运用逻辑推理、生活经验、普通常识等推断词义,如"She walked into the sitting-room and sat down on the **settee**."根据语境,我们可以猜猜settee是一个类似chair或sofa的可供坐的物件。又如,"The job applicant sat in the personnel office and filled out a **vita**. When she finished the **resume**, she gave it to the secretary." 在这里,vita和resume是同义

语。多数情况下,同义或释义关系常由 is,or,that is,in other words,be called 或破折号等来表示。在阅读过程中难免碰到生词,教师要鼓励、培养学生通过语境猜测词义的意识,而不是碰到生词就查词典。根据语境猜出来的单词会记得更牢,这是因为学生在猜测过程中要付出认知体验,这样就会形成明显的记忆痕,进而促进词汇的记忆和保存。

(3)分类记忆词汇

英语词汇量大,教师要引导学生将所学词汇按照某种规律有效地存储起来。比如,学生可以自己准备一本词汇本,按照不同的类别或话题组织词汇,而不是把所有单词都记录下来或简单地按照字母顺序记录。如:

airport	library	Expressions for giving opinions	
flight	journal	Agreeing	Disagreeing
passenger	borrow	I agree.	I disagree.
gate	return	You're quite right.	I'm afraid I don't share your point of view.
board	renew		

这种以特定方式制作的个性化词汇本更有助于词汇的巩固。

(4)使用词典

作为外语学习者,学生应该备有词典。合理、正确地使用词典有助于学生独立自主地学习。一般说来,初学者宜使用英汉词典,因为它可以借助母语帮助学生迅速获得词义;有一定基础的学习者,可以使用双语或英英词典,因为它能将词义阐释得更准确,并有助于学生流利地运用语言。然而,学生在阅读过程中不要过分依赖词典,在碰到生词时先通过上下文猜测词义,当无法猜出而影响理解时就要使用词典。使用词典时首先是浏览该词的各种含义,运用自己的判断力选择更适合本文具体应用环境的那个含义。如果可能并必要的话,应了解该词的词源,参考一下该词的本义和含义,也就是该词的基本词义和各种引申意义,这样有利于拓宽学生的知识面,从语言的侧面接触外国政治、经济、文化、风俗民情、重要事件,等等。此外,学生还应该了解有关该词的其他信息,如固定搭配、用法注释、同义词、反义词等,这也有助于学生掌握该词的正确用法。

(5)在不同的语境中使用词汇

有学者研究证明,一个单词至少在 7 种不同的语境中使用过才能被记住。也有学者认为一个单词需要在 30 种不同的语境进行使用才能被记住。这就告诉我们,单词在不同的语境中使用,可以更容易形成记忆网络,而记忆网络有利于联想、储存、激活和提取。这里的使用不是接受性的,而是产出性的,即不是听或读,而是说与写。因为通过听、读获得的词汇属于消极词汇,而通过说、写获得的词汇则是积极词汇。当然消极词汇和积极词汇可以互相转换,消极词汇通过说、写可以转换为积极词汇,而积极词汇长期不用也会变为消极词汇,甚至会完全被遗忘。

(6)掌握元认知策略

元认知策略也即调控策略,是关于策略的策略。学生掌握元认知策略可以对自己的词汇学习策略进行自我监控和评价,通过调整和改进,最终形成最适合自己的学习方法,促进词汇学习效果。

总之,英语词汇的教与学都有一定方法可循。作为教师,要引导学生确立正确的学习目标和不断克服困难的信心,并尽可能设置多种教学活动,帮助学生掌握记忆单词的有效方法。词汇学习是一种艰苦的劳动,仅凭兴趣是不够的。教师要激发学生词汇学习的内驱力,形成自主学习意识和策略。

三、语法教学问题与对策

在新课程改革之前,教师过分地强调语言知识教学,语法自然成为教学的重中之重。新课程背景下,语言技能得到应有的重视,这既符合英语学习规律,又符合英语学习目的。然而,英语教学又走向另一个极端,即忽视语法教学。一时间,学界甚至怀疑语法该不该教,以至于公开课上看不到语法教学的影子。诚然,新课程将语法列入英语知识范畴,理应成为教学的目标内容。事实证明,掌握一定的英语语法知识能够使外语学习者更好地理解英语结构,监控语言输出,提高语言的准确性。因此,语法不是该不该教的问题,而是该如何教的问题。

在语法教学中,英语师范生往往存在下列问题:

①缺乏语法呈现情景,为了教语法而教语法;

②缺乏语法操练情景,进行过多的机械性语法训练;

③强调单句语法训练,忽视意义性的语法操练;

④演绎性讲解过多,归纳性演示过少;

⑤语内解释多,语际比较少。

针对上述问题,我们采用如下应对策略。

(1)注重语法呈现的情景创设

在情景中呈现语法,学生能够自然地学习语法,降低语法学习的难度。语法呈现的方法主要有下列四种(其中孙鸣(2004)提供下列前三个例子):

①在对话中创设情景。如一般过去时教学:

T:I watched a football match last night. Did you watch the game last night, S1?(教师板书)

S1:No.

T:What about you,S2?

S2:Yes.

T:How did you like it?

S2:Not bad,I think.

T:But I didn't quite enjoy it.(教师板书)

②动作演示。如教现在进行时：

T:(Holding a book in his hand) Listen and watch. What am I doing? <u>I am reading the book.</u>（教师重复一遍，然后板书画线部分）

T:Would you please open the window, S1? It's hot in the classroom.

S1:I'd love to. (S1 opens it.)

T:<u>Is S1 opening</u> the door? No, he isn't. <u>He is opening</u> the window.（板书画线部分）

③利用简笔画。如教形容词比较级和最高级：

（教师在黑板上画三个身高不同的人，分别取名 Tom, Jack, Mark, 并准备红、黄、绿三支长短不一的铅笔）

T:Tom is tall. Jack is <u>taller</u> than Tom. Mark is <u>taller</u> than Jack. He is <u>the tallest</u>.

（教师重复一遍，然后板书，用彩色粉笔把比较级和最高级画线，引起学生注意）

T:The red pencil is long. The yellow one is <u>longer</u>. The green one is <u>the longest</u>.

（操作步骤与第一步同）

④利用课堂资源。如教人称代词 her 和 his：

T:（指着一个女生）What's your name?

GS:My name is Mary.

T:（面向全体学生）What' her name?

Ss:Her name is Mary.

T:Yes. <u>Her</u> name is Mary.（板书画线部分）

T:（指着一个男生）What's your name?

BS:My name is Mike.

T:（面向全体学生）What' his name?

Ss:His name is Mike.

T:Yes. <u>His</u> name is Mike.（板书画线部分）

(2)注重有意义的语法操练

适当的机械性操练对语法学习是必要的，但仅仅靠机械性操练不利于培养学生在交际语境中正确使用语法的能力，因此，在机械性语法操练之后，应该及时组织学生进行有意义的语法操练活动。如练习 because 引导的状语从句：

T:（问昨天迟到的学生）Why were you late for class yesterday, S?

S:Because I had to walk to school.

T:Why didn't you come to school by bike?

S:Because my bike was broken.

(3) 尽量使用归纳法或发现法教授语法

中小学的语法教学应该在大量感受语言的基础上引导他们发现某种语法项目的特征，并加以归纳。如在形容词比较级和最高级之后，可以引导学生审视其构词特点并对其用法加以归纳，以形成概念化。与教师直接用演绎的方法讲授相比，学生通过自己的观察所归纳的语法规律更容易被掌握。

(4) 有效利用比较

不同民族有着相似的认知基础，其语言也有相通之处。在英语语法教学中既要注重语内（英语内部）比较，又要进行语际（英汉之间）比较。进行语内比较可以弄清两种相似结构的细微差异，以便学生准确掌握其用法。如"will+do"和"be+doing"都可以表示"将来"，但两者存在"可能性"方面的差异。另一方面，适当地进行语际比较，可以使学生了解两种语言的异同，以便预防、降低或避免错误的发生。如在复合句中，如果主句和从句的主语是同一人时，用英语表达时，主句通常用名词，从句通常用代词；而用汉语表达时，则从句多用名词，主句用代词。再如，英汉比较状语从句的位置不同，如无特意安排，英语常置于句尾，汉语常置于句中。英汉比较应着重相异之处，因为差异性更容易导致错误发生。

(5) 多演示

适当的语法讲解是必要的，但演示的效果往往好于讲解。演示的形式多种多样，如简笔画、实物、体态、动作等，如今，利用现代教育技术设计语法教学活动，更具多模态性，能够达到更佳的演示效果，对准确体现语法概念意义和正确理解和运用语法能够起到促进作用。如，我们在教"be+doing"表示"将来"时，可以设计一个学生在家里拿书包的动作，并配上"He is going to school"的文字或声音。这既可以避免语言讲解的繁琐，又可以准确地反映该结构的真正含义。可见，演示可以营造语言使用的环境，化解理解上的障碍，避免误解和歧义发生。

四、听力教学问题与对策

听力属于输入性活动，但它不是一种被动的接受性技能，而是一种创造性的主动技能。听力教学主要存在的问题有：

①缺乏语音知识指导；
②听力教学更多地倾向"自下而上"的方法；
③缺乏听力策略指导；
④缺乏目标语文化准备；
⑤缺乏心理疏导。

鉴于上述问题，我们采取如下对策。

(1) 让学生了解必要的语音知识

由于学生缺乏必要的语音知识，如连读、失去爆破、浊化、省略、重读、节奏以及语调等，以致他们在听力中造成理解上的困难，所以，在听力训练中应结合实例增加学生对上述知识的理解和训练,以便他们了解英语语音特点,熟悉真实语境中的音变规律,进而提高听力理解能力。

(2)注重"自上而下"的方法

在听力理解中学生习惯从"音"到"词",再到"句"进行理解,希望把每个音,每个词都听得清清楚楚,结果理解跟不上语速,抓不住主要信息,因此,在听力教学中,要鼓励学生采用"自上而下"的方法,即先整体理解语篇,抓住语篇的主题和主要信息,在整体理解的基础上再听具体信息。

(3)培养听力技能

在听力教学中要注意培养学生的听力技能。常见的听力技能包括预测、获取所需信息、获得整体印象、推断意见和态度、根据语境推断词义、识别功能与话题结构和标志。因此,在听力教学中应该注重听力教学与其他语言技能的有机结合,应该控制听力难度,给学生提供充足的练习听力的机会和时间,并用贴近学生生活的话题提高他们的兴趣和注意力。

(4)增强文化意识

听力难的另一个重要原因是文化差异问题。由于存在文化差异,学生在听力过程中的预测和理解与自身的经验不一致,影响了听力效果,因此在听前阶段,教师应该提供给学生必要的相关文化知识准备,扫清听力障碍。

(5)培养积极情感

听力教学中教师要注意减轻学生心理压力,克服焦虑、恐惧等消极情感;鼓励学生树立自信心,积极、主动地对所听材料作出反应,进而形成积极情感和良好的听力习惯。

(6)提高语篇能力

不同语类的英语语篇有其不同的语篇或语义结构,而根据不同的主题可以预测相应的语篇类型。因此,学生掌握语义语篇结构,提高语篇能力,有利于对所听语篇内容进行预测,把握语篇主旨,区分主要信息和次要信息,有利于理解语篇的深层意义。如在听英语新闻时,如果学生知道新闻报道的语篇结构,就可以更好地预测和理解新闻内容。众所周知,新闻报道由四个语义成分组成,即标题(head)、导语(lead)、正文(body)、结束语(conclusion)。每个语义成分都有各自的语义功能。首先是标题,标题是新闻的基本组成部分,其语义功能是吸引读者并让读者了解该新闻的主要内容,标题的语言应体现一致性(unity)、准确性(accuracy)、简明性(brevity)、清晰性(clarity)和生动性(liveliness)。新闻报道的第二个语义成分是导语。导语是新闻正文中的主体部分,即新闻报道的第一段文字,在新闻报道的导语中,应该如实提供有关什么人(who)、什么事(what)、什么时间(when)、什么地点(where)、什么原因(why)以及怎么发生(how)等最基本的信息。新闻报道的第三个语义成分是新闻的正文部分,包括详细的叙述和背景介绍,其结构以"倒金字塔(inverted pyramid)"或"倒三角形(inverted triangle)"形式出现,即将最重要的信息放在最上面的位置上。新闻报道的最后一个语义成分是结束语(conclusion),使读者从这个新闻中得到启发或借鉴。语言使用上,新闻报道常常使用简单(simple)、准确(accurate)和生动(vivid)的词语,还经常使用缩略词(acronyms)。

五、口语教学问题与对策

口语是输出性技能,课堂教学中,它常以对话语篇作为教学对象,进行听说活动。口语教学中,主要存在下列问题:

①学生对口语训练的主题缺乏兴趣;
②学生缺乏对口语特征的认识;
③学生缺乏话轮的转换技巧;
④话题、功能与语篇结构错位;
⑤课外口语训练缺乏监督。

鉴于此,宜采用下列对策。

(1)激发学生对口语训练主题的兴趣

口语训练主题应该体现时代气息,贴近学生生活,激发学生对口语训练主题的兴趣,而且有利于提高交际的真实性。

(2)识别口语和书面语的语言特征

口语和书面语在词汇、语法结构和语篇等方面有明显区别。在词汇方面要求学生有意识地区分正式词语和非正式词语,在语法结构上要求他们注意口语中句子不完整和省略的现象,在语篇方面口语的连贯性不及书面语严谨,且明显带有表示停顿、思维不连贯等特征的补白词(filler),如"well""um""you know""let me think"等。

(3)培养学生的话轮转换技巧

话轮转换通常是指会话过程中发话人与受话人的角色转变,即发话人结束发话并由受话人开始发话。由于学生缺乏话轮的转化技巧,他们的对话往往一个回合就结束。为了维持谈话,学生应掌握一些话轮转换技巧,如开始发话时涉及开口发话(starting up)、接话(taking over)和插话(putting in)等技巧。开口发话如"Well,really,I'm just saying..."；接话如"Yeah,...""Oh,...""No,..."；插话如"Can I interrupt you?""For a moment?""I've got something to tell you"等(张廷国,2002)。可见,掌握一定的话轮转化技巧能使会话得以顺利、得体地进行,有效地实现交际目的。

(4)理清话题、功能与语篇结构关系

一定的话题包含着一定的功能,而一定的功能置于一定的语篇结构之中。如"购物"的"话题"直接预示"购物"的"功能",常出现在"对话"语篇之中；又如"个人信息"(personal information)话题实施"介绍"(introduction)功能,而"介绍"这一功能又经常出现在"对话"(dialogue)、"叙述"(narration)或"简历"(resume)等语篇之中。因此,理清话题、功能与语篇结构关系可以避免语类选择错误,提高交际效果。

(5)提高课外口语训练效果

提高课外口语训练效果一方面要多布置交际性口语练习,如任务型的口语操练活动,使学生在任务完成过程中不断交换意见,解决问题,作出决策,进而在真实的语境中提高他们的语言运用能力;另一方面,要完善课外口语训练监督机制。通过自主学习和合作学习活动小组、成长记录、录音跟踪、评价与辅导以及口语测试等手段,保证课外口语训练效果。

六、阅读教学问题与对策

阅读是基础教育阶段重要的技能。随着英语课程标准的全面实施,过去"自下而上"的教学方法已被"自上而下"的方法所代替,甚至不少教师能够采用"互动式"教学途径,这无疑是一大进步。然而,目前我国基础英语阅读教学"千篇一律"的现象较为严重,缺乏对语篇深层结构的解读,就英语师范生而言,更是如此。英语师范生阅读教学问题主要表现如下:

①"热身"活动中的问题与阅读语篇联系不紧密;
②"读前""读中""读后"活动中的问题设计混乱;
③混淆"skimming"和"scanning"概念;
④不注重阅读技能的培养;
⑤缺乏对文本多元解读的能力。

鉴于此,宜采用下列对策。

(1)"热身"活动的内容要与阅读语篇的内容关联

"热身"的目的是激活学生头脑中已有的与阅读语篇相关的图式内容,激发学生对话题的兴趣,并为文本学习提供词汇和语法方面的准备。因此,"热身"活动要基于学生经历(已有的经验)建立与阅读语篇主题的联系,并以此设计相关问题,为下一步的阅读教学做好思想和语言方面的铺垫。

(2)"读前""读中""读后"活动中的问题设计要符合其目的[①]

"读前""读中""读后"是阅读教学常用的三个步骤(stage),每个步骤具有不同的作用,因此要明白每个步骤功能,并以此设计问题和组织相关的阅读活动,进而达到阅读教学之目的。"读前"活动的主要目的是熟悉话题、预测内容、激发兴趣。该阶段主要训练学生的预测技能,其活动主要包括写下想要文本回答的问题、回答老师有关文本或话题的一般性问题、以小组或全班形式集体研讨话题、通过文

---

① 该部分内容主要源于袁昌寰教授2008年在全国基础教育研究培训中心首届基础英语教育"明"师论坛培训讲稿。

中关键词猜测话题。"读中"活动的目的是帮助读者理解文本内容和结构以及作者的写作目的。该阶段主要训练学生的略读、寻读、推理作者的目的和意图等技能,其主要活动包括略读找中心思想,寻读找细节,根据所读内容画图、标图、连线、填格、排序、补全信息等,为文本选择或添加标题,判断真伪以及回答文本事实性和推理性问题等。与前两个阶段截然不同,"读后"阶段的内容不直接与文本内容联系,但是从文本中"生成"出来的,其目的是巩固和反思所读内容,将文本与学生自己的知识、兴趣和观点相联系,通过自由使用语言巩固知识。该阶段主要活动涉及转述所读内容,根据所读内容进行角色扮演、讨论、改写、续尾、写摘要等。

(3)区分"skimming"和"scanning"含义

"skimming"和"scanning"具有不同的含义,前者是"略读"之意,其目的是概括文章中心思想或每个部分的大意,后者则是"寻读"之意,旨在确定具体信息或细节。因此,要求学生概括文章中心思想时要使用"略读"技巧,寻找具体信息时要使用"寻读"技巧。"略读"是大致地将文本主要内容阅读一遍,即通读文章的第一段和最后一段,细读其他段落的主题句,浏览一些与主题句相关的信息词。"寻读"也叫"找读"、"跳读"或"查读",是根据具体问题在文章中查找相应的信息。"寻读"时,首先要浏览一下题目,以便预测相关问题可能出现的大致位置,便于查找。

(4)注重阅读技能的培养

培养阅读策略也是阅读教学的任务之一。除上面提到的"skimming"和"scanning"外,阅读技能还包括推论(inferring)和猜词(guessing)技能。推论是重要的阅读技能。推论就是人们使用段落中的迹象或线索进行信息搜集的过程。有些答案不是明显地存在文本之中,需要在字里行间(between the lines)寻求意义,这就需要使用推论技能。推论不仅有助于学生更好地理解所读内容,而且有助于他们更充分地欣赏所读内容。猜词就是根据语境(上下文)线索对新词的意义作出猜测的过程。猜词可以通过同义词、近义词、反义词、上/下义词以及"that is""or"等解释性的词语来实现。猜词技能也是学生提高阅读速度、保持阅读兴趣和增强阅读信心的重要手段。

(5)加强文本多元解读能力训练

文本多元解读能力主要包括对语言潜势理论下的语类结构、段落发展方式和文本内在结构的认知能力。语类结构是指各种体裁的宏观结构,是语篇的语义成分及其顺序;段落发展方式是指段落展开的方法,如举例、过程说明、下定义、因果分析、空间顺序、比较与对照以及分类分解等;文本内在结构属于语篇的深层结构,是指文本的内容安排及其相互关系等。学生如果掌握了这些知识,有利于形成他们的文本多元解读能力,对他们从不同视角分析作品、理解作品和欣赏作品,提高自身的人文素养具有非常重要的意义。

七、写作教学问题与对策

虽然写作是英语教学的重要目标内容,但是目前我国大多数中小学对英语写作重视不够,没有安排固定的写作课时和充足的写作时间,因此也就难以保证英语写作教学的质量。除此之外,写作更是基础英语教育阶段的一个薄弱环节,主要存在下列问题:

①强调写作成果,忽视写作过程;
②重视词句知识,轻视语篇能力;
③机械性训练多,交际性训练少;
④评价主体单一,评价方法简单。

对英语师范生而言,上述问题同样存在。鉴于此,宜采用下列对策。

(1)倡导过程—语类写作教学途径

成果教学法的弊端显而易见,它不注重学生写作过程中的积极参与、交流与合作,也缺乏写作过程中教师的及时干预。更重要的是,写作是思维的结果,而思维会受到文化的制约。中西方文化的差异性必将对思维产生影响,进而影响语言模式。Hasan的语类潜势理论就是从文化语境的视角揭示了语篇建构的宏观结构,即语类结构。语类潜势理论成为体裁/语类写作教学法的理论基础,而语类结构的语义成分及其顺序则成为体裁写作教学法的操作依据。过程—语类写作教学途径集过程写作与体裁写作为一体,以体验哲学和系统功能语言学为指导,注重文化语境、情景语境的共同参与,注重写作过程中学生的写作体验、协商与合作,注重教师的及时干预与帮助,同时,倡导多样化的写作评价方法,注重学生语类意识的培养。我校的英语师范生英语写作教学近年一直采用过程—语类写作教学途径,在英语教学理论与实践课程中,我们努力将英语师范生的这种个人写作体验转化为教学经验,并运用教学实践,收到一定效果。

(2)重视语篇层次的写作教学

强调词语的辨析和句法结构的讲解,忽视语篇层次的教学是基础英语写作教学普遍存在的现象。如果这种现象得不到有效扭转,学生的语篇能力就难以培养。因此,在写作教学中要重视语篇层次的教学,在语篇建构时,既要注重语篇的体裁类型(语类),又要注重语篇的衔接与连贯,如主位和述位结构等,还要注重语篇的推进模式,如过程说明、比较分析等。因此,我们结合写作教学,给英语师范生讲解语篇知识,并使他们能够在英语写作教学实践和评价活动中有效运用。

(3)注重写作练习的交际性

师范生在设计英语写作练习时往往缺乏交际性,要么文字提示太多,类似翻译练习;要么提供一个题目,给出写作提纲。这样机械性的写作练习,限定了学生的写作思维,致使写作过程缺乏交际性。鉴于此,我们鼓励师范生采用交际性作业设计,给学生更大的自由写作空间,使写作本身成为交际活动。如通过阅读信件写回信、回复电子邮件、讨论热点问题写报告、读文章写摘要、续写故事结尾以及改写文本体裁等。此外，要布置通过小组合作共同完成的写作作业，如分组办英语报、小组调查并写报告、编写英语短剧等。上述作业具有真实的任务，而且在写作过程中需要讨论、协商，达成共识，体现写作过程的交际性。

(4)采用多样化评价方法

多样化评价体现在以下几个方面。第一，评价类型多样化，既有形成性评价，又有总结性评价；第二，评价主体多样化，即学生作者、小组成员和教师都是评价主体；第三，批改形式多样化，精批、泛批和面批相结合；第四，批改方法多样化，即文内批改、文旁批注、文末评语相结合；第五，评价手段多样化，即口头评价、书面(纸质)评价、电子文稿评价。我们特别重视师范生对形成性评价的运用，要求他们将学生参与写作的积极性、态度和表现作为评价内容，要鼓励学生积极参与、体验和尝试写作活动，注重培养学生的写作兴趣；要发挥评价的定向和导向作用，激发学生为真实交际而写作的愿望，进而培养他们的综合语言能力。

第七章

新模式的成效及推广意义

第一节 实施新模式的成效

一、教学改革得以深入推进

实施该模式以来,我校的"英语教学理论与实践"课程改革得以深入推进,该课程被学校列为网络课程给予资助,2013年以"'问题课题化'取向的'英语教学理论与实践'课堂教学改革研究"为题,被列为校级高等教育课堂教学改革研究项目。该项目以建构主义为指导,强调教师知识的获得是在互动活动的过程中协商、建构而成,教师的教学活动本身就是不断反思的研究活动。本研究以问题课题化为取向,强调在英语师范生培养过程中创设良好的研究环境,观察教学问题,形成研究课题,选择有效的研究方法,确立合理的研究步骤,实施有效的实证研究,进而实现以问题课题化为导向的"英语教学理论与实践"课程教学改革,提高课堂教学质量,为培养符合时代特征、具有研究潜能的中学英语教师做准备。该项目基于行动研究的视角,将"教学问题"转化为"研究课题",并将课题研究成果运用于课堂教学之中,进而促使课题常规化,即培养师范生将教学问题转化成研究课题加以解决并运用于课堂教学之中的习惯和能力。该项目强调教学理论如何有效地在教学实践中得到应用,强调在规范课堂程序和要求的基础上进行适应语境的创新性教学,通过"观察—反思—实践—再反思—再实践"的教学模式,在互动中促进他们形成合作意识和提高解决问题的能力,进而形成"研究型"教师潜质,为他们在今后的专业生涯中真正成为"研究型"英语教师乃至卓越英语教师奠定基础。可以说,该研究的内容和目标与教育部2014年有关卓越教师培养的指导意见精神不谋而合,这使我们备受鼓舞,并决心将此研究继续深入地开展下去,为进一步提高教学质量,培养卓越教师潜能做出贡献。

二、学生的教育信念逐渐形成

该模式的实施唤起了师范生对英语教学这一职业的兴趣,通过系统的理论与实践培养他们的教育信念逐渐形成,学生从教的愿望从淡化走向强烈,不少学生立志不仅当老师,而且要当研究型老师,乃至教学名师。众所周知,教育信念不仅影响着师范生对教育的认知,也影响着他们对教育性课程学习的态度和投入,对师范生从业后的职业发展也会产生极大影响。有研究表明,90%以上的教学名师,当初都有成为优秀教师的愿景。的确,一些学生的职业发展也证实了这一观点,例如,2010届英语师范毕业生丁银艳同学,在校期间就有强烈的教师信念,立志要当一名优秀教师。她学习主动,善于钻研,大量阅读英语教育教学方面的期刊文章,将优秀教学案例整合为自己的资源,并形成特色。一位市级英语教研员看到她的教学设计后评价道:"具有省级教学名师的特点"。的确,该生以优异的成绩被浙江某教育集团录用,被聘为国际部高中英语教师,由于教学业绩突出,次年晋升为校长助理,并连续被评为优秀教师。

三、学生的学科能力有效提高

学科知识是教学的基础。英语教师应该具备扎实的英语基本功,尤其在英语语音、语法、语篇、学习策略和文化素养方面,他们应该有更高的造诣。新模式针对这些方面,制订了具体要求、实施措施和评价标准,有力地促进了他们英语学科能力的提高。如英语师范生进校都要经过英语口语测试,将他们的语音问题进行归类,然后进行为期三个月的正音训练,并通过语音过关考试,语音不能过关者,不能就读英语专业。又如,语法教学采用指导发现法,注重学生在大量实践的基础上去"发现"语言规律,有效地增强他们的语法意识和能力。再如,在语篇能力培养方面,我们从阅读和写作教学入手,强化他们的语篇意识和能力。阅读教学中注重体裁理论和话语理论的介入,写作教学采用过程—语类教学途径,运用七个教学步骤,强调学生的写作体验,强调语类结构的重要性,并将其列为评价内容。

四、学生的教学能力稳步提高

新模式注重对师范生的正面引领,通过课堂观察、录像观察和名师示范,让他们感知现代优质英语课堂的特点,为他们反思教学、改进教学提供参照标准。同时,以师范生教学技能竞赛为契机,规范和训练他们的实践教学,尤其鼓励他们在实践的基础上以现代教育教学理论为指导,以英语课程标准理念为依据,努力创新课堂教学,培养学生的综合语言运用能力。在教学中充分体现英语教学的工具性和人文性双重性质,培养学生在真实场合的交际能力,促进学生的心智发展和人文素养的养成。近年来,我校英语师范生参加省级师范生教学技能竞赛取得较好成绩,其中4人获得二等奖,6人获得三等奖。

五、学生的教育研究意识和能力明显提高

新模式以教育研习为主线,注重教育研究对教学的指导作用。在实施新模式的过程中英语师范生的教育研习意识不断增强,其研究能力明显提高。以往,英语师范生对教育研究的作用认识不足,甚至认为教育研究是教学研究人员的专

利,与普通教师关系不大,因此没有欲望,更没用信心涉足。如今,他们明白教育研究对教学的促进作用,并清楚认识到它是教师生活的重要组成部分,是提高教育教学质量和促进教师专业发展不可或缺的路径。现在,不少英语师范生主动与老师联系,探讨如何写教研论文,如何申报教研课题以及如何开展教学研究,等等。近5年,我校英语师范生中有13人成功申报并完成校级科技立项项目,有25人公开发表教研论文。

第二节 新模式的推广意义

一、实现了教学理论对教学实践的有效指导

以往,教学理论的教学过分强调理论的系统性,与具体的教学实践缺乏联系,尤其缺乏以英语师范生为对象的教学实践的联系。新模式以师范生自己的教学为资源,注重教学理论在具体教学中的应用,尤其注重结合师范生的教学实际,来落实教学理论的指导作用。例如,在词汇教学时,我们将几个表示人体部位的单词作为教学内容,让学生以小组的形式准备10钟,然后让他们组织词汇教学活动。大部分学生知道用实物(自己的身体部位)或简笔画来呈现词汇,但他们无法脱离母语(汉语)的媒介。鉴于此,笔者让他们反思"Vocabulary should be taught in a certain context"(词汇应该在语境中教)的原则,并首先肯定他们利用实物或简笔画创设情景的做法,但同时指出,语境的作用就是要让学习者在英语与其指示的意义之间建立直接联系,从而减少或摆脱母语思维。如果在所给语境很清楚的情况下,还使用汉语媒介,就失去了语境的真正作用。这种将教学理论原则直接与具体教学事例相结合的做法,能够深化学生对教学理论原则的理解,提高理论在实践中的应用效果。

二、改变了"重视理论、轻视实践、忽视研习"的状况

以往的英语师范生教育"重视理论、轻视实践、忽视研习"的现象相当普遍,严重影响了人才培养规格的提升。新模式有效地改变了这一状况,体现了"理论—实践—研究"的路径,尤其注重教育研习在整个师范生培养过程中的引领和导向作用。通过教育研习,解决了理论与实践的分离现象,明确了理论对实践的指导作用,同时,使学生熟知教育研习的方法以及实践操作要求。由于学生参与了研习活动,在尝试教学、参与研究、准备竞赛以及服务性学习的过程中,他们的研究能力得到锻炼,一些英语师范生的研究型教师的潜能初步形成,为他们从业后的专业发展奠定了扎实的基础。

三、新模式和谐了师生关系并凸显了学生的主体地位

新模式摒弃了教师唱独角戏的教学方式,注重学生的教学参与和实践,使教

学活动充满了讨论、协商与合作,给学生提供了观点表述的机会,凸显了学生的主体地位。例如,在"教授英语知识与技能"的教学中,我们首先让师范生根据自己的理解对相关知识和技能试讲,让他们尝试教学。在此基础上,我们结合教学理论组织师范生评价他们的教学,然后教师点评并引入新课。在教学过程中,教师还会组织师范生进行必要的讨论或演示,引导他们感知和体验教学过程中的技巧运用。在新模式中,教师的角色发生了变化,从以往的教学权威,变为促进学生学习的服务者,其主要职责是帮助师范生提高对教学的认知,帮助他们在实践的基础上提高教学能力和教学研究能力,进而和谐了师生关系,有效发挥了师范生在学习中的主体作用,彰显了他们在学习过程中的主体地位。

四、新模式整合了优质教学资源

第一,将以往的基于文本和普通教室的教学方式整合为基于多媒体教室、自动录播系统和微格教学为一体的凸显现代教育技术特色的优质教学资源;第二,将以往仅基于就读院校的培养模式整合为基于省级教师教育基地、中小学教育基地和实习学校共同合力的实践模式;第三,将校外教育专家和教学名师的理念和经验作为师范生教育的宝贵资源;第四,将全国英语优质课视频作为师范生了解国内前沿教育教学进展的窗口和镜像学习资源;第五,将每年省师范生教学技能竞赛获奖学生的视频作为师范生同行观察、反思与学习的优秀资源。总之,新模式从多渠道整合了优质教学资源,为提高教学质量提供了优质资源保障。

五、新模式向中学英语教师教育领域扩展与渗透

笔者所在的教师教育学院每年承担着对中学教师继续教育培训的任务,我们在培训过程中将教育研习的一些方法和策略运用到教学之中收到良好的效果,如优秀英语教师经验谈、项目申报书填写、教研论文写作、教育教学课题研究、英语教学策略及其运用、英语教师教学反思方法,以及教育科研方法、教育统计技术与应用、听评课的原则与实践,等等,这些内容深受中学英语教师欢迎。他们认为,这些专题对他们从事行动研究,促进专业发展具有重要意义。有些中学英语教师(舟山市南海实验高中:王学儒;岱山县第一中学:祝继东;舟山东海中学:梁凤云)还参加了笔者主持的省教育科学规划重点课题"基于研究型教师培养的英语师范生教育模式建构"(2013年)的研究,在研究中他们受益匪浅。

六、新模式产生了良好的社会效益

新模式实施以来产生了良好的社会效益,与新模式直接关联的"英语教学理论与实践"课程被列为校级高等教育课堂教学改革研究项目(2013年);近年有5个与新模式相关的教研项目被列为厅局级项目,具体为"英语师范生实践教育改革问题研究"——省教育厅教师教育研究课题(2010年)、"基于服务性学习的英语师范生实践教学研究"——省教育科学规划年度课题(2011年)、"舟山群岛新区义

务教育阶段外语教师专业发展机制研究"——舟山市社科联重点研究项目(2012年)、"基于研究型教师培养的英语师范生教育模式建构"——省教育科学规划重点课题(2013年)以及"基于自动录播系统职前教师有效教学反思能力培养研究"——全国教育信息技术研究课题(2013年);出版著作、教材3部;在《外语界》、《外语教学理论与实践》、《外语电化教学》、*IJEEEE*等国内外期刊上发表论文10余篇,其中有3篇论文被EI或ISTP收录。先后有14名英语师范生在省师范生教学技能竞赛中获奖,其中二等奖4人次,三等奖6人次,单项奖4人次;有13名英语师范生获得校级科技立项,25人公开发表论文。此外,新模式相关内容应用到近年的中学英语教师继续教育培训之中,先后有500余名中学英语教师从中受益,在一定程度上促进了地方基础教育英语教师的专业发展。

七、结语

我们实施了五轮的教育研习导向的英语师范生教育实践,在实施过程中对教育研习的理论基础、性质、特征有了较为深刻的认识,同时形成了可行的操作模式,为提高英语师范生培养质量起到了一定的积极作用,并产生了一定的社会效果。众所周知,未来的教师不能只会教书,而且还要会研究,因为教师的工作本身就是研究性的。教育研习凸显了师范生培养过程中的研究性,对全面提升师范生素质,促进他们终身职业发展具有积极作用。然而,职前英语教师的培养不是一蹴而就的,需要教师教育工作者根据国家对教师人才规格的新要求,尤其要站在卓越教师培养的高度,确定人才培养目标,调整教学要求,构建适应时代要求的有效教学模式,并不懈地作出努力,切实提高师范生的教育理论水平、教学研究能力和实践教学能力。

本研究虽然取得了一定的成效,但由于实验的周期还不够长,实验面还不够广泛,在一定程度上影响到实验的效果。加之部分师范生选择师范专业并非出于对教师职业的向往和认同,以及目前师范生就业比较难等问题,都会影响师范生参与教育研习的积极性。然而,有幸的是,随着国家卓越教师培养计划的推出,我省在完成"十一五"期间10个教师教育基地建设的基础上,最近又开始了11个省级教师教育培养基地的筹建工作,我校在完成教师教育基地各项建设指标的基础上再次被省教育厅列为省级教师教育培养基地。而且,"见习、实习、研习"一体化实践教学模式被省教育厅列为优先推广和自助的项目。在这种情况下,我们相信会有更多的兄弟院校参与到教育研习的活动之中,共同促进教育研习的深入研究,共同分享研究成果。

参 考 文 献

[1] Anthony L. ESP:What does it mean? http://interserver.miyazakimed.ac.jp/~cue/pc/anthony.htm,1997. Retrieved April 6,2000,from the World Wide Web.

[2] Bailey K M,Curtis A,Nunan D. 追求专业化发展:以自己为资源[M]. 北京:外语教学与研究出版社,2009.

[3] Baldry A and Thibault P J. *Multimodal Transcription and Text Analysis* [M]. London:Equinox Publishing,2006.

[4] Bander R G. *American English Rhetoric* [M]. New York:Holt,Rinehart and Winston,Inc. 1978.

[5] Bhatia V K. *Worlds of Written Discourse* [M]. 上海:上海外语教育出版社,2008.

[6] Borg S. Teacher cognition in language teaching:A review of research on what language teachers think, know, believe, and do [J]. *Language Teaching*,2003,36(2).

[7] Brown G,Yule G. *Discourse Analysis* [M]. Cambridge:Cambridge University Press,1983.

[8] Brown G,Yule G. *Discourse Analysis* [M]. Cambridge:Cambridge University Press,2000.

[9] Burns L T. Make sure it's service learning,not just community service[J]. *The Education Digest*,1998(2).

[10] Byrne D. *Techniques for Classroom Interaction* [M]. London:Longman,1987.

[11] Cook G. *Discourse and Literature* [M]. 上海:上海外语教育出版社,1999.

[12] Cresswell A. Self-monitoring in student writing:Developing learner responsibility[J]. *ELT Journal*,2000,54(3).

[13] Cruickshank D R,Applegate J H. Reflective teaching as a strategy for teacher growth [J]. *Educational Leadership*,1981,38(7).

[14] Dudley-Evans T,St John M. *Developments in ESP:A Multi-Disciplinary Approach*[M]. Cambridge:Cambridge University Press,1998.

[15] Ferris D. Student reactions to teacher response in multiple draft composition classrooms [J]. *TESOL Quarterly*, 1995, 29(1).

[16] Freeman D. Teacher training, development, and decision making: A model of teaching and related strategies for language teacher education [J]. *TESOL Quarterly*, 1989.

[17] Gallini S M, Moely B E. Service-learning and engagement, academic challenge and retention [J]. *Michigan Journal of Community Service Learning*, 2003, 10(1).

[18] Grant J. A new educational paradigm for the new millennium: consciousness-based education [J]. *Futures*, 1998(7).

[19] Grant N. *Making the Most of Your Textbook* [M]. London: Longman, 1987.

[20] Hadley G. *Action Research in Action* [M]. Beijing: People's Education Press, 2007.

[21] Hatim B. *Communication across Cultures: Translation Theory and Contrastive Text Linguistics* [M]. 上海:上海外语教育出版社, 2001.

[22] Halliday M A K. *Talking Shop: Demands on Language* [M]. Film Australia, 1978.

[23] Halliday M A K, Hasan R. *Language, Context and Text: Aspects of Language in a Social-semiotic Perspective* [M]. Victoria: Deaken University Press, 1985.

[24] Halliday M A K. *An Introduction to Functional Grammar* [M]. London: Edward Arnold, 1994.

[25] Hyland K. *Teaching and Researching: Writing* [M]. Beijing: Foreign Language Teaching and Research Press, 2005.

[26] Hutchinson T, Waters A. *English for Specific Purposes* [M]. Cambridge: Cambridge University Press, 1987.

[27] Hyland K, Hyland F. *Feedback in Second Language Writing: Contexts and Issues* [M]. New York: Cambridge University Press, 2006.

[28] Johns A M. Students and research: Reflective feedback for I-Search papers [C]//Hyland K, Hyland F. *Feedback in Second Language Writing*. New York: Cambridge UP, 2006.

[29] Johns G. ESP textbooks: Do they really exist? [J]. *English for Specific Purposes*, 1990, (9).

[30] Johnson K E. *Understanding Language Teaching: Reasoning in Action* [M]. Beijing: People's Education Press, 2007.

[31] Kaplan M A, Knutson E. Where is the text? Discourse competence and the foreign language textbook [J]. *Mid-Atlantic Journal of Foreign Language Pedagogy*, 1993(1).

[32] Kemmis S. Action research and the politics of revolution [C]//Boud D, Keogh D, Walker D. *Reflection: Turning Experience into Learning*. London: Kogan Page, 1985.

[33] Kohonen V. Towards experiential foreign language education [C]// Kohonen et al. *Experiential Learning in Foreign Language Education*. Edinburgh: Pearson Education, 2001.

[34] Kress G, Van Leeuwen T. *Reading Images: The Grammar of Visual Design* [C]. London: Routledge, 1996.

[35] Kress G, Van Leeuwen T. *Multimodal Discourse: The Modes and Media of Contemporary Communication* [M]. London: Hodder Amold, 2001.

[36] Lange D E. A blueprint for teacher development [C]//Richards J C, Nunan D. *Second Language Teacher Education*. New York: CUP, 1990.

[37] Lee M N. Youth-led initiative in community service-learning projects: A singapore perspective [J]. *International Journal of Innovation, Management and Technology*, 2010, 1(1).

[38] Luo Y. Cultivation of awareness of life-long professional development for pre-service English teachers [J]. *International Journal of e-Education, e-business, e-Management and e-Learning*, 2011, 1(1).

[39] Martin J R, Rose D. *Working with Discourse* [M]. Continuum, 2003.

[40] McCarthy M, Carter R. *Language as Discourse: Perspective for Language Teaching* [M]. London: Longman, 1994.

[41] McCarthy M, O'Dell F. *English Vocabulary in Use* [M]. Cambridge: Cambridge University Press, 1994.

[42] Mckay S L. *The Reflective Teacher: A Guide to Classroom Research* [M]. Beijing: People's Education Press, 2007.

[43] Mendonca C O, Johnson K E. Peer review negotiations: Revision activities in ESL writing instruction [J]. *TESOL Quarterly*, 1994, 28(4).

[44] NMET 2002 作文评分原则 [J]. 湖北招生考试, 2002.

[45] Nunan D. 体验英语教学 [M]. 北京: 高等教育出版社, 2004.

[46] O'Toole M. *The Language of Displayed Art* [M]. London: Leicester University Press, 1994.

[47] Page E B. Project Essay Grade: PEG [M]//Shermis M D., Burstein J. *Automated Essay Scoring: A Cross-Disciplinary Perspective*. Mahwah,

NJ:Lawrence Erlbaum Associates,2003.

[48] Paulus T. The effect of peer and teacher feedback on student writing [J]. *Journal of Second Language Writing*,1999(8).

[49] Richards J C, Lockhart C. *Reflective Teaching in Second Language Classrooms*[M]. Cambridge:Cambridge University Press,1994.

[50] Richards J,Farrell T. *Professional Development for Language Teachers: Strategies for Teacher Learning* [M]. London: Cambridge University Press,2005.

[51] Richards J C. 语言教学中的课程设计[M]. 北京:外语教学与研究出版社,2008.

[52] Schön D A. *The Reflective Practitioner: How Professionals Think in Action* [M]. New York:Basic books. 1983.

[53] Steinberg S R, Kincheloe J L. *Students as Researchers: Creating Classrooms That Matter* [M]. London:Falmer Press,1998.

[54] Streeter L, Pstoka J, Laham D, et al. The credible grading machine: Automated essay scoring in the dod [EB/OL]. http://www. k-a-t. com / papers/CredGrad-ing2002. pdf 2003/2006-03-20.

[55] Strevens P. ESP After twenty years:A re-appraisal[C]//Tickoo M. *ESP: State of the Art*. Singapore:SEAMEO Regional Centre,1988.

[56] Thompson G. *Introducing Functional Grammar* [M]. London: Edward Arnold,1996.

[57] Underwood M. *Effective Class Management* [M]. London: Longman,1987.

[58] Ur P. *A Course in Language Teaching: Practical and Theory* [M]. Cambridge:Cambridge University Press,1996.

[59] Ur P. *A Course in Language Teaching Practice and Theory* [M]. Beijing: Foreign Language Teaching and Research Press,2000.

[60] Van Dijk T A. Cognitive discourse analysis. http://www. hum. uva. nl/~teun/cda. htm.

[61] Villamil O S, De Guerrero M C M. Assessing the impact of peer revision on L2 writing [J]. *Applied Linguistics*,1998,19(4).

[62] Wallace M J. *Training Foreign Language Teachers: A Reflective Approach* [M]. London:CUP,1991.

[63] Widdowson H G. *Aspects of Language Teaching* [M]. Shanghai: Shanghai Foreign Language Educational Press,1990.

[64] Wiggins G. 教育性评价[M]. 北京:中国轻工业出版社,2005.

[65] Williams M, Burden R L. *Psychology for Language Teachers* [M]. Beijing:Foreign Language Teaching and Research Press,2000.

[66] Wyatt M. Teachers researching their own practice [J]. *ELT Journal*, 2011,65(4).

[67] Yagelski R P. The role of classroom context in the revision strategies of student writers [J]. *Research in the Teaching of English*,2001,29(2).

[68] 蔡宝来,王慧霞.教师专业发展研究的新视阈:生活体验研究[J].教师研究与实践,2009(3).

[69] 蔡慧萍,方琰.语类结构潜势理论与英语写作教学模式实践研究[J].浙江海洋学院学报,2007(4).

[70] 蔡慧萍,陆国飞.从一个外向型调查报告看英语人才培养模式和课程设置改革[J].中国外语,2005(2).

[71] 蔡慧萍.我国高校英语写作教材现状调查分析与思考[J].外语与外语教学,2005(6).

[72] 蔡慧萍,罗毅,李红英.基于计算机网络平台的过程—体裁教学法在大学英语写作中的应用[J].外语教学,2009(30).

[73] 常咏梅.基于体验教学理论的教学活动设计研究[J].电化教育研究,2012(3).

[74] 陈家斌.论中小学教师研究的基本特征及策略[J].中国教育学刊,2004(6).

[75] 陈莉萍.专门用途英语存在的依据[J].外语与外语教学,2001(12).

[76] 陈向明.从"范式"的视角看质的研究之定位[J].教育研究,2008(5).

[77] 陈新仁,钱永红.多模态分析法在语用学研究中的应用[J].中国外语,2011(5).

[78] 程晓堂.英语教材分析与设计[M].北京:外语教学与研究出版社,2002.

[79] 程晓堂.基于语篇的语言教学途径[J].国外外语教学,2005(1).

[80] 崔随庆.美国服务性学习:特征、原则及操作流程[J].外国教育研究,2008(10).

[81] 戴炜栋,王雪梅.信息化环境中外语教师专业发展的内涵与路径研究[J].外语电化教学,2011(142).

[82] 邓志勇.英语教学法探讨[J].解放军外国语学院学报,2002(5).

[83] 丁刚,刘蕾.建构主义和基于网络的外语教学[J].外语电化教学,2003(5).

[84] 杜新秀.教师专业发展阶段研究综述[J].中国科教创新导刊,2009(25).

[85] 房慧.美国高校服务性学习的理论与实践研究[J].大理学院学报,2011(3).

[86] 冯莉.中国教师职业道德行为调查分析[J].上海教育科研,2006(4).

[87] 付安权.已在路上:为英语教师专业发展内涵一辩[J].基础教育外语教学研究,2008(5).

[88] 高等学校外语专业教学指导委员会英语组.高等学校英语专业英语教学大纲[M].上海:上海外语教育出版社,2000.

[89] 高彦梅.运用 LD 评估语篇能力[J].外语研究,2003(5).

[90] 顾曰国.多媒体、多模态学习剖析[J].外语电化教学,2007(114).

[91] 郭翠红,秦晓晴.国外二语学习者作文书面反馈研究的视角及对大学英语作文评改的启示[J].解放军外国语学院学报,2006(5).

[92] 郭佳,包兰宇,王晓娟,等.大学英语体验式教学探讨[J].北京交通大学学报,2005(3).

[93] 郭岳文.语篇能力建构与英语阅读教学[J].云梦学刊,2004(6).

[94] 韩刚.课程与人:职前英语教师的成长[M].北京:外语教学与研究出版社,2008.

[95] 何善芬.英汉语言对比研究[M].上海:上海外语教育出版社,2002.

[96] 候丽红.语言观的演变和语言研究[J].解放军外国语学院学报,2004(4).

[97] 胡壮麟,董佳.意义的多模态建构[J].外语电化教学,2006(109).

[98] 胡壮麟.社会符号学研究中的多模态化[J].语言教学与研究,2007(1).

[99] 胡春洞,王才人.英语学习论[M].南宁:广西教育出版社,1996.

[100] 胡壮麟.语篇的衔接与连贯[M].上海:上海外语教育出版社,1994.

[101] 黄甫全.现代课程与教学论[M].北京:人民教育出版社,2006.

[102] 黄源深.英语教师的语言基本功:一个亟待引起重视的问题——英语教学谈之四[J].外语界,2014(1).

[103] 姜伟.从实体思维到实践思维:国外教师专业发展新取向[J].外国教育研究,2005(3).

[104] 姜勇.关于教师专业意识的研究:从角色隐喻看教师专业意识的觉醒[J].教师教育研究,2005(5).

[105] 姜勇.论教育学的文化品位[J].教育理论与实践,2007(13).

[106] 教育部.普通高中英语课程标准[M].北京:北京师范大学出版社,2003.

[107] 孔庆炎,胡壮麟,桂诗春,等.关注《大学体验英语》[J].中国大学教学,2003(8).

[108] 李洪季.论建构主义学习理论对我国外语教学的启示[J].长春工业大学学报(高教研究版),2008(4).

[109] 李晶.教师专业发展阶段[J].北京教育,2007(10).

[110] 李敏.当前我国中学师德现状调查分析[J].中国教师,2007(2).

[111] 李新,崔学深,盛慧慧.高校专业英语教学现状调查报告[J].中国电力教育,2004(4).

[112] 廖莉芳,秦傲松.专业英语教学现状调查报告[J].外语界,2000(3).

[113] 林崇德,申继亮,辛涛.教师素质的建构及其培养途径[J].中国教育学刊,

1996(6).

[114] 刘宝存,王维,马存根.美国高等学校的服务性学习[J].比较教育研究,2005(11).

[115] 刘辰诞.教学篇章语言学[M].上海:上海外语教育出版社,1999.

[116] 刘金明.英语写作教学的多维视角[J].天津外国语学院学报,2007(2).

[117] 刘邵宾.构建建构主义英语教学观[J].湘潭师范学院学报,2004(4).

[118] 刘万海.教师专业发展:内涵、问题与趋向[J].教育探索,2003(12).

[119] 卢真金.教师专业发展阶段与分层培训研究[J].课程·教材·教法,2007(12).

[120] 卢乃桂,钟亚妮.国际视野中的教师专业发展[J].比较教育研究,2006(2).

[121] 罗琴,廖诗艳.教师专业发展的阶段性:教学反思角度[J].现代教育科学,2005(3).

[122] 罗毅.英语衔接模式与中学英语写作教学[J].山东师范大学外国语学院学报,2003(2).

[123] 罗毅.英语衔接模式与中学英语写作教学[J].山东师范大学外国语学院学报(基础英语教育),2003(2).

[124] 罗毅.论大学英语与专业英语教学的衔接[J].外语界,2008(1).

[125] 罗毅.体验式教学理论在英语应用文体写作教学中的应用[J].外语教学理论与实践,2011(1).

[126] 吕乐,戴炜华.教学研究:外语教师职业发展的关键[J].外语界,2007(4).

[127] 吕洪波.教师反思的方法[M].北京:教育科学出版社,2006.

[128] 马秋武.是语言能力,还是非语言能力[J].中国外语,2005(4).

[129] 毛荣贵.英语写作纵横谈[M].上海:上海外语教育出版社,2001.

[130] 孟小军,任胜洪.高师学生自我专业发展意识现状与分析[J].高等教育研究,2006(3).

[131] 莫再树.专业英语教材建设:问题与对策[J].外语界,2003(4).

[132] 潘建.英汉语篇结构和思维模式与英语作文教学[J].外语研究,1999(3).

[133] 潘利锋,周冬梅.语篇能力浅释[J].零陵学院学报,2002(1).

[134] 彭宣维.英汉语篇综合对比[M].上海:上海外语教育出版社,2000.

[135] 祁寿华.高级英语写作指南[M].上海:上海外语教育出版社,2001.

[136] (美)桑切克.教育心理学[M].周冠英,王学成,译.北京:世界图书出版社,2007.

[137] 石洛祥.大学英语课堂合作型写作互动研究[J].西安外国语学院学报,2004(2).

[138] 舒白梅.外语教育学纲要[M].武汉:华中师范大学出版社,2005.

[139] 孙鸣.英语学习与教学设计[M].上海:上海外语教育出版社,2004.

[140] 孙瑜.大学英语教学中语篇能力的培养[J].陕西师范大学学报,1998(6).

[141] 陶嘉炜.写作与文化[M].上海:上海外语教育出版社,1998.

[142] 唐安国,刘卓,谢爱磊,等.英国PRP教师评价制度对教师专业发展的影响分析[J].全球教育展望,2005(10).

[143] 唐青叶.语篇模式类型与语篇分析[J].山东外语教学,2002(4).

[144] 唐叶青,苏玉洁.功能语言学视角下的英语专业写作教材研究[J].外语界,2009(6).

[145] 童富勇,程其云.中小学名师专业成长的影响因素分析[J].教育发展研究,2010(2).

[146] 王蓓蕾.同济大学ESP教学情况调查[J].外语界,2004(1).

[147] 王晖.浅析全自动录播系统的功能和作用[J].中国科技创新导刊,2013(34).

[148] 王蔷.英语教学法教程(第2版)[M].北京:高等教育出版社,2006.

[149] 王金,蔡慧萍,李红英.体验式英语写作课程开发策略研究与实践[J].浙江海洋学院学报(人文科学版),2010(4).

[150] 王金,蔡慧萍,罗毅.基于网络平台的体验英语写作模式研究[J].外语电化教学,2011(146).

[151] 王静萍.基于语篇模式的EFL教学与学生口语语篇能力的培养[J].黑龙江高教研究,2009(11).

[152] 王铁军,方键华.名师成功:教师专业发展的多位思考[J].课程·教材·教法,2005(12).

[153] 王雪梅.新课程改革背景下高校与中学英语教师教育的契合[J].外语界,2006(5).

[154] 王焰.英语写作教学中的多模态互动模式[J].外语电化教学,2010(136).

[155] 韦琴红.多媒体多模态化与大学生多元识读能力的研究[J].外语电化教学,2009(126).

[156] 文秋芳.英语口语测试与教学[M].上海:上海外语教育出版社,1999.

[157] 吴卫东.教师专业发展与培训[M].杭州:浙江大学出版社,2005.

[158] 吴一安.优秀外语教师专业素质探究[J].外语教学与研究,2005(3).

[159] 夏惠贤.论教师的专业发展[EB/OL]http://www.bbxx.school.luohuedu.net/file/2006-12/2.

[160] 谢国忠.教育研习:一种新的教师职前教育课程形态[J].常州工学院学报(社科版),2007(3).

[161] 谢竞贤,董剑桥.论多媒体与多模态条件下的大学英语听力教学[J].外语电化教学,2010(136).

[162] 邢福义.语言与文化[M].武汉:湖北教育出版社,1990.

[163] 杨庆余.教师就是研究者[J].上海教育,2005(03A).
[164] 杨永林.面向全球化、信息化、数字化时代的英语教学——基于"体验英语写作"训练系统建设的研究[J].外语与外语教学,2008(5).
[165] 杨永林.体验英语写作[Z].北京:高等教育出版社,2004.
[166] 杨永林,刘寅齐,王丽娟.倾听教学一线的声音,探讨写作难的问题——一种问题化的研讨视角[J].外语电化教学,2009(4).
[167] 杨玉晨.Discourse competence vs. cognitive ability:Do second language learners write the way they think?[J].中国英语教学,2006(2).
[168] 姚兰,程骊妮.我国20世纪80年代以来英语写作研究状况之研究[J].外语界,2005(5).
[169] 姚亚东.教师职业道德教育的新视角[J].绵延师范学院学报,2006(12).
[170] 叶纪林.教育研习浅论[J].甘肃政法成人教育学院学报,2007(6).
[171] 叶澜.教师角色与教师发展新探[M].北京:教育科学出版社,2001.
[172] 余渭深.体验教学模式与《大学体验英语》的编写思想及特点[J].中国外语,2005(4).
[173] 隗雪燕,王雷.网络与高校英语写作教学[J].西安外国语学院学报,2003(1).
[174] 张德禄.多模态话语分析综合理论框架探索[J].中国外语,2009(1).
[175] 张德禄,王璐.多模态话语模态的协同及在外语教学中的体现[J].外语学刊,2010(2).
[176] 张德禄.多模态学习能力培养模式探索[J].外语研究,2012(1).
[177] 张九洲.浅议21世纪教师职业道德观念的更新[J].教书育人,2006(4).
[178] 张廷国.话轮及话轮转换的交际技巧[J].外语教学,2002(4).
[179] 张希永,李志为.在大学英语教学中提高学生的语篇能力[J].语文学科,2007(15).
[180] 张一平.大学英语多媒体网络教学对学生英语听说能力的影响[J].外语教学理论与实践,2008(4).
[181] 张运霞.孔子的师德思想管见[J].湖北教育学院学报,2006(3).
[182] 章超.英语课堂教学中的教师主导论[J].广西师范学院学报(哲学社会科学版),2006(7).
[183] 赵凤琴.高中英语教学改革的关键在于教师研究能力的提高[J].辽宁教育研究,2005(5).
[184] 赵建军,孙玫.新时期教师职业道德新要求探析[J].中国民族教育,2007(1).
[185] 赵秀凤.中西文化比较与汉英写作风格宏观对比分析[J].山东外语教学,1999(3).

[186] 郑金洲,刘耀明.在研究中成长——新课程背景下的教师研究与专业发展[J].教育发展研究,2005(14).

[187] 周世厚.美国职前教师教育中教学观察能力的培养探析[J].吉林省教育学院学报,2012(1).

[188] 周卫勇.走向发展性课程评价——谈新课程的评价改革[M].北京:北京大学出版社,2002.

[189] 周霞.建构主义学习理论对外语教学的指导作用[J].中国成人教育,2009(24).

[190] 钟启泉.新课程师资培训精要[M].北京:北京大学出版社,2002.

[191] 朱永生.多模态话语分析的理论基础与研究方法[J].外语学刊,2007(5).

[192] 朱鹏云.网络视频课件的实时自动录播[J].现代教育技术,2009(13).

[193] 邹为诚.中国基础教育阶段外语教师的职前教育研究[J].外语教学理论与实践,2009(1).

后 记

本书的构思与撰写历时三年。在这三年中,笔者对教育研习的本质与特征有了更清晰的认识,对教育研习的实践模式也有更多机会进行实验、调整和改进。尤其是我校教师教育学院作为省级教师教育基地,在其建设过程中,得到省教育厅和学校的高度重视,本项目的研究更是得益于教师教育学院的支持。

本书在撰写过程中承蒙浙江海洋学院教师教育学院宋秋前教授的大力支持和帮助。宋秋前教授是教师教育领域的专家,对本书的体系和思路提出过宝贵意见,在此表示衷心的感谢。

其次,我要感谢浙江海洋学院外国语学院蔡慧萍教授,她是英语教育专家,对本书的撰写十分关心,并对本书所涉及的内容提出过宝贵意见。

再次,我要感谢浙江海洋学院教师教育学院的孔云博士、段双全和鲁林华两位副教授以及姜静老师,他们在我平时的工作中给了我极大的支持和帮助。

最后,还要感谢我的爱人,她一直是我工作最忠实的支持者,并包揽一切家务,使我腾出更多的时间用于工作和研究。

本书以教育研习为视角,在整合前人研究的基础上形成了初步的教学模式,希望对职前英语教师培养能够起到一定的促进作用。但由于笔者水平有限,书中疏漏或谬误之处在所难免,敬请读者不吝指教。

书中引用之处尽量以夹注、注释等形式标明,如有遗漏,敬请原作者谅解。

著 者
2015 年 6 月